强者破局

资治通鉴成事之道

冯 唐 著

民主与建设出版社
·北京·

© 民主与建设出版社，2024

图书在版编目（CIP）数据

强者破局：资治通鉴成事之道 / 冯唐著. -- 北京：民主与建设出版社，2024.9. -- ISBN 978-7-5139-4692-6

Ⅰ．K204.3-49

中国国家版本馆 CIP 数据核字第 2024BM9498 号

强者破局：资治通鉴成事之道
QIANGZHE POJU ZIZHITONGJIAN CHENGSHIZHIDAO

著　者	冯　唐
责任编辑	郭丽芳　周　艺
封面设计	艾　藤　刘梦玺
出版发行	民主与建设出版社有限责任公司
电　话	（010）59417749　59419778
社　址	北京市海淀区西三环中路 10 号望海楼 E 座 7 层
邮　编	100142
印　刷	河北鹏润印刷有限公司
版　次	2024 年 9 月第 1 版
印　次	2024 年 9 月第 1 次印刷
开　本	880mm×1230mm　1/32
印　张	10.5
字　数	210 千字
书　号	ISBN 978-7-5139-4692-6
定　价	72.00 元

注：如有印、装质量问题，请与出版社联系。

序言

读透《资治通鉴》，过好在地球上的一生

《胜者心法：资治通鉴成事之道》是继《冯唐成事心法》《了不起》之后的第三门"冯唐成事学"的课。

我挣扎了很久，思考了很久，不知道如何用简洁、明快的语言跟大家讲。但是我深深地感到，这是我该做的。

《资治通鉴》是一本伟大的"地球人生存指南"。如果用一本书来真切地指导一个人如何在地球上过好这一生，那这本书就是《资治通鉴》。

《资治通鉴》是非常丰富的大书，不算胡三省的音注，原文近三百万字。如果你只有一点儿钱，只能买一本书，只能有那么点时间，只能通读、熟读一本书，那毫无疑问，你就仰仗《资治通鉴》，得志行天下。

如果你不得志，独善其身，消磨时间，冷眼看天下，并且想要在冷眼观察之中，能够趋利避害，在乱世里保全自己，还能有自己的坚持，能太太平平地宅在家里，也请读《资治通鉴》。

一、我们为什么要读《资治通鉴》

第一点，为了学历史。历史是大跨度的时间上人类社会发生的重要事情。学历史则是为了了解人性。大跨度时间上的人和人、人和物发生的事，反映出的规律就是人性的规律。狗改不了吃屎，人其实也改不了多少。

《资治通鉴》描述了一千三百多年的历史，这一千三百多年在亿万年生物演化史上、在几百万年人类进化史上、在几万年智人进化史上，只是弹指一挥间。但是这段历史呈现的规律，恰恰是现在人类要认真学习的。因为你的基因没变，人性没变，你遇上的困境是类似的，你需要权衡的方案也是类似的，你做出的决定可能导致的后果也是类似的。

只有把历史当成镜子，今天才会少犯点错，未来才会提高一些效率。多做点聪明事，少做点傻事。帮助周围、帮助人世间、帮助人类得到太平，产生更多的价值，这就是历史智慧的作用。

第二点，为了学管理。如果历史代表着"通鉴"，"通"，从古至今，一路通过来；"鉴"，镜子，过去的镜子提示现在，也提示未来，那管理就是"资治"。帝王将相、很多制度已经不存在了，今天为什么还要学？因为历史呈现的管理主题、管理方法对今天依旧有借鉴作用。

学《资治通鉴》不是为了去吹牛，不是为了跟别人抬杠，甚至不是为了在朋友面前表现自己学识渊博，而是为了成事。

第三点，为了看到丰富的实例。《资治通鉴》讲道理的时候非常少，司马光是一个沉默寡言的人，偶尔会表明自己的看法。但是总体来说，"臣光曰"所占的比例可能不到千分之一，更多的是一个一个的案例。我一直强调，对于"成事学"来说，亲尝大于书本，实例大于理论。

第四点，为了学好汉语。《资治通鉴》是难度中等偏上的古汉语，却是质量一等一的古汉语。如果你能够跟着本书从头到尾把《资治通鉴》读一遍，那么对于古汉语的掌握，你可能会超过百分之九十九的地球人。同时，你也对中国文化有了更好的了解。三家分晋、将相和、纸上谈兵、鸡鸣狗盗……这些历史故事知道得越多，你对中国文化越会了然于心。

总之，学好《资治通鉴》，能让你过好在地球上的一生。

二、冯唐凭什么讲《资治通鉴》

第一点，冯唐是鲜为人知但货真价实的战略管理专家，管理界的"扫地僧"——虽然我写情色小说的名声远远大于我做职业经理人的名声。二十多年的职业生涯一眨眼就过去了，但是回看这二十多年，我还是积累了很多并不容易获得的管理经验。

我学了八年医，我知道人是个什么东西；我写了二十年小说，写了七个长篇，我知道人性是个什么东西。

我学了两年MBA（工商管理硕士），做了近十年麦肯锡（咨询顾问），做到了麦肯锡合伙人的位置。我又在华润做了五年，先做整个集团的战略管理部总经理，再做华润医疗的创始CEO。之后又在中信资本做了五年董事总经理，做投资。所以，在管理上，我做过资深管理顾问，在企业方做过总参谋长，又在大企业平台上做了创业，同时我又做过投资。

从行业上来讲，因为麦肯锡公司早年规模较小，所以除了我最熟悉的医疗，我还接触了各种行业。在华润做战略管理部总经理时我接触了华润所涉及的所有行业，从水泥、地产、电力到啤酒、饮用水，甚至化工、纺织等。所以，我涉及行业的广度，是多数职业经理人所没有过的。

在管理上，我在 2018 年前后开始创建"管理学"，分别出版了《成事》《冯唐成事心法》和《了不起》。

总而言之，无论是对人的了解、人性的了解，还是对管理的理论、实践，对公司和集团运营，对创业、投资，我都有实操经验。"纸上得来终觉浅，绝知此事要躬行"，因为有经验、亲尝过，所以我认为我有资格从管理的角度讲《资治通鉴》。希望这本书能成为我们修炼管理学的一个有效的手段，成为"冯唐成事学"的一个核心构成部分。

第二点，冯唐热爱历史，在过去近四十年间一直读历史。我十四岁开始读《史记》，十七岁开始读《资治通鉴》。虽然从读 MBA 到做麦肯锡，全职工作非常繁忙，一周要干八九十个小时，有时候甚至一百个小时，但是枕边总有一部《二十四史》或者《资治通鉴》。

《资治通鉴》我从头到尾读过两遍，这次讲《资治通鉴》，是我从头到尾读的第三遍。另外，纪传体的《二十四史》我也大致翻过一遍，特别是"前四史"——《史记》《汉书》《后汉书》《三国志》，我都认真地翻过两遍以上。

这些都让我对历史、文化有了一定程度的了解，使我能够更好地讲《资治通鉴》。

第三点，冯老师有了把岁数。如果我现在只是二三十岁，我担心我没有资格讲。但我已经五十多岁了，"五十而知天命"，我也经历了读万卷书、行万里路的前半生。虽然"人之患在好为人师"，但是到了知天命之年，我也想把自己知道的、经历过的、体会过的那些多么痛的领悟告诉大家，想把它们变成文字留在人世间。

三、我们怎么学《资治通鉴》

如何跟冯唐一起读《资治通鉴》？除了听我讲之外，你得读原书。

第一，我选出了对今天的管理实践依旧有指导作用的案例，用现代汉语翻译出来，尽量翻译得信、达、雅，然后从管理学的角度来评论。

在冯唐选、冯唐译、冯唐评的基础上，我建议你还是读一读原文，不只是看我选的那一段，还要把整个原文读一遍。

另外，我建议你去买一本王力主编的《古汉语常用字字典》，遇上一些难字的时候查一查。《古汉语常用字字典》的附录，就是讲古汉语的基本句法、词法、语法的，也请你把这个附录好好读一读。

所以，希望各位跟着冯唐读一年《资治通鉴》，哪怕只读三十卷原文，你很有可能就初步具备了直接读古汉语原文的能力。

第二，"读书切戒在慌忙，涵泳工夫兴味长。未晓不妨权放过，切身须要急思量"。别着急，慢慢读，读到自己有感触的地方，停下来想想。读到不懂的地方，似乎又没有那么重要的，把它放过去，不必求甚解。从管理的角度去读《资治通鉴》也一样，那些想不明白的古人的事，暂时先放下。

第三，学会"六经注我"。读《资治通鉴》的时候，想想你自己的人生体验，跟自己相关的东西多体会体会，甚至用一种解题的方式，带着现代的经历去读。也就是说，你把自己设想成那个决策者，可能是一个将军，可能是一个大臣，可能是一个妃子，可能是一个皇帝……先把自己代进去，你来做决策，然后再去看看历史上这个决策者具体是怎么做的，及最后所谓的兴衰得失。历史、现实是给了他一个大嘴巴，还是给了他一颗糖果、一块点心？到底他成事了还是没成事？然后，掩卷深思。

下一个阶段，你放下《资治通鉴》。当你带团队出差，跟合作伙伴谈合作，遇事有疑问的时候，想想《资治通鉴》里有没有类似的案例，是怎么处理的，历史上发生了什么，结果是什么，可能问题就会迎刃而解。总之，读《资治通鉴》，古为今用，把学到的用到生活中去。

你如果能做到这些，那真是学活了这本书。

冯　唐

目 录

秦纪一

公元前255年 — 公元前228年

功成身退：位高权重时，如何做到功成身退	003
荀子论兵：从管理角度看，竞争的目的是长治久安	010
荀子论军：业绩管理决定了团队优劣	017
荀子论将：一个优秀CEO的管理之道	024
荀子论战：实战中，听话比有功更重要	032
郑国修渠：基业长青，时间才是真正的朋友	038
狂悖之行：为了降低风险也要放下面子听劝	043
李园乱楚：如何应对和管理不确定性	048
逐客之令：如何吸引、留住、用好人才	054
韩非之死：懂进退，职场之路越走越宽	061
荆轲刺秦：做慢而长远的事	068
王翦灭楚：了解人性，才能免于"兔死狗烹"	076
秦灭六国：赢家通吃，边缘玩家的生存之道	084

秦纪二

公元前227年 — 公元前209年

始皇之道	身处权力顶峰也要保持危机感	093
焚书坑儒	求变才能立于不败之地	099
始皇之死	CEO最重要的事是选拔继任者	107
二世继位	管理不能追求绝对的高效	114
陈胜起义	最初的问题往往来自内部	120

秦纪三

公元前208年 — 公元前207年

后起之秀	顺着人性才能不战而胜	129
刘邦起兵	领袖魅力是创业者的必备素养	136
项羽起兵	团队的组建、维系与管理	143
刘邦养成	一个潜在超级CEO的必备素养	150
东门黄犬	大公司出问题，往往早有败象	156
项梁之死	打了胜仗，也要有危机意识	165
关中之约	与其考验人性，不如明确规则	172
宋义之死	好的战略，是不打不必要之仗	177
破釜沉舟	如何打赢一场关键战役	182
刘邦招降	企业并购要善用"不战之法"	187
指鹿为马	常用权谋终会被权谋反噬	194

汉纪一

公元前206年

约法三章：	得人心者才能长久成事	203
鸿门宴：	留住团队里的能人是CEO的必修课	211
分封诸侯：	不重视战略，就会尝到苦果	220
国士无双：	能留住顶尖人才，是团队之力	228
楚汉之争：	竞争最关键的是找对人，定好战略	236

公元前205年

彭城之战：	能与企业共患难的，都是什么样的人	243
盗嫂受金：	管理中最能依靠的还是人	250

汉纪二

公元前204年

背水一战：	重视战略是成事的关键	259
黥布归汉：	战略沟通的精髓是同理心	267
应物变化：	做决策要考虑"形""势""情"	274
反间计：	核心团队比战略更重要	283
郦生说齐：	要说服人，就要先为对方的利益着想	292

公元前203年

狠人之极：	团队内部不要进行无意义的"争功"	299
士为知己者死：	缺乏进退之道，会导致战略失败	307
与人分利：	核心团队怎么分利才算公平	315

秦纪一

公元前 255 年

公元前 228 年

功成身退：
位高权重时，如何做到功成身退

能干的人，在人群中是少数。特别能干的人，是少数中的少数，而这些人里能够有好下场的，更是极小概率的事件。无论在古代还是现代，孤峰顶上再无上升之路。你到了山顶后，每一步都有可能是下坡路，每一步都有可能让你从悬崖上掉下去。人精不好当，山尖不好待。

范雎、白起，一个文神，一个武神，秦国能一统天下，两个人都起到了至关重要的作用。但是"战神"白起因数次闹脾气抗命不去领兵打仗，而落得了悲惨的结局，最后范雎和秦王商量，给了白起一把宝剑，让他自杀了。除此之外，范雎还干过不少类似的事。范雎这样在孤峰顶上的人，已经没有所谓的绝对正确和绝对错误。位高权重，难免要伤很多人、杀很多人，要功成身退，有个好下场是非常不容易的事。

那么，范雎是怎么在权力的旋涡中全身而退，又是怎么在孤峰顶上找到路下山的呢？

1. 蔡泽撑范雎:"自杀式"毛遂自荐

河东守王稽坐与诸侯通,弃市。应侯日以不怿。王临朝而叹,应侯请其故。王曰:"今武安君死,而郑安平、王稽等皆畔,内无良将而外多敌国,吾是以忧!"应侯惧,不知所出。

河东太守王稽因为跟各个诸侯串通,犯了"间谍罪",在街面上被当众砍头。应侯越来越不开心,越来越担心。秦昭襄王说,现在武安君死了,郑安平、王稽都有了反心,我们秦国内部没有良将,外边都是恨死我们的敌家,所以我很担心。应侯害怕了,不知道该如何是好。

燕客蔡泽闻之,西入秦,先使人宣言于应侯曰:"蔡泽,天下雄辩之士;彼见王,必困君而夺君之位。"

燕国的蔡泽听说应侯很害怕,于是向西入秦,并先让人传话给应侯说,蔡泽是天下特别能说的人,如果秦王见到了他,一定会让您陷入困扰,夺取您秦国相国的位置而代之。

春秋战国,甚至现在,很多能人上位的途径,依然是自荐。如果说毛遂自荐还算有的放矢,还算有一个正常的、自然的环境——他本身已经是平原君的门客,选二十个人,缺一个人,他抓住了这个机会。蔡泽自荐则属于无中生有,他的自荐方式是放出狠话,引出问题。

我说过,好演讲开头的"方便之门"是讲个笑话,讲个故事,或者问个问题。蔡泽用他的方式问出了问题。他让人传话说蔡泽如果见了秦王,一定会夺了应侯的位子,让应侯不好过。那应侯一定有所触动,自己这个位子也不是那么容易得来的,又已经坐了这么久,这个人凭什么呀?

应侯怒，使人召之。蔡泽见应侯，礼又倨。应侯不快，因让之曰："子宣言欲代我相，请闻其说。"

应侯生气了，让别人把他叫来！蔡泽见到应侯，非常傲慢不敬，应侯不开心，数落他，您扬言想坐我这个位子，您跟我说说，要怎么做呢？

蔡泽曰："吁，君何见之晚也！夫四时之序，成功者去。君独不见夫秦之商君、楚之吴起、越之大夫种，何足愿与？"

蔡泽说，唉，您见我见得晚了。四时有序，该走就得走，该撤就得撤。您难道没有看到秦国的商鞅、楚国的吴起、越国的大夫文种的下场吗？这就是您想要的吗？

应侯谬曰："何为不可！此三子者，义之至也，忠之尽也。君子有杀身以成名，死无所恨。"

应侯没有马上就承认他说得对，而是故意刺激他说，这有什么不可以呢？这三个人都是仁、义、礼、智、信的极致，像这样的君子，死了但也成名了呀，千古流芳了呀！

蔡泽曰："夫人立功，岂不期于成全邪！身名俱全者，上也；名可法而身死者，次也；名僇辱而身全者，下也。"

蔡泽说，人立功，难道不想功成名就吗？难道不想有善终吗？蔡泽的意思是说，别吹牛，别认为你不怕死，如果能不死，名也有，身也有，有什么不好呢？

蔡泽定了一个"三等"的说法。第一等，功成身退，名也有，身也有，这是"上"。中间一等，就是应侯刚才讲的，杀身成名。最差一等，是名声不好，但是可以苟活下来。这对于士大夫来说，没意思，名比身重要，留了身，却没了名，是不行的。

"夫商君、吴起、大夫种，其为人臣尽忠致功，则可愿矣。闳夭、周公，岂不亦忠且圣乎！三子之可愿，孰与闳夭、周公哉？"

蔡泽继续举了几个例子，商鞅、吴起、大夫文种，作为人臣，尽忠尽力，尽职尽责，当然是可以效法他们的。但是，像闳夭、周公，他们同样也是尽职尽责、尽忠尽力，而且全身而退了。这三个人，跟闳夭、周公来比，谁更应该是你效法的对象呢？

应侯曰："善。"蔡泽曰："然则君之主惇厚旧故，不倍功臣，孰与孝公、楚王、越王？"曰："未知何如。"蔡泽曰："君之功能孰与三子？"曰："不若。"

应侯说，我同意你的说法。

蔡泽接着问了一个很狠的问题，应侯您觉得在念旧、不背弃功臣这方面，现在的秦王跟孝公、楚王、越王比，谁更仁慈呢？这个秦王，是杀过"战神"白起的秦王，应侯跟了这个秦王这么长时间，他竟然回答说，我不知道。

应侯作为相国，为这个国家、这个君王尽心尽力、尽忠尽责这么长时间，当问到这个君王能不能对他宽厚仁慈时，他想来想去竟然只能说"我不知道"。

蔡泽又问，那您的功劳跟刚才说的商鞅、吴起、大夫文种比起来如何呢？

应侯坦诚地说，我不如他们。

蔡泽曰："然则君身不退，患恐甚于三子矣。语曰：'日中则移，月满则亏。'进退嬴缩，与时变化，圣人之道也。今君之怨已雠而德已报，意欲至矣而无变计，窃为君危之！"

您的老板和他们三个的老板比起来，仁慈程度您不确定；您的功劳，跟他们三个比起来，您能确定不如他们；那按照这个逻辑推理下来，您如果不退，就可能有比他们更惨淡的结局。

古话讲，日头到了中间就会往下落，月亮圆了就会变缺。"进退嬴缩"，要根据时机和周围环境来变化，这是圣人应该明白的道理。您到今天，仇也报了，德也报了，名也得了，您想要的都已经有了，然而您一直不想着退，我很为您担心。

应侯遂延以为上客，因荐于王。王召与语，大悦，拜为客卿。应侯因谢病免。王新悦蔡泽计画，遂以为相国。泽为相数月，免。

之后，应侯就做了两件事。第一，把蔡泽奉为上宾。第二，把他推荐给秦王。秦王召蔡泽去聊天，非常开心，就把他当成了"幕僚"。应侯就对秦王说，蔡泽能替代我，我又老又病，已经没办法继续做相国了。秦王觉得蔡泽是个很好的战略专家，就拜他为相国，准了应侯的退休。蔡泽做了几个月相国后，也被免去了职务。

这就是应侯功成身退的故事。

2. 为什么功成身退如此艰难

借着应侯功成身退的故事,我们总结一下,功成身退为什么这么难?

第一,骑虎难下。终有一天你成功了,位极人臣。在这个过程中,你一定吃过别人的奶酪,占过别人的位子,挡过别人的路,你得罪的人要远远多于你的想象。

当你在高位时,还有资源,能呼风唤雨,镇得住一路走来你得罪了的那些人。但是你一旦下来了呢?一旦没了权、没了势,你就会多了很多仇人找上门,这就是所谓的骑虎难下。

第二,你不想退。人喜欢成功,喜欢前呼后拥,喜欢别人奉承;人也喜欢做大事,练着屠龙技的,总想着屠龙;爱好逐鹿中原的,充满了做大事那种"一览众山小"的快感。

你退了,这些就都没有了,多数已经到过山尖、已经逐鹿中原成功过、已经学会屠龙技的人,会一声叹息,觉得"平安是福"这四个字好苦。

第三,你身边的人不想你退。你的太太、你的孩子、你的司机、你的保姆、你的保安和你的那些狐朋狗友,一百个人里如果有一个人想让你退的,就算你还有些有真心、有智慧的朋友。

你周围的大多数人,是希望你能继续待在这个位子上,做他们的保护伞,给他们资源,让他们日子可以过得好一点的。甚至有些人,特别是你团队的人,因为跟着你干,也得罪了数不清的人,他们也已经骑在老虎上了。你如果撤了,那他们怎么办?所以这些人会尽全力不让你撤,动之以情,晓之以理,让你不要退。

所以功成身退非常难。无论是自己,还是周围的团队,抑或潜在的仇人,都会让你骑虎难下。

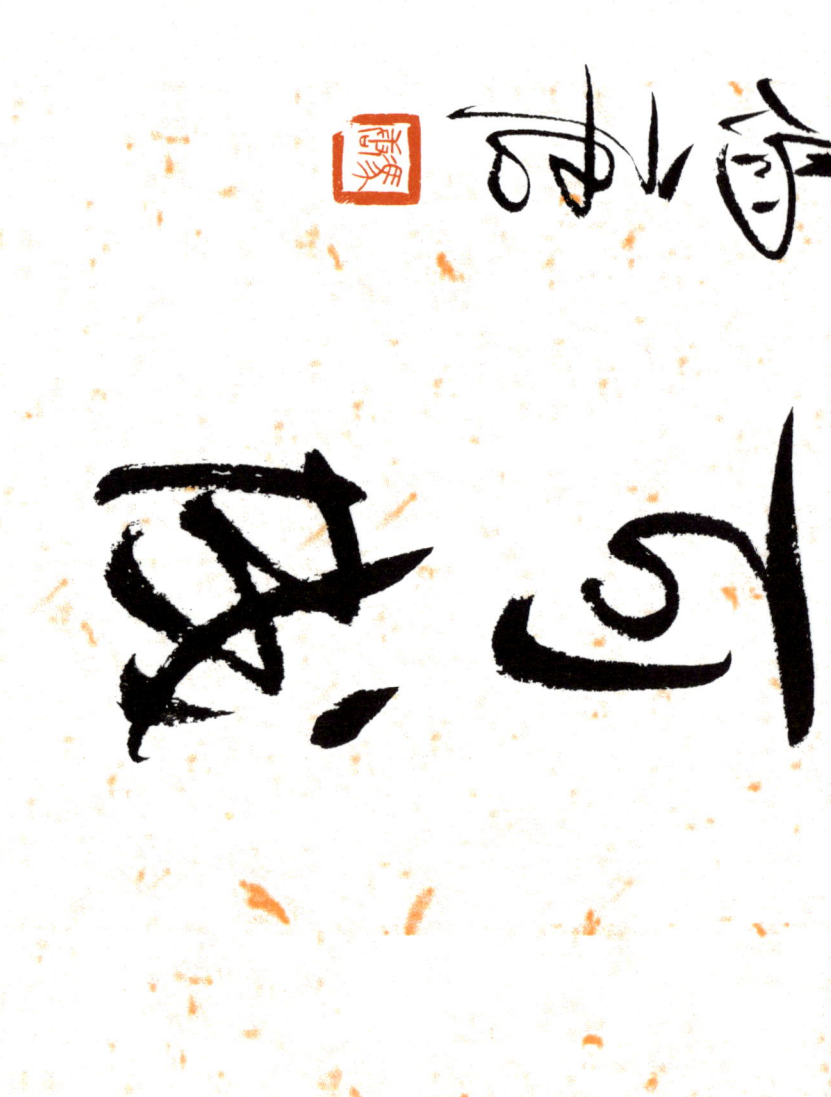

لا اله

3. 位高权重,如何才能做到功成身退

功成身退,难度极大。那么,范雎是怎么做到的?"冯三点"讲三点。

第一,范雎知道害怕。白起杀人无数,耍小脾气,耍大脾气,就是不听秦王的命令,秦王命令了三次,他就是称病不上前线。但是,范雎在秦王还没说什么的时候,就已经开始担心了。秦王说:被你弄死的武安君已经死了,起不来了,打仗没有人比他再强了;你推荐的郑安平、王稽已经背叛了秦国,现在内无良将,外多敌国,怎么办?我很担心。秦王说了这么一句之后,应侯从心里往外地害怕,睡不着觉,不知道该怎么办。

相比其他人——那些在风口浪尖上以为一直不会变、一切都不会变的人,以为自己就是应该、应当、应分地站在风口浪尖上的人——应侯没有这种信心,也没有"战神"白起的脾气,应侯的害怕救了他的命。

第二,善于倾听。蔡泽从燕国来,上来就号称只要让自己见了秦王,就能取代他。应侯竟然没有杀他,还跟他认真聊天,把他的话听进去了。

第三,找到了替代的人。你如果在位高权重的时候跟领导说,我不干了,那领导的第一反应会是,那我怎么办?公司怎么办?应侯跟领导说我不干了,但同时已经给领导找好了自己的替代者,给领导想好了解决方案。

所以,需要功成身退的时候,要做到害怕,要善于倾听,要给周围人,特别是领导留好后手。希望大家都可以通过成事变得成功,站在山顶上一览众山小,到了山顶之后也能够全身而退,从从容容走下山去,那才是人生的真正顶点。

荀子论兵：
从管理角度看，竞争的目的是长治久安

对一个 CEO 来讲，战略如何制定，用什么战术去执行，如何找到公司长盛不衰的护城河，都是值得深入思考的大事。我想跟大家说的是，好的战略和好的战术其实一点都不矛盾。

春秋战国时期论兵打仗的理念套用到现在的公司竞争关系里，也是非常适用的。荀况论兵，从现代管理的角度看，论的就是竞争。竞争是拿到市场份额，获得更多的资源、收入和利润，挣钱、持续挣钱、持续多挣钱。那么，究竟怎么才能在竞争中获胜？又该如何看待竞争呢？

1. 在竞争环境里，谈对错是有限制条件的

楚春申君以荀卿为兰陵令。荀卿者，赵人，名况，尝与临武君论兵于赵孝成王之前。王曰："请问兵要。"临武君对曰："上得天时，下

得地利,观敌之变动,后之发,先之至,此用兵之要术也。"荀卿曰:"不然。臣所闻古之道,凡用兵攻战之本,在乎一民。弓矢不调,则羿不能以中;六马不和,则造父不能以致远;士民不亲附,则汤、武不能以必胜也。故善附民者,是乃善用兵者也。故兵要在乎附民而已。"

荀况跟临武君在赵孝成王面前辩论用兵之道,也就是打仗这件事。

临武君说,得天时,得地利,观察敌人的变化,后发先至,兵贵神速,这是用兵的关键。

在一个竞争环境里,在一个管理环境里,对错其实是有限制条件的。很多判断、结论,单从这句话本身看往往是对的,是解释得通的,但这个"对"要加引号,换个环境、换个角度可能就不对了。

临武君这番话对不对?对,也不对。这句话在战术层面上没错,已经要打这场仗了,这么打是对的。但是层面低了一点,在战略上没有讲清楚。战略讲的是为什么要打这个仗,在什么地方打,该如何打,尤其要在相对长的时间里看待上述这些问题。临武君的观点对一场战斗来讲没问题,但是对几场战争以及指导战争的战略来说,层次低了。

荀子是怎么说的?他说,用兵之道只有一件事,就是老百姓的支持。弓箭不调,你是后羿,也不能射中;六马不和,你是造父,也不能跑很远;你的士兵、人民不跟你一条心,你是汤、武也不能必胜。荀子用了一些华丽的辞藻,但在关键结论上,他说得非常简单、直接:用兵在于民心,要把人民紧紧地团结在自己周围,这才是最重要的。

临武君曰:"不然。兵之所贵者势利也,所行者变诈也。善用兵者感忽悠暗,莫知所从出;孙、吴用之,无敌于天下,岂必待附民哉!"荀卿曰:"不然。臣之所道,仁人之兵,王者之志也。君之所贵,权谋势利也。仁人之兵,不可诈也。彼可诈者,怠慢者也,露袒者也,君臣上下之间滑然有离德者也。故以桀诈桀，犹巧拙有幸焉。以桀诈尧，譬之以卵投石，以指挠沸，若赴水火，入焉焦没耳。故仁人之兵，上下一心，三军同力。"

临武君接着提出反对意见。他说，不是的，打仗要看形势之利，看权谋。善用兵的人，会让人捉摸不定，不知道他下一招怎么出。不论人民是不是喜欢他，是不是归附他，他利用形势和诡诈就能打胜仗，就能无敌于天下。

荀子说，我们说的不是一回事。我说的是仁者之兵，是长远的事，而你重视的是权谋、形势、利害。仁者之兵是不能谈诈的，你能诈、能骗，能用天时地利搞定的都是没有人和的对手，他们之间本身就不是"团结如一人"。你的诡计对这些人才有可能有用，对仁者之兵，没用。

坏人对坏人，才会有谁骗得更巧妙这种说法。但如果让夏桀带着军队来骗尧、舜、禹这种明君，就会像以卵击石，赴汤蹈火，要不然被淹死，要不然被烧焦。

"臣之于君也，下之于上也，若子之事父，弟之事兄，若手臂之扞头目而覆胸腹也。诈而袭之，与先惊而后击之，一也。且仁人用十里之国则将有百里之听，用百里之国则将有千里之听，用千里之国则将有四海之听，必将聪明警戒，和傅而一。故仁人之兵，聚则成卒，散则成列，延则若莫邪之长刃，婴之者断；兑则若莫邪之利锋，当之者溃；圜居而方止，则若盘石然，触之者角摧而退耳。"

臣之于君，就像儿子侍奉父亲，弟弟侍奉兄长，手臂捍卫脑袋。大家是一体的，会没有原则地互相保护、互相照顾。对仁者之兵使诈是没有用的。你可以诈一时，但不能诈永久。仁人之兵，治理十里之国，就会有百里的信息；治理百里之国，会有千里的信息；治理千里之国，会有四海的信息。仁人之兵，聚在一起是一个团队，散开就是一个队列，延伸出去就是一把长刀。谁碰到它的刀尖就会折断，它锋利的一面对着谁，谁就会望风而逃。它收起来防守，就像磐石一样，触碰到的人就会头破血流，只能退却。

"且夫暴国之君，将谁与至哉？彼其所与至者，必其民也。其民之亲我欢若父母，其好我芬若椒兰；彼反顾其上则若灼黥，若仇雠；人之情，虽桀、跖，岂有肯为其所恶，贼其所好者哉！是犹使人之子孙自贼其父母也。彼必将来告，夫又何可诈也！故仁人用，国日明，诸侯先顺者安，后顺者危，敌之者削，反之者亡。"

再说那暴君，将和谁来打我们呢？在他看来，一起来的必定是他统治下的民众。而那些民众亲爱我们就像喜欢父母一般。你想想，他们还能为了暴君而欺负我们吗？我们怎么可能被欺诈？

我刚才说的这些竞争、打仗的道理，仁义的人会使用，他们的国家也因此会更加兴旺、更加富强。诸侯中顺我的得平安，不顺我的有危险；跟我为敌的就会被削弱，反叛我的都死了。

荀子说到这儿，忍不住引用了《诗经》中的描述。

"诗曰：'武王载发，有虔秉钺，如火烈烈，则莫我敢遏，'此之谓也。"

武王的军队出发了，刀枪剑戟，斧钺钩叉，浩浩荡荡，烈火熊熊，谁能挡我？

2. 竞争不是为了你死我活，是为了世界美好

从《资治通鉴》和现代管理学的角度看，两个人都说对了一部分，但都没有说全。一个强调战略，强调长期，强调民心向背；一个强调战术，强调战役，强调短时间的胜负。两个人都没错，但两个人又都错了。

如果在临武君和荀子中一定要挺一个人，司马光挺荀子。我同意司马光的意见，因为我们讲的都是长治久安，是更长期的美好。竞争对不对？对的。但竞争的总体目的不是你死我活，竞争的总体的、长远的目的是让世界更美好。

打仗和治理都是国家竞争、公司竞争的一部分。国家长期发展涉及治理问题，短期遇上兵荒马乱，需要考虑打仗生存的问题。公司长期发展涉及治理问题——如何让公司基本面变得健康向上？面对短期的激烈竞争，面对你死我活的市场份额的争夺，要怎么办？

打仗和治理是两件事，打仗以杀人、取胜为第一要义。治理以得人和稳定增长为第一要义。两件事是否完全不一样？不是的。打仗和治理相辅相成。你治理得好，打仗就有基础，而且大概率像荀子说的那样，你有可能输掉一两场战役，但你很可能会赢得好几场战争。因为你有这个基础和实力，能够打持久战，耗得起。这就是治理和打仗的辩证关系。

同理，如果你仗打得好，攻下了很多地方，它们经过治理会让国家变得更加富强。虽然打仗要杀人，但是依旧会有很多剩下的人继续繁衍生息，随着被有效治理，又能使这块地方变得更加美好。

所以，打仗和治理就像大象的不同部位，它们之间不完全一样，但又密不可分。而荀子和临武君，就像盲人摸象中的两个盲人。

作为管理者、作为 CEO，要做的就是要既能看到全貌，又能看到细节，且知道全貌和细节之间的关系，保障细节能跟全貌产生系统

相关性。知道战略和战术是两回事,但是两者又密不可分。既要懂得中长期的治理,也要懂得短期的打仗,这样你才能成为一代著名的 CEO。

从这个角度辩证地看打仗和治理、战略战术之间的关系,历史上出现过很多错误。在你不得不先解决生存问题的时候,你不要总想着长治久安。先活下来,把仗打赢再说。

3. 创业团队,更要多用"仁人之兵"

你用于治理的专业管理人士,和用来打仗、"杀人"的专业人士,常常不是一组人。有没有一组人战略又强、战术又强、治理又强、打仗又强?有。但是凤毛麟角,你不见得能遇到。

作为"霸道总裁",你要做的就是因人施教,因材而用,让适合治理的去治理,适合打仗的去打仗。适合开疆拓土的人,你就给他赋权,给他资源,让他去开疆拓土,不要一开始就考察他的现金流和盈利能力。而那些能够守成、能够治理的人,你一开始就要考察他的现金流、盈利性以及员工满意度,也就是下面人愿不愿意跟着他干。

再往下说,得人也好,"杀人"也好,从一个角度看,就是长期和中短期要做的事的区别。换一个角度,得人是对内,"杀人"是对外。也就是说,哪怕在乱世、在激烈竞争期,对内最好能施以仁政,多用儒术、多用荀子所说的"仁人之兵",对内尽量团结、上下一心、同进同退。对外时保持枪口一致,团队"团结如一人"。

越是小团队,越是创业期,越要如此。否则团队很容易散,很难创业成功。先把蛋糕做大,再来分享胜利果实,比内部打成"血葫芦"的内卷要强得多。看上去,我刚才说的像是废话,但你想想,好多创业团队败就败在顺着人性,自己内战内行,外战外行,用尽各种权谋和诈术，把小团队搞得四分五裂，对外却没有任何战斗力。

所以，得人和"杀人"，战略和战术，不仅有短期、长期的区别，还有对内、对外的区别。对内，多得人，多团结，多从长远看问题。对外，多"杀人"，多拿市场份额，多讲战术。

荀子论军：
业绩管理决定了团队优劣

有些战争不能避免，公司之间的竞争是某种常态，无论你是"仁者之兵"还是"非仁者之兵"，在古代战场还是现代商场，你都要有一支队伍。如何让这个团队变得高效，是永恒不变的、常常徘徊在CEO心头的问题。

通常CEO管好三件事就好了——找人、找钱、定方向。有些CEO找人、找钱，不管定方向，由找着的人去定方向；但是也有些CEO，是创造型CEO，他自身就是一个超级产品经理，他只管找人，让找到的人再去找钱，他自己参与定方向，更主要的精力是创造，创造出新的产品、新的服务。

通过这个故事，我来讲讲有了用兵理念之后，如何组建、培养、使用一支强有力的、能够成事的军队。答案有两点：第一，有一套合适的业绩管理体系；第二，坚持这一套业绩管理体系，不要总变。

1."一把手"的强弱决定了组织强弱

孝成王、临武君曰:"善。请问王者之兵,设何道,何行而可?"荀卿曰:"凡君贤者其国治,君不能者其国乱;隆礼贵义者其国治,简礼贱义者其国乱。治者强,乱者弱,是强弱之本也。上足卬则下可用也;上不足卬则下不可用也。下可用则强,下不可用则弱,是强弱之常也。"

孝成王、临武君说,怎么组建这样一支王者之兵呢?怎么找人?具体又该怎么做?荀子在之后的表达里,运用了一个非常巧妙的对比方式。他比较了齐国、魏国、秦国组建军队、使用军队、激励军队,特别是在业绩管理上的相同和不同,起到了很好的说服作用。荀子最后的结论,我不一定百分之百同意,但是他归纳出来的各国业绩管理之间的差异非常好。有可能就是这种业绩管理设计和执行的差异,使秦一统天下,歼灭六国,而不是白起之类的名将,也不是范雎这样的名臣。

荀子一开始没有马上进入正题,而是先宣扬了一番儒家的说法,说观察一个国家先要观察它的君王,就像观察一个组织要先观察它的"一把手"。如果君王和"一把手"是贤者,下面的团队往往是很能干的,那这个国家、组织可能被治理得不错;反之,如果国君、"一把手"不是贤者,那其他都可以不看了,这个国家、组织的治理大概率会非常混乱。

这句话体现了一种盼贤君的文化。"一把手"强,事就成了一半;反之,事就败了一半。

荀子接着又展示了他的文采。强弱的根本在于治理,而不是在于打一两个胜仗。从中长期、整体来看,这句话没错。但从短期看,如果是在你还弱小而强敌已经叩门了的时候,你要解决的就是生死存亡的问题了。过分强调长期,过分强调未来,很有可能你活不到未来。

刚才说的这点,也是像刘备这样的君王诟病儒家最重要的一点——不能够审时度势,提出具体的建议。

荀子还继续排比了一下。如果君王贤能、被尊敬,那下边的团队往往就是很能干的。如果上边不行,那下边也不见得行。说得对不对?对。

在管理环境中,也是同理。如果 CEO 强,大概率他的团队也很强。如果一个公司的 CEO 不行,那其他就基本可以不看了。CEO 强,下边也强,这样才能保证整个机构、公司一直强,这是强弱之常。

强弱之本,是有个贤君,有个强的"一把手"。而强弱之常是不仅"一把手"强,下边也因为他们仰望、尊重、跟随"一把手",而变得很强,所以上下都强。

2. 大业是好的业绩文化的胜利

荀子比较了齐国、魏国、秦国三个国家如何建立军队、激励军队,以及这三种组建军队的方式最后产生的差别,来说明他的理念。

"齐人隆技击,其技也,得一首者则赐赎锱金,无本赏矣。是事小敌毳,则偷可用也;事大敌坚,则涣焉离耳;若飞鸟然,倾侧反覆无日,是亡国之兵也,兵莫弱是矣,是其去赁市佣而战之几矣。"

齐国最看重的是个人杀敌本领。无论胜败,只要拿回敌人的头,就能得到奖金。如果用这套绩效,面对的是小事、小仗,比较弱的敌人,能干的齐国士兵杀掉几个敌人,换点银子,也挺好。但是,如果面对的是大事、大仗、大敌,那么团队就是一盘散沙,大家各自为战,都不管整体的成败、荣誉和结果了。这样的军队你可以把它想象成雇佣兵。

荀子在两千多年前就知道，个人作战能力很强的人如果组成军队，以利来、以利去，将不堪大用，不能打大仗。

"魏氏之武卒，以度取之；衣三属之甲，操十二石之弩，负矢五十个，置戈其上，冠胄带剑，赢三日之粮，日中而趋百里；中试则复其户，利其田宅。是其气力数年而衰，而复利未可夺也，改造则不易周也，是故地虽大，其税必寡，是危国之兵也。"

如果说齐国重视个人武术、个人杀敌本领是亡国之兵，小仗能打，大仗一定被打散，不重视集体。那魏国是什么样子呢？

魏国看重士兵的身材、体力，挑最强壮的男丁，一旦挑上，就免去他和家人的徭役。但问题是，再有力气的人，多年之后，体力也难以为继。

可是赋税、徭役依旧是免除的，这种政策施行时间长了，哪怕魏国地大物博，还是会有收不上税的问题。反过来，没钱就无法长久支撑军队。

"秦人，其生民也陿阸，其使民也酷烈，劫之以势，隐之以阨，忸之以庆赏，䲡之以刑罚，使民所以要利于上者，非斗无由也。使以功赏相长，五甲首而隶五家，是最为众强长久之道。故四世有胜，非幸也，数也。"

荀子说到了秦国的业绩管理法。

第一，连坐。贬低个人、强调整体、同奖同罚。第二，先军。军功第一。第三，本分。种田的就种田，打仗的就打仗，做铁匠的就做铁匠。第四，王公贵族同理。没有军功，就不能享受荣华富贵。即使是王公贵族也不行。

这些就是商鞅变法的主要内容，确定的是军队的业绩管理，目的是把秦国打造成一支强军，一切要为这支军队服务，为打仗服务。"先军主义"的核心就是业绩管理，依据军功多少，赏罚分明。

相比齐国的以武术为上，相比魏国的以个人为上，秦国以集体军功为上的业绩理念在当时最高效、最强，也最完善。

整个国家通过几代人对这样的业绩理念、管理方式的长期执行，形成了业绩文化，促成了秦灭六国，一统天下。所以，秦国四世君王成就的秦国霸业，其实不是靠什么运气，它是设计出来的，是执行出来的，这是业绩理念、业绩管理、业绩文化的胜利。

"故齐之技击不可以遇魏之武卒，魏之武卒不可以遇秦之锐士，秦之锐士不可以当桓、文之节制，桓、文之节制不可以当汤、武之仁义，有遇之者，若以焦熬投石焉。"

荀子接着讲了齐国、魏国、秦国业绩管理文化的不同。

齐国选个人功夫强的，魏国选身体特别强健的，秦国选能够一块儿上阵杀敌打仗的。齐国拼不过魏国，因为个人的能力拼不过共同训练和打仗的团队；魏国拼不过秦国，因为秦国的锐士被激励得只知道杀人。秦国打不过桓（齐桓公）、文（晋文公），桓、文打不过汤（商汤）、武（周武王）。也就是说，武力胜不过仁义。

从长期、从晚期、从整体看，这个观点是对的。但是从短期、从局部、从早期战争看，在乱世中，能够胜出、能够一统天下的理想主义仁君，历史上一个也没有。

3. 人性面前只谈仁义无法长久

"兼是数国者,皆干赏蹈利之兵也,佣徒鬻卖之道也;未有贵上安制慕节之理也。诸侯有能微妙之以节,则作而兼殆之耳。故招延募选,隆势诈,上功利,是渐之也。礼义教化,是齐之也。故以诈遇诈,犹有巧拙焉;以诈遇齐,譬之犹以锥刀堕泰山也。故汤、武之诛桀、纣也,拱挹指麾,而强暴之国莫不趋使,诛桀、纣若诛独夫。故泰誓曰:'独夫纣,'此之谓也。故兵大齐则制天下,小齐则治邻敌。若夫招延募选,隆势诈,上功利之兵,则胜不胜无常,代翕代张,代存代亡,相为雌雄耳。夫是之谓盗兵,君子不由也。"

荀子说,无论齐国、魏国、秦国,都是用利益驱动军队,跟做买卖类似,不是用道德来治理的。如果有明君能够真用仁义治国,这几个国家都很容易兼并。

在企业里,任何时候都不能忽视业绩理念、业绩管理长期执行而形成的业绩文化,空口白牙地只讲仁义,不讲利益,公司是长久不了的,至少在人性没有得到根本改变之前是长久不了的。

荀子接着说,如果你有强大的仁义之兵,那么讨伐那些极端不仁不义的人,如夏桀、商纣,就像讨伐独夫一样容易;如果你只仰仗利益,就会胜负无常。所以,还是要建立仁义之兵。

这个观点,我不完全赞同。因为极端如夏桀、商纣的人并不多,所谓的明君、圣主也并不多,不能拿极端的圣人去碰极端的差人,这样的比较没有任何意义。但我赞同荀子说的长治久安之法。

业绩理念、业绩管理、业绩文化要因时而变。做好业绩管理是成就一个伟大组织的必经之路。这条路上,你不能期望一蹴而就,也不能期望一劳永逸。

4. 做好业绩管理的四个要点

关于业绩理念、业绩管理，我简单总结以下四点。

第一，要长期有随势而变的业绩理念和业绩管理。

团队不管理会散，但如果只用一套业绩管理去贯穿无数年，也会乱。因为即使人性不变，时代也会变，技术也会变，竞争环境、竞争势态也会变，所以，业绩管理也要变。即使业绩管理的理念不变，业绩管理的关键指标也要变。

第二，业绩管理不能太简单粗暴，也不能过分复杂。

关键业绩指标不能只是一个，但哪怕再复杂的环境、再复杂的企业、再复杂的竞争状态，指标也一定不要超过九个。否则，管理复杂度会非常大，管理上的投入、产出不会好。至于设计什么样的KPI，做怎样的业绩管理，要根据不同的文化、不同的行业、不同的竞争环境去设计。

第三，要坚持，不要总变。

因时而变，是说在一段时间里，如果外部环境出现巨大变化，那你就要改变。但是你要克服一个倾向，就是朝令夕改，每天都变，每礼拜都变，每月都变。变化无常的业绩管理，等于没管理。

第四，要有结果管理。

结果管理是奖勤罚懒、奖优罚劣，要罚到人难受，要奖到人开心。如果不做结果管理，业绩管理就形成不了闭环，业绩文化也无法塑造，团队就很难成事。

荀子论将：
一个优秀 CEO 的管理之道

《资治通鉴》里荀子对兵、军、将、战四个问题的论述，其实也是现代社会里管理者要时常面对的四方面问题。放到现在，论兵就是商场的竞争；论军是团队的组建、激励、维系和发展。

论将。在现代社会，将就是职业经理人、项目负责人，就是一个公司的 CEO。什么是好的 CEO？好的 CEO 应该做到哪些？好的 CEO 和董事会、董事长之间的关系应该怎么摆？这些问题是躲不掉的。

论战。在现代社会里，就是具体执行战略举措的时候，哪些战术、原则要坚持，哪些三观要维护。

如果在古代，能够平衡地看待这四方面问题，一个组织、一个国家很难不兴旺。当然，荀子的观念有可商榷的地方，我不完全认同，但是对的比例占百分之八九十。

为将之道放到现代社会、现代公司的管理中，也是非常重要的。如果这四方面都做得好，一个组织很难不成功，一个公司很难不基业长青，一个事情很难会不被做成。现在，我就来讲讲荀子眼中的为将之道——什么是好的将军？将军跟元帅应该是什么样的关系？

荀子总结了几点关键——"六术""五权""三至""五无旷"。从现代管理角度来看，荀子说的为将之道，也正是做好CEO之道。如果一个现代的CEO，能够做到上述的"六术""五权""三至""五无旷"，那他就是非常了不起的、绝对顶尖的CEO。但是为什么顶尖的CEO这么少呢？通过这个故事，我来分析一下这个常见的问题。

1. 知权谋而弃之

孝成王、临武君曰："善。请问为将。"

孝成王、临武君听完荀子讲战争、讲军队，接着问：那什么是为将之道？

"将"，在管理中是核心的角色。在现代管理组织里，非常核心的位置可能不是基层员工，也不是高高在上的董事、董事长，而是中间能够负责一张损益表的将领、项目负责人、CEO，是控局的人。负责一张损益表，就代表着他能为这个组织创造一种产品，创造一种服务，能够把成本控制到一定范围内，把东西卖出去，把钱挣回来，能够盈利。

总之，要带领一群人做事，达成运营目标、财务目标，从不挣钱到挣钱，再到持续挣钱，甚至持续挣大钱。这个控局的人，上有董事长、董事会、股东大会，下有中层干部、基层员工，在组织里上有"老"，下有"小"，是非常关键的位置。

荀卿曰："知莫大于弃疑，行莫大于无过，事莫大于无悔；事至无悔而止矣，不可必也。"

关于一个名将应该具备的素质，荀子很智慧地先讲了理念。因为没有理念，缺少哲学关照，就像缺少顶层建筑，人会很容易迷失在具体的事物、具体的原则中。所以还是要有一些高屋建瓴、涉及三观的东西。

荀子说，做将领最大的智慧是不用阴谋诡计，无论对内还是对外。因为算计别人是不能长久的。君王和帅之间、帅和将之间、董事长和CEO之间，最重要的是信任，至少在认知上要有信任，要光明正大，不用阴谋诡计。

真正了不起的名将不是杀很多人，打很多大仗，而是从来不出昏招，从来不犯错误。"事莫大于无悔"，"冯唐九字箴言"——不着急，不害怕，不要脸，也就是所谓的"是非审之于己，毁誉听之于人"。认为对的事，在和大家仔细商量后，就去认真执行，无论结果如何都不后悔。能做到不用邪招，没有过错，尽心尽力，尽职尽责，从不后悔，就是做将军顶尖的状态和追求了。不必追求百战百胜。我做不到，你也做不到，也不应该做到。打仗如此，做生意也如此。

我最认同荀子的地方就是"知莫大于弃疑"。不要用权谋，百分之九十九的"无过"加百分之一的小心思，就能走得很远了。反过来，虽有一时之侥幸，但从中长期去看一定会败。

2. 做好"霸道总裁"的六个原则

荀子认为，作为名将、作为好的CEO，要具备"六术"，放到现在，就是好的"霸道总裁"的六种基本技术。

"故制号政令，欲严以威；庆赏刑罚，欲必以信；处舍收藏，欲周以固；徙举进退，欲安以重，欲疾以速；窥敌观变，欲潜以深，欲伍以参;遇敌决战,必行吾所明,无行吾所疑;夫是之谓六术。"

第一,号令严明。谨慎制定政策、命令。一旦定了,就要树立这些政策和命令的威信、威严,不能走形式。有人一直遵守却不夸奖他,有人一直破坏也不惩罚他,是不行的。

第二,赏罚以信。做好业绩管理,奖勤罚懒、奖优罚劣。不能因为是你特别喜欢的人,犯了错就不罚,也不能因为是你特别讨厌的人,有了成绩就不奖赏。

第三,扎硬寨。如果你要守成,请守得坚固、周到。名将要想到自己会有败的时候,所以安营扎寨要做得扎实,根据地要真的是能藏身、能待下来的地方。

第四,进退自如。要有主心骨,内心要笃定,在你的部队或进或退、或攻或守的时候,能够不慌乱,"动如脱兔,静若处子"。不是向上乱打,也不是向下仓皇而逃。虽然是在打仗,但也要做到进退心中有数、从容如风。

第五,知己知彼。要有自己的人潜在其中,知道敌方的情况,知道自己的情况,知道整个市场的信息。

第六,打必打之仗。你要做的一定是自己非常清楚为什么要做的事,不要做没把握的事。兵是凶器,打仗不是儿戏,想清楚了再去做;没想清楚的事与其贸然行动,不如不做。

3. 心胸有多大,事就能做多大

"无欲将而恶废,无急胜而忘败,无威内而轻外,无见其利而不顾其害,凡虑事欲熟而用财欲泰,夫是之谓五权。"

名将、CEO需要思考和权衡的是什么呢？

第一，有心胸，可以赋权。"无欲将而恶废"，如果你要把一个人当成将领，当成项目总负责人，你就要给他权，不要想着让他独当一面，又担心自己失去权力。这句话其实是给董事长说的，是给君主说的，看似是句废话，实际上在现实生活中、商业环境里，好多问题都出自这一句。"一把手"要明白的是，你的心胸有多大，你的事就能做多大。如果你不愿意放权，很有可能事就做不大，也带不出名将来，你最多自己是个将。这是第一权。

第二，不忘记失败的可能。不要总想着胜利，而忘记了失败也是可能的。

第三，收敛自己的气势。不要对内气势汹汹的，总觉得自己至高无上，对外又趾高气扬。要礼贤下士、要谦和。你手上掌了大权，也要权衡这一点。

第四，不要只见利益。作为大将、名将，当利益来临时，不要不管不顾、不思不想，上去就抓、上去就咬，没准儿那只是一个诱饵，里面藏着带倒刺的钩子。

第五，想事周全，用钱大方。请人吃个饭、送个小礼物，抢着去买单。该给外包的钱给外包，该给团队奖金的提奖金。

4.面对极端情况可以说"不"

将的第一天职是服从君主的命令，CEO要执行董事长和董事会的决议。但是有三种极端情况，你也可以说"不"。

"将所以不受命于主有三：可杀而不可使处不完，可杀而不可使击不胜，可杀而不可使欺百姓，夫是之谓三至。"

第一，守不住的地方，我不能守。作为主公，你可以杀我，可以不用我，但是你让我在一个地方耗死，那我做不到。

第二，胜不了的敌人，我不能去打。如果你让我去打一个不可能胜的仗，说把任务交给我了，使命必达，让我去送死，不好意思，我不去。

第三，对于百姓，对于客户、消费者，我不能欺负。在现代商业社会中，你让我去忽悠人，让我去偷工减料、违法乱纪，我不做。

5. 保持恭敬、无旷的心

"凡受命于主而行三军，三军既定，百官得序，群物皆正，则主不能喜，敌不能怒，夫是之谓至臣。虑必先事而申之以敬，慎终如始，始终如一，夫是之谓大吉。凡百事之成也必在敬之，其败也必在慢之。故敬胜怠则吉，怠胜敬则灭；计胜欲则从，欲胜计则凶。战如守，行如战，有功如幸。"

我受命于主公，率领三军，三军定了，百官就定了，一切都正了，那么我的主公、我的董事会不能使我大喜过望，我的敌人也不能激怒我。工作重于个人，没有喜怒情绪的影响，老老实实做我的本分工作，这才是真正对得起主公、对得起军队的大将。

这样的大将，总是事在人前，先想怎么成事，自始至终都恭敬、认真、不怠慢，只有这样才能获得大吉祥。反之，失败就会在路上。

接着讲，如果你的规划胜过了自己的欲望，那就跟着计划走；如果欲望胜过了规划，不要跟着去，会很凶险。打仗就像防守，要时刻想着我不能失去什么。行军就像处于实际战斗之中，有功要感觉自己是幸运的，而不是必然的。这才是该有的态度。

"敬谋无圹，敬事无圹，敬吏无圹，敬众无圹，敬敌无圹，夫是之谓五无圹。"

荀子说了"五无圹"的理念。

对战略规划不懈怠；对行政事务不懈怠；对自己的官吏体系——文职体系、武职体系不懈怠；对群众、士兵、团队成员不懈怠；对竞争对手不懈怠。

不要放松谋划，不要放松执行，不要放松核心团队，不要放松士兵，不要放松竞争对手，这就是"五无圹"——五个"不放松"。

"慎行此六术、五权、三至，而处之以恭敬、无圹，夫是之谓天下之将，则通于神明矣。"

如果一个将领能谨慎地执行这"六术""五权""三至"，一直保持着恭敬、无圹的心，就已经是天下名将了。

6. "冯氏将帅论"：授权、激励、无过

对于荀子的观点，我总结归纳出三点——"冯氏将帅论"，这也可以看作现代管理中的"霸道总裁指南"。需要提醒各位的是，为将不是单单的为将，在很大程度上还涉及主公、君王，涉及董事长、董事会，甚至股东大会。也就是说，将脱开他上边一层的权力机构是没法单独存在的。"冯三点"讲三点，前两点都是对主公、对董事会说的，最后一点是对将帅说的。

第一，充分授权。首先，董事长、董事会要给 CEO 充分授权，CEO 要给项目公司总经理充分授权，道理是一样的。

所谓"充分",就是他要有足够的权力完成你交给的工作。95% 的情况下,不需要向你汇报,不需要再开会,也不需要再跟别人协调。当然,涉及一些重大问题,他需要你的同意。虽然你给他这个权你也为难,但是你不给他这个权,他的事就非常难干,甚至干不好。

其次,授了权,就不能老变。哪怕你担心,哪怕周围人不满,面对这些"噪声",你还是要担下来,为将领创造一片能够驰骋的空间和管理模式。

第二,最重要的是,充分授权之后,还要充分激励。要让你的将军以及将军带的出生入死的团队有足够的动力去干这件事,因为去杀伐占取、开疆拓土,是九死一生很辛苦的,而且开疆拓土、逐鹿中原得回来的大部分还是你的。

第三,名将"无过",要尽职尽责、尽心尽力。把事情放在自己前面,坚决地执行主公、元帅、董事长的战略部署,不要总想着用权谋、诈术,要扎扎实实地把本职工作做好。

荀子论战：
实战中，听话比有功更重要

荀子在他那个年代并不是一个大人物，也没做什么世功或树立什么了不起的业绩，但司马光破天荒地引入了荀子四大段论述——战争论、军队论、将帅论、战斗论。司马光的深意，或许就是让我们冷静下来，站在高处思考战争是什么，军队是什么，将帅是什么，以及真打起来的话，战斗是什么。

在战争论、军队论、将帅论之后，一支好的军队面对真的战斗时，应该怎么做？有什么需要注意的地方？

1. 执行阶段，要放下个体思维

临武君曰："善。请问王者之军制。"

临武君认为荀子说得很好，但还想问问，真打起来，这支军队怎么带?

其实,这个问题在管理上更近于实战战术。战略定了,到了落实阶段,队伍应该怎么管理?怎么要求?怎么让大家往前走?

荀卿曰:"将死鼓,御死辔,百吏死职,上大夫死行列。闻鼓声而进,闻金声而退。顺命为上,有功次之。令不进而进,犹令不退而退也,其罪惟均。不杀老弱,不猎禾稼,服者不禽,格者不赦,奔命者不获。凡诛,非诛其百姓也,诛其乱百姓者也。百姓有捍其贼,则是亦贼也。以其顺刃者生,傃刃者死,奔命者贡。"

到了战术阶段,到了实操、实战时,短兵相接,我非常认同荀子选的这个"死"字——认死理,干"死"活,照着规章制度老老实实干,置之死地而后生。

你不用想那些小聪明,你不用想那些阴谋诡计和退路,告诉你怎么做,你就怎么做,你跟随、服从就好了。鼓声一响,就往前冲。驾马车的就死死地抓住缰绳往前冲,官吏就恪于职守,尽心尽力。"上大夫死行列",你该干吗干吗,哪怕在过程中被杀被剐,最该做的也是这些。

当然,这是极端情况,大意就是你已经到了这个局面,已经在战斗里了,就要听命令,各司其职跟着规定去做。

荀子又明确地说,听见打鼓,你就往前冲;听到鸣金,你就往后退。不要在打鼓的时候不进,鸣金的时候不收。在具体战斗中,遵从命令就是最好的,哪怕你有功,也是次要的。荀子应该没打过仗,也没带过大队伍。为什么他能这么笃定地说出以上的话呢?我觉得有些智慧很可能是天赋。在真的开战、开打之后,开始落实之后,你就往前冲,不要再质疑战略,在打仗的时候你还考虑战略,这个仗没法打了。所以说"顺命为上,有功次之",错了,是我们大家的责任,我们回来再说；但是你违抗命令，哪怕有功，你这个功完全不足道。而且，不让你往前去，你偏去，就像不让你后退，你偏退一样，都是罪过。

在战略执行过程中，必须简洁明了，放下个体的思维，跟着既定的方案去做。你不能考虑当时自己的想法，否则不会有好结果，哪怕有好结果，也是侥幸。

说完最重要的——服从命令听指挥。再往下说，就是纪律性了。

跟秦国白起、商鞅要求的不同，你不要老想着点人头，拿个大包裹把人头装起来往回带，老弱就不要杀了；别偷人家的庄稼，哪怕已经收成了，也要秋毫不犯；已经臣服的人，就不要往死里打了；已经厌了、求保护了，就不要把他当成囚犯，而是当成自己的一员，不杀无辜，不杀降。

如果杀，也不是杀老百姓和基层人，而是杀那些扰乱百姓、把百姓组织起来干坏事的人。如果百姓中有帮助这些人的，也算同伙。"顺我者生，逆我者亡"，如果有逃命来归顺的，要让上级知道。

2. 仁者之兵可以不战而胜

"微子开封于宋，曹触龙断于军，商之服民，所以养生者无异周人，故近者歌讴而乐之，远者竭蹶而趋之，无幽閒辟陋之国，莫不趋使而安乐之，四海之内若一家，通达之属莫不从服，夫是之谓人师。"

荀子说，军队如果真像这样去打仗，其实周围的人都会信服，哪怕很遥远的人，都会不远万里来投奔你。四海若一家，这才是仁者之师。

"诗曰：'自西自东，自南自北，无思不服。'此之谓也。王者有诛而无战，城守不攻，兵格不击，敌上下相喜则庆之，不屠城，不潜军，不留众，师不越时，故乱者乐其政，不安其上，欲其至也。"临武君曰："善。"

接着荀子又引用了《诗经》的话：从西走到东，从南走到北，没有人不想加入这么好的军队，去过好的生活。

如果你的军队真能听命令，打就往死里打，但是不伤及周边，那么即使守得特别牢的城，你也不用攻，特别难打的仗，你也不用打。敌人还没有分崩瓦解的，你就让他们去打，不要屠城，不要屯很多兵，也不要打很长时间。你会发现那些管理混乱的地方，他们的人会心悦诚服地跟着你走。

临武君说，很好。

紧接着，司马光又加了一段，隔一千年之后来读，我挺能理解司马光为什么要加这段。

陈嚣问荀卿曰："先生议兵，常以仁义为本，仁者爱人，义者循理，然则又何以兵为？凡所为有兵者，为争夺也。"

陈嚣问荀子，先生您讨论打仗这件事，总是以不杀为本、仁义为本，喜欢你好我好大家好，那你们谈战争、谈将帅、谈军队，有什么意义呢？用兵、打仗就是你死我活、你争我抢啊。

这是个好问题，也非常尖锐。荀子是怎么说的？

荀卿曰："非汝所知也。彼仁者爱人，爱人，故恶人之害之也；义者循理，循理，故恶人之乱之也。彼兵者，所以禁暴除害也，非争夺也。"

荀子说，不是这样的：仁者爱人，所以不想其他人伤害人，能不打就不打；义者循理，讲礼义的人会根据理性、道理、逻辑去做事，不喜欢别人弄乱这些道理，弄乱这些原则。这些仁义之兵，他们想做的并不是争夺，而是希望"禁暴除害"。他们之所以谈兵，是为了不打。

荀子说得好。我知道你心里可能也有不同意见，就像千年前的陈嚣一样。

从中长期看，我同意荀子的说法，也认定做这样的将帅、君王、CEO、董事长，能够赢得更多、更长久的胜利。

但是我也理解陈嚣的问题，我也同意在短期、在近期、在有生存压力、在大兵压境的时候，还是要讲究胜利，哪怕是一个战役的胜利。要讲究战术，生存为上。

3. "当一天和尚撞一天钟"是一种负责

练兵千日，用兵一时。如果已经做好了战略安排，将帅选好了，军队也激励好了，那么在具体打仗、商业竞争的时候，还有哪几个要点需注意？

第一，尽心尽力，尽职尽责，各司其职，别互相抱怨。按照训练时定下的规矩，打到底。老老实实做自己该做的事——做将的做将，做团队领袖的做团队领袖，做兵的做兵。不用想宇宙，不用想未来，不用想国家民族，就想想怎么把这场仗打好。打完了，我们可以复盘，可以做战略调整，可以论功行赏，但是在打的时候，尽心尽力。少想一点，其实是最好的解决方式。

第二，听从命令。谁听谁的、谁向谁汇报，在真开打之后，必须执行。已经开打了，就没有时间再讨论了，上级就是上级，哪怕做错了，我们是集体责任，是领导责任。否则，如果你违抗命令，哪怕你立了功，也不可能得到真明白人的夸奖。因为如果每个人都不听命令，这支团队注定完蛋，哪怕这场仗这次能打胜，下次、下下次也必败。

第三，当一天和尚撞一天钟。哪怕你实在受不了现在这个团队、这个将帅、这个方向，哪怕明天就走，也要当一天和尚撞一天钟，这是对自己的尽职尽责、尽心尽力，也是对别人最好的交代。

郑国修渠：
基业长青，时间才是真正的朋友

秦王政元年，韩国想要消耗秦国国力，便派顶级水利专家郑国游说秦国兴修水利。工程进行中，秦王忽然缓过神来，感觉到被坑了，要杀掉郑国。

权衡之后，秦王仍然让郑国完成这个灌溉水渠的修建。秦国因水利获益，更加富强。

可见，秦国能统一六国不是没有道理的。从文臣到武将再到技术专家，历代秦王大都可以好好地选、用、育、留，几乎没有犯过影响基业长青的大错。

现代管理中，企业要基业长青，需要注意哪些事？作为"一把手"、决策人，应该有什么样的心胸？借着"郑国修渠"的故事，我来分析一下如何让时间做企业的朋友。

1. 史上最成功的风险投资

冬，十月，己亥，王即位；三日薨。子楚立，是为庄襄王；尊华阳夫人为华阳太后，夏姬为夏太后。

孝文王在公元前 250 年冬天即位，但是三天后就死了，之后异人即位，尊华阳夫人为华阳太后，尊自己的亲妈夏姬为夏太后。

这时，吕不韦当初设的 Option Value（期权价值），已经实现了一大半——他扶持的异人成为秦王，成为一大半天下的王。而且这个时候，异人的妃子怀孕了。一年之后，妃子生下了一个儿子——嬴政，即后来的秦始皇。

秦庄襄王异人把吕不韦任命为国相。

五月，丙午，王薨。太子政立，生十三年矣，国事皆决于文信侯，号称仲父。

此时吕不韦的 Option Value（期权价值），实现了又一个阶段性成果，比他当初设想过最好的结果还要好，那就是知道他阴谋诡计如何实施的秦庄襄王，做了三年秦王，在公元前 247 年也去世了。

之后，太子嬴政继位，成为秦王。所有的国事都听命于文信侯，也就是吕不韦。

古今中外，这是我听过的最成功的风险投资故事。吕不韦千金资助异人，最终让他的儿子当上了秦国乃至天下的君主——秦始皇，可谓奇人奇事。当然，奇事往往也不会平淡地结束。

2. 大的心胸是基业长青的基石

公元前 246 年,也就是秦始皇即位的第一年,秦国破获了一起间谍案。

韩欲疲秦人,使无东伐,乃使水工郑国为间于秦,凿泾水自仲山为渠,并北山,东注洛。中作而觉,秦人欲杀之。郑国曰:"臣为韩延数年之命,然渠成,亦秦万世之利也。"乃使卒为之。

韩国想用某个举国而动的巨大工程消耗秦国的人力、物力,好让它没有余力攻打自己。

于是,韩国就让最好的水利工程师郑国作为"间谍"到了秦国,去说服秦国开启一个重要的水利工程。

凿开泾水,自仲山做沟渠,让水流过来,东注到洛水。这是一个能拖住秦国的大工程。

这个工程进行到一半,被秦王发现了意图。于是,秦王想杀了郑国。郑国说,我的所作所为的确是为了让韩国多活几年,但是这条沟渠一旦修成,就能给秦国带来万世的好处。秦王想了想,最后还是让他去做了。

这个决策有可能就是吕不韦做的。我不喜欢吕不韦利用权谋和人性的恶来干成自己伟大事业的方式,但是不影响我佩服他。

如果我是吕不韦,韩国来人说服自己做了一个巨大的工程——郑国渠,中间却发现他是个大间谍。我该怎么办?

第一,我脑子里一定会钻出好多骂声,嬴政本来能够加快统一天下,就因为郑国渠,这个过程可能要延缓 10 年。

第二,我这么聪明一个人,中了韩国的"间谍计",我心中充满了恼怒,我要杀人泄愤。

第三，我做错了，应该马上就改，而杀了郑国正是马上就改的好方法，没有人能质疑。

第四，如果我让郑国继续当这个工程的"一把手"，他再使花招怎么办？我能让他继续干吗？我有这个心胸吗？

吕不韦是个有巨大心胸的人，他明白此事的确帮助韩国达到了延长国祚几年的目的，但这不完全是件坏事，也有助于秦国的长治久安。他让郑国继续做"一把手"，带着人完成这项工程，这就是好 CEO 的心胸和度量。如果没有这样的度量，你很难持续成大事，很难让时间成为你的朋友。但能做到这个级别的 CEO 太少见了。

所以，以吕不韦为代表的秦国决策团体做了决定，我们有心胸继续让郑国完成郑国渠，那结果会怎样？

注填阏之水溉舄卤之地四万馀顷，收皆亩一钟，关中由是益富饶。

在这个工程中，用那些有养分的浊水灌溉的四万余顷盐碱地，亩产都能有一钟粮食。关中平原——秦国的粮仓，从此之后变得更加富饶。

这后来也成为秦国统一天下的基础之一，福泽了一方百姓很多年。

3. 有时要不忘初心，有时要不问初心

管理的一个核心词是"基业长青"。基业长青涉及方方面面，最重要的，就是"一把手"的心胸要大。但第一个难点是信任。

"一把手"往往能看到现存的以及未来可能的危险。他有一万个理由、无数个身边的案例可以说服自己不去信任，因为偏信一个人往往

结果很差。

但是如果一个 CEO、一个"一把手"不能充分和持续地信任几个能干的人，基业就很难长青。一个人再强，精力毕竟有限。

第二个难点是很多"一把手"可能只是昙花一现，三五年就不再当"一把手"了。不能保证每代"一把手"都有足够的心胸去信人、用人。

所以，如果想让企业基业长青，需要做到哪几点？

第一，要信任、要授权。作为一代明君、一代名 CEO，能够做到选对人、信对人，并给以长期信任和自主权去让人做事，就奠定了基业长青最坚实的基石。

第二，战略要笃定。战略定了，就要扎扎实实地执行，要掘井及泉。不要三天两头因为某些事情改变。

第三，事先于人。先要看一件事对不对，再论人的对错。特别是已经过了创业初期，进入高速发展期，甚至平稳发展期的时候，事对，那人错一点，问题不大，你将来可以换人。

第四，不问初心。从郑国渠的故事来看，有些时候不问初心，只看他做的事是不是对你有利、对公司有利。尽管他的初心有可能是想害你，可能阴暗负面，但所做的事却能带来积极正面的影响，结果是认认真真帮到了你。在做事的过程中，用简单、坦诚、阳光的文化去感动、同化负面的初心。有些初心忘了就忘了，这也是管理有意思的地方——有时候我们要不忘初心，有时候我们要不问初心，只看行动的结果。

狂悖之行：
为了降低风险也要放下面子听劝

吕不韦曾用一千六百金投注异人，帮助他成为秦王，同时让异人把嬴政立为太子。异人死了，嬴政顺利继位，这是吕不韦看准机会，做的古今中外最棒的、回报最高的一次风险投资。

吕不韦的风险投资收益在秦王嬴政登基时到达顶峰，但很快便开始走下坡路，风险接踵而至。可惜的是，吕不韦已经无法全身而退、无处可逃了。

1. 出现危机的往往是权钱色都要的

初，王即位，年少，太后时时与文信侯私通。王益壮，文信侯恐事觉，祸及己。乃诈以舍人嫪毐为宦者，进于太后。太后幸之，生二子，封毐为长信侯，以太原为毐国，政事皆决于毐；客求为毐舍人者甚众。王左右有与毐争言者，告毐实非宦者，王下吏治毐。毐惧，矫王御玺发兵，欲攻蕲年宫为乱。王使相国昌平君、昌文君发卒攻毐，战咸阳，斩首数百；毐败走，获之。秋，九月，夷毐三族；党与皆车裂灭宗；舍人罪轻者徙蜀，凡四千馀家。迁太后于雍萯阳宫，杀其二子。下令曰："敢以太后事谏者，戮而杀之，断其四支，积于阙下！"死者二十七人。

　　秦始皇即位时还是个少年，太后与文信侯私通，文信侯自然知道这件事有风险，天下没有不透风的墙，知道的人多了，早晚会祸及己身。

　　吕不韦心生一计，就让自己团队里一个长得帅、能力强的叫嫪毐的人，假装成宦官进宫里去伺候太后。

　　太后觉得嫪毐不错，开始迷恋他，并且跟他生了两个儿子，也就是秦始皇的两个弟弟，还给嫪毐加官进爵、封地，让他当上了长信侯。很有意思。吕不韦被封为文信侯，嫪毐叫长信侯。太后把太原封给嫪毐，国家大事也都由嫪毐定夺。

　　很多人看到嫪毐权倾朝野，都想来做他的门客。那些跟嫪毐不对付的人告诉嬴政，嫪毐其实不是宦官。您那俩弟弟就是嫪毐的儿子。嬴政大怒，虽然那时候他还不是秦始皇，但按《资治通鉴》纪年，他已经21岁了。虽然嫪毐能处理大的政事，但嬴政能通过权力机关把嫪毐抓起来，就说明此时嬴政的手段已经相当了得。

　　嫪毐知道自己一旦进了监狱，就没戏了。于是，他拿着皇上的玉玺发兵，想要作乱。但兵权还在嬴政手里，他让昌平君、昌文君带兵攻打嫪毐，并且打赢了。

　　最终，嫪毐被抓，三族都被杀光了。他的党羽被车裂了，门客中罪轻的都被发配到了巴蜀，一共有4000多家。

　　嬴政是个狠角色，知道绯闻后一点都不手软，先收拾了他妈的情人，再收拾了他妈，把他妈赶到冷宫去了。接着收拾了他的两个弟弟，手起刀落。最后下令，谁敢和自己建议善待太后，就先杀了他，再凌辱他的尸体。

2. 人可以狂，但不能不听劝

还真有二十七个人往上冲，然后这二十七人都被杀了。这时候，有个不知死活的人说话了，他不怕死，且知道如何交流。

齐客茅焦上谒请谏。王使谓之曰："若不见夫积阙下者邪？"对曰："臣闻天有二十八宿，今死者二十七人，臣之来固欲满其数耳。臣非畏死者也！"使者走入白之。茅焦邑子同食者，尽负其衣物而逃。王大怒曰："是人也，故来犯吾，趣召镬烹之，是安得积阙下哉！"王按剑而坐，口正沫出。使者召之入，茅焦徐行至前，再拜谒起，称曰："臣闻有生者不讳死，有国者不讳亡；讳死者不可以得生，讳亡者不可以得存。死生存亡，圣主所欲急闻也，陛下欲闻之乎？"王曰："何谓也？"茅焦曰："陛下有狂悖之行，不自知邪？车裂假父，囊扑二弟，迁母于雍，残戮谏士；桀、纣之行不至于是矣！……臣窃为陛下危之！臣言已矣！"乃解衣伏质。

这个叫茅焦的齐国宾客说，我要跟您聊聊这个事。嬴政的使者说，你难道看不到宫殿屋角下堆积如山的尸体吗？

茅焦首先说，我听说天上有二十八星宿，现在已经死了二十七个人，我就是第二十八个，我不怕死。使者跟嬴政说，又来一个不知死活的。跟茅焦同乡一起来的年轻人，知道茅焦这么做之后也都跑了。

嬴政气疯了，这个人故意来气我，快把锅支上，我要煮了他。他别想被一刀杀死那么痛快，那是便宜了他。嬴政拎着宝剑坐在王座上，被气得口眼歪斜，嘴吐白沫。

我经常说想做一场好的演讲，有三种精彩的开头方式——问个问题、讲个故事、讲个笑话。见到嬴政，茅焦用的是提问题的方式。茅焦说，您是圣主，您想听听最重要的事情吗？

茅焦慢慢悠悠地走到嬴政面前，行礼后起来说，我听说有生的人不忌讳谈死，有国的人不忌讳谈灭亡；忌讳谈死的，活得也不咋地；忌讳谈灭亡的，国家也不可能生存得很好。生死存亡是圣明的君主最需要仔细听、赶快听的事。陛下，您想听吗？嬴政没有马上把茅焦扔到锅里去煮，而是问，你是什么意思？

你细品，能品出CEO的心智、创业者的心态、嬴政蓬勃的生机和大气。

茅焦说，您有狂悖之行，有非常浑蛋的地方，您知道吗？没等嬴政回答，茅焦继续说，您车裂了义父，杀了俩弟弟，把母亲打入冷宫，杀了二十七个冒死觐见的人，夏桀、商纣都干不出您干的事。现在我觉得您很危险，劈您的雷已经在路上了。说完把衣服一脱，脑袋就去往铡刀上凑。

王下殿，手自接之曰："先生起就衣，今愿受事！"乃爵之上卿。王自驾，虚左方，往迎太后，归于咸阳，复为母子如初。

下面这段话就更体现了嬴政的心胸。

嬴政虽然狂妄，但是他能听进一个小小门客的话，而且能认可，能照着执行，能马上止损，马上改正，这是成大事的气魄。

秦王用手搀起茅焦，说，先生请起，穿上衣服，我就按您说的办。并且，嬴政把茅焦拜为上卿，自己驾车，空出左边的位置，把太后迎回咸阳。

3. 管理者最重要的三项素养

第一，CEO 的修养中最重要的是素质、心智和心胸。你的情绪不是第一位的，面子不是第一位的。事情是第一位的，持续多成事是第一位的。

狂悖之行这个故事体现了秦王嬴政作为 CEO 良好的素质和心胸。老妈跟一个"二货"私通，还生了两个孩子，让他蒙受了巨大的羞辱。他已经杀了"二货"，又杀了其生的两个孩子，让他妈找个凉快地方冷静一下，他有什么错？但是当有人——哪怕这个人人微言轻——在他面前说出一番极其尖锐的批判意见，他却能听进去，特别是听完之后还能嘉奖这个人，并根据这个人的意见去改，这就是我想和大家强调的 CEO 该有的素质和心胸。

第二，我想强调的是沟通技巧的重要性。真诚、利他、知己知彼、善于总结以及沟通次序。

第三，要节制自己的欲望。这不是为了让你清心寡欲，而是让你能够聚焦在你选择成就的领域。无论是财富、权力、名声、影响力，还是爱情。

权、钱、色不能要、还要、又要。如果只要一个，比如说你要权，那就去争权，但请你不要还沉溺于女色，也不要总想着拿权去挣钱。钱、权、色得到一个，这辈子就不错了。

我见过一门心思抓钱的人，也见过一门心思求权的人，也见过一辈子喜欢结婚、离婚，风花雪月的人，他们都活得还不错。出现危机的往往是什么都要的，权、钱、色三个里边要俩，那日子过得就挺累，权、钱、色都要，那离死不远了。

嫪毐如果要的不是那么多，这辈子可能过得也挺舒服。管理欲望的同时可以降低风险。或许你一时风光无两，要钱有钱，要权有权，要色有色，因为权、钱、色往往是伴随而至，甚至蜂拥而至。你之所以需要抵挡，需要克制，是因为风险巨大，劈你的雷可能就在路上。

李园乱楚：
如何应对和管理不确定性

古今中外，总有人在风险极高但潜在收益巨大的投资上铤而走险。但是，他们中绝大多数人的结果都是死无葬身之地。可能这就是风险投资的常态，也是应有的样子。

通过"李园乱楚"的故事，通过春申君黄歇的无望之祸和无望之福，我们来讲讲风险投资失败的案例。未来还没有来，对于未来的不确定性，作为一个管理者，特别是"一把手"，应该如何思考、面对和管理这些不确定性？

1. 用权谋，很可能也会为权谋所害

楚考烈王无子，春申君患之，求妇人宜子者甚众，进之，卒无子。

楚考烈王年岁大了，却没有孩子，春申君很担心，因为没有继承

人是非常危险的事。同理,一家公司,哪怕有很好的基础,但是下个"一把手"在很大程度上影响着公司的未来。

封建王朝和现代公司有很多相像之处。很多封建王朝行之有效的管理方式、方法和手段,在现代企业中依旧保持着相当高的适用性。

春申君的办法是帮考烈王挑选年岁合适、有生育能力的女子。但是很遗憾,还是未能如愿诞下子嗣。这时,有一个人和吕不韦一样,看到了某种机会,他就是赵国的李园。

> 赵人李园持其妹欲进诸楚王,闻其不宜子,恐久无宠,乃求为春申君舍人。已而谒归,故失期而还。

赵国人李园想把自己的妹妹进献给楚王,但担心楚王不能让妹妹受孕。他深知即便妹妹容貌出众,若无子嗣,就没有根基,未来堪忧。他退而求其次,想把妹妹献给春申君。这又是一种权谋。

我讲过,我不喜欢权谋,但它是存在的,且有人善于运用。希望大家知道权谋,躲开权谋,但是少用权谋,甚至不用权谋。李园用的权谋是自己拜在春申君门下做幕僚,然后请求回赵国去办点事,并故意晚回。

> 春申君问之,李园曰:"齐王使人求臣之妹,与其使者饮,故失期。"春申君曰:"聘入乎?"曰:"未也。"春申君遂纳之。

李园开始编。他说,齐王知道我妹妹长得美,想把我妹妹娶走。齐王的使者请我喝了大酒,连续喝了好几天,所以我回来晚了,实在抱歉。

春申君看来也是好色之人,他已经有了楚国的实权,又听说幕僚的妹妹很漂亮,齐王都动了心,于是立刻问他妹妹嫁给齐王了吗?得知还没有，春申君就把李园的妹妹纳为了妻妾。

既而有娠，李园使其妹说春申君曰："楚王贵幸君，虽兄弟不如也。今君相楚二十馀年而王无子，即百岁后将更立兄弟，彼亦各贵其故所亲，君又安得常保此宠乎！非徒然也。君贵，用事久，多失礼于王之兄弟，兄弟立，祸且及身矣。今妾有娠而人莫知，妾幸君未久，诚以君之重，进妾于王，王必幸之。妾赖天而有男，则是君之子为王也。楚国尽可得，孰与身临不测之祸哉！"春申君大然之。乃出李园妹，谨舍而言诸楚王。王召入，幸之，遂生男，立为太子。

发现妹妹有了身孕，李园进一步使用权谋，唆使她去游说春申君，她说，楚王非常信任您，你们俩虽不是兄弟，但胜似兄弟。您作为楚国的国相已经20多年了，但楚王一直没有孩子，如果楚王驾崩，王位必将落入其兄弟之手，新王还会像这样宠信您吗？您将如何保有现在的权力？

您掌楚国实权20多年，过程中一定得罪了很多人，有可能包括将来的楚王，到时候，您就离死不远了。现在我怀了孕，但是没有人知道是您的孩子，您利用权势和楚王的信任，把我献给楚王，楚王一定会重视我。如果老天眷顾，我生了一个儿子，那您的儿子未来就是楚王，整个楚国都是您的。不这样的话，您到时候面临不测之祸怎么办？

李园通过他妹妹说的这番话，从道理上看，确实没毛病。唯一的风险就是权谋很可能被权谋所害，玩鹰的很可能被鹰所害，玩刀的很可能手被利刃所伤。

春申君听后，就让李园的妹妹出去单住，择机向楚王提了这件事。楚王一见之下，果然被其美貌所吸引。之后，她顺利诞下一名男婴，后来被立为太子。

2. 无望之福与无望之祸

李园妹为王后，李园亦贵用事，而恐春申君泄其语，阴养死士，欲杀春申君以灭口；国人颇有知之者。

李园的计谋得逞了。妹妹当了王后，他也因此得到了权力。李园开始担心春申君会把这些权谋泄露出去，就开始养死士，要杀掉春申君灭口。但李园这些行为，楚国有不少人知道。

楚王病，朱英谓春申君曰："世有无望之福，亦有无望之祸。今君处无望之世，事无望之主，安可以无无望之人乎！"

楚王生了重病，朱英跟春申君说，这个世界上有不期而至的福气，也有不可预期的祸事。您现在处于一个动荡的世界，服侍的是一个不知道明天是活是死的楚王，您怎么能不养一些常理不能拘束的人呢？

春申君曰："何谓无望之福？"曰："君相楚二十餘年矣，虽名相国，其实王也。王今病，旦暮薨，薨而君相幼主，因而当国，王长而反政，不即遂南面称孤，此所谓无望之福也。""何谓无望之祸？"曰："李园不治国而君之仇也，不为兵而养死士之日久矣。王薨，李园必先入，据权而杀君以灭口，此所谓无望之祸也。""何谓无望之人？"曰："君置臣郎中，王薨，李园先入，臣为君杀之，此所谓无望之人也。"

春申君说，什么是不期而至的福气？朱英接着说，您做了20多年的国相，虽然叫国相，但其实权力跟王一样。现在楚王病重，可能明天就死了，他死了之后，您会辅助一个幼主，您的权力会更大。当这个幼主年纪大了，您需要把政权交给他，但如果他不堪重任，您可以自己做这个王,别人也不敢说什么。这就是您的无望之福。

什么是不可预期的祸事?就是李园。李园现在是您的仇人,他养死士很久了,如果楚王死了,李园一定会凭借他妹妹的帮助先进宫,然后杀你灭口。这就是潜藏的不期而至的祸事。

春申君接着问,那什么是不合常理的人?朱英说,你把我搁到楚王旁边,楚王死了,李园先进来,我帮你杀他。我就是这不合常理的人。

春申君曰:"足下置之,李园,弱人也,仆又善之。且何至此!"朱英知言不用,惧而亡去。后十七日,楚王薨,李园果先入,伏死士于棘门之内。春申君入,死士侠刺之,投其首于棘门之外;于是使吏尽捕诛春申君之家。太子立,是为幽王。

春申君说,您就算了吧。李园很弱小,我对他又好,怎么可能到您说的地步?朱英看自己说的没用,非常害怕,就跑了。朱英走后的第十七天,楚王死了,李园果然先到了楚王尸体旁边,埋伏了死士在棘门之内。春申君进来,这些死士立刻把春申君杀掉,把他的头扔在棘门之外,然后杀了春申君全家。之后,春申君的儿子成了楚幽王。

春申君没有等到他儿子长大,又因为裹挟到了权谋之中而落得被杀的下场。

3. 不要低估人性的恶意

在这个故事的最后,我想讲一讲不确定性——不确定性是存在的。"无常是常",听上去像是一句废话,却是一句特别重要的话。有些人总认为他有的美貌可以一直在,他有的聪明可以一直在,他有的权力可以一直在，他有的经历可以一直在，但现实从来不是这样的。世界是变化的，所谓常态只是一个相对比较短暂的瞬间所呈现的状态，包括你的权力、金钱、名声以及所谓的爱情，这些看似稳固持久，但是我可以很负责地告诉你，这些其实都是不能持续的。所以，变化、抓不住的变化、不能预期的变化才是人世间最普遍的现象。

那该如何应付无常？

第一，接受无常。包括想到最坏的结果，你是不是能接受？如果不能接受，你要做怎样的选择和动作？如果接受，你就找张纸写下来，或拿手机拍下来。

第二，不要贪婪。如果我是春申君，我可能不贪这些权势，不涉足这些阴谋，能放下就放下。不要期望无望之福，或许就能避免无望之祸。就像花开，如果花总是贪千日红，那是花自己找麻烦。作为花，尽量绽放一下，剩下的就随它去吧。

第三，坏人相争，先下手为强。到了一个新环境，大家一定要打一仗，一定要先下手为强。要敢于争凶斗狠，谁让你在这个局里呢？退一万步，如果你不得不做坏事，那么知道的人越少越好。

第四，远离傲慢。特别是在你手握重权的时候，你很有可能看到的都是笑脸，都是示弱的人。但这些人真的弱吗？不要太低估人性之险恶，权谋之狰狞。不要低估人的恶意，就像不要低估人的善意一样。

第五，面对无常，还是要忍口气，要退。退没有想象中那么难，在现代社会就更简单了。无非是你拥有的权力、团队、关系不在了，但你还是可以早上去喝杯咖啡，晚上去喝杯酒，早上和晚上之间去领一份免费的报纸。

逐客之令：
如何吸引、留住、用好人才

春秋战国时期，有一个值得称道的普遍现象，就是能说会道、有思想、有能力的人会在各个国家之间游走，他们相当于第一批职业经理人。这造就了春秋战国时期思想、文艺、理论的进步和繁荣。

秦王嬴政因为吕不韦的事，下逐客令驱赶非秦国的人，防止别有用心的人损害秦国的利益。却因为楚国人李斯的一封《谏逐客令》而改变了主意，并用李斯的思路积累了人才，增强了国力，完成了一统六国的大业。

从这个案例可以看出，在一个国家、企业、组织里，过多的前置和苛求条件不仅吸引不到人才，反而还会限制人才的发展。

那么，在现代管理中应该怎样吸引、留住、使用人才？应该用什么态度去对待不同的人才？

1. 李斯纠偏秦国的用人思路

王以文信侯奉先王功大，不忍诛。
冬，十月，文信侯免相，出就国。

秦王嬴政认为文信侯吕不韦扶植先王登基，功劳非常大，所以不忍杀他。在这一年冬天，免了他的国相身份，让他去了属国，据说是在今天的河南洛阳。

宗室大臣议曰："诸侯人来仕者，皆为其主游间耳，请一切逐之。"于是大索，逐客。

秦国历经几代明主，国力已经非常强盛。出了文信侯这么大的事，宗室大臣开始议论纷纷，认为其他各国来秦国当官的都是间谍，只为各自的主子效力，他们主张"一刀切"，要把他们都赶走。于是开始驱逐不是大秦的人，在这关键时刻，出现了一个人——李斯。

客卿楚人李斯亦在逐中，行，且上书曰："昔穆公求士，西取由余于戎，东得百里于宛，迎蹇叔于宋，求丕豹、公孙支于晋，并国二十，遂霸西戎。孝公用商鞅之法，诸侯亲服，至今治强。惠王用张仪之计，散六国之从，使之事秦。昭王得范雎，强公室，杜私门。此四君者，皆以客之功。由此观之，客何负于秦哉！"

楚国来的客卿李斯也在被逐客令驱赶的人当中。他即将离秦之际，毅然上书一封给秦王嬴政。李斯的文章、书法、政事水平都堪称第一，是跨界能手，秦国后来出现的小篆就是李斯创造的。
李斯用讲故事的方式开场，他讲了过去了不起的秦穆公从不同地方广纳贤才，然后在西戎称霸；又讲了孝公采纳商鞅的变法，而商鞅也不是秦国人，是卫国人；又讲了惠王任用张仪，张仪也不是秦国官吏系统内培养出来的干部；昭王任用范雎①，范雎也不是秦人；等等。

穆公、孝公、惠王、昭王，这四代了不起的秦王之所以了不起，都是因为敢于并善于运用非秦国的人。这些非秦国的人才，又有什么对不起大秦的地方？

"夫色、乐、珠、玉不产于秦而王服御者众；取人则不然，不问可否，不论曲直，非秦者去，为客者逐。是所重者在乎色、乐、珠、玉，而所轻者在乎人民也。臣闻太山不让土壤，故能成其大；河海不择细流，故能就其深；王者不却众庶，故能明其德；此五帝、三王之所以无敌也。今乃弃黔首以资敌国，却宾客以业诸侯，所谓藉寇兵，赍盗粮者也。"

然后李斯又用比喻的手法来劝告秦王：您喜欢好颜色、好音乐、好珠子、好玉，秦国本土不产什么好玉，您用的玉大多产自楚国、齐国等其他国家。您用这些东西，都不要求它们来自秦国本地，那用人为什么就必须要求他们是秦国本地的呢？

李斯接着又用比喻加强了自己的论点——要海纳百川。李斯说，泰山之所以巍峨，是因为它不流失一寸土地；黄河、大海之所以很深，是因为能纳百川细流；成为圣主的五帝、三王之所以无敌，是因为他们有足够多的人民、人才，只要有人来归顺，就接纳和任用他们。您现在逐客不仅会影响您自己的伟大，还有潜在的危害。因为您这样会把很多最能干的人才推向敌国，让他们去帮敌国做事，做好了就是您的麻烦。您无异于把军队给敌国使用，给一直偷您、打您、欺负您的

---

① 范雎：古称范睢。

人粮食吃。

一个被秦王驱逐的人写的一篇小文竟然能递到秦王手里,而且秦王读了之后还能接纳和采用。嬴政接下来的决策彰显出了他非凡的智慧和胆识。

王乃召李斯,复其官,除逐客之令。李斯至骊邑而还。王卒用李斯之谋,阴遣辩士赍金玉游说诸侯,诸侯名士可下以财者厚遗结之,不肯者利剑刺之,离其君臣之计,然后使良将随其后,数年之中,卒兼天下。

秦王嬴政把李斯召回来,恢复了他的官职,废除了逐客之令。李斯当时已经到了骊邑,又回来了。嬴政还按照李斯的思路进一步挖掘人才,让一些能说会道,特别善于交流的人,带着金子、美玉去各个诸侯国游说。

诸侯国里有名、有才的人,能被贿赂的都被贿赂过,进而挖到秦国来了。如果在黄金、美玉面前依旧不愿意跟秦国合作的,就命令刺客杀了他们。那些无法买通,也暂时杀不死的人才,就用反间计离间他和所在国家君主之间的关系。

这三个手段在很大程度上摧毁了其他六国的人才体系。六国的人才体系崩塌之后,秦王就命令良将带着大军去攻打这些国家。

数年之中,秦王嬴政杀伐占取、攻城略地、开疆拓土、逐鹿中原、一统天下。

秦王嬴政创造性地使用了李斯《谏逐客令》中对外来人才的建议,不仅坚定地使用外来人才,而且坚定地破坏他国的人才体系,所以秦国很快一统天下,建立了秦朝。

2. 用人最重要的是包容和信任

很多东西如果只是简简单单地说，容易流于表面，缺乏真知灼见。用好人才，99%的人都知道，但是打深一层，用好人才的困难在哪儿？怎么用好？不拘一格用人才究竟为什么那么难？针对这些问题，我总结了以下几点思考。

第一，用好人才最难，最重要的问题是"一把手"能不能容。

第二，很少人能够做到知人善任。项羽输给刘邦，韩信斗不过刘邦，很大原因是项羽、韩信个人都很能干，但他们只是一个人，不能知人善任。也就是说善用人才、多用人才，几乎所有CEO都知道，但是没有多少CEO能做到，绝超不过10%。

怎么解决这个问题呢？

首先，建立一个正确的用人三观。尽量地去信任他，听其言，观其行，信其本心。"淫字论事不论心，论心千古无完人"，一个外人替你干活，为你卖命，你先别猜他有没有干坏事的心，你要看他做的事是不是对你有益、对你的团队有益、对公司有益。论事不论心，这样你才容易跟他建立信任关系。

其次，要包容杂音。用好人才很难的另一个重要原因是他们和你习惯的人不一样，不是土生土长跟你一起打拼的那组人。

但不一样不意味着不好，只是会让你难受。这个人怎么不喝酒呢？我们都穿马甲，他为什么穿西装？为什么我一说话别人都听，他却不以为然？为什么就他事多？因为是新人，因为是外人，因为是背景不同的人，这些让你难受的、不一样的言语、行为，加上你周围原来那些老人的添油加醋，就可能变成一股强大的噪声。你除了信任他，不从他的出发点去想，而是从他做的事去判断他是不是对你有益的一个人之外，你还要容忍这些不一样，要包容这些噪声。

信任难，包容也难，能够发自心底地信任和包容的领导少而又少。

这也是为什么世上很多领导都知道要不拘一格用人才，但最后能做到的却少而又少。

3. 团队"杂"更容易成事，个人"杂"更有智慧

最好的人才结构、团队结构，应该是由一群三观一致，但能力、脾气、秉性各不相同的成员组成的"混合团队"。这种团队气氛融和、争奇斗艳，稍稍分工就可以把一件很复杂的事漂漂亮亮地做成。这样的团队不需要规模很大，几十人，甚至十几个人，就是一股非常强悍的力量。

并且，人才"杂"是特别重要的事，我们对于一件事的理解往往都是片面的、局限的，不同的人才脑力激荡，才有足够的自由度和差异性对某个问题进行充分讨论，才有可能出现真知灼见。盲人摸象，在绝大多数管理情况下是难以避免的。如果有不同的人才，他们有不同的知识结构、不同的思路，就可以从不同的角度去摸这只"大象"，经过一阵头脑风暴，你会发现虽然大家都是盲人，但大家对这只"大象"到底长什么样，应该有了八九不离十的理解，这就是人才"杂"的优势。如果大家都是一模一样的知识结构、脾气秉性，那看待和分析问题时，很有可能就会出现重大的偏颇。所以，在你组建团队的时候，三观基本一致之后，团队要相对"杂"一点。

当然，如果一开始你很不放心，团队又不大，那应该找有相似的"核"的人，也就是最后形成小100人的团队时，会有一个非常相像的核心团体，也有相对差异化的其他人才构成。

哪怕你是一个个体的人，也希望你能有"杂"的优势。通过做不同的事、学不同的东西、教不同的人、去不同的地方，让自己的知识结构变得庞杂一些。因为，知识、认识、见识、经历不够复杂、灵动、

神奇的真知灼见出现的可能性也会非常低。

最后的最后,想跟大家分享的一点是,无论你是CEO,还是可能被CEO重用、赏识的人才,你都需要学会如何行事。我建议大家再复习一遍"信任公式"。

信任等于可信度乘以可亲度,乘以可靠度,除以自私度。

如果你是一个CEO,要有一颗能包容的心。你定期跟某人吃个饭、喝杯酒,公事、私事跟他一起做一做,多从他的角度着想。这样就已经让很多人才感激涕零,很想为你做事了。

如果你是个潜在的人才,那就做事靠谱一点、专业度高一些。找时间,在大家都舒服的状态下,跟CEO建立一些私人关系。在做事、生活的过程中,少想一点自己,万事从CEO、从公司、从集团的角度出发进行思考。

韩非之死：
懂进退，职场之路越走越宽

　　精通刑名法术的韩非，一直不被韩王重用，十分愤慨，撰写了很多文章抒发自己的想法。这件事传到了秦王嬴政的耳朵里。

　　韩非正好作为韩国的使者来到秦国，秦王召见了他，他趁机对秦王嬴政说：大王，我冒死求见您，就想说一说破坏各国合纵计划的计谋。如果您听从我的主张，拆散六国的联盟，必然能一统天下，成就千古伟业，成为霸主。如果不能实现，您可以杀了我示众。

　　秦王嬴政听了非常高兴，但在秦王任用韩非之前，李斯因为忌妒韩非，想办法送去毒酒把韩非害死了。李斯在个人利益面前忘记了他写下的《谏逐客令》，忘记了对秦国最好的事情就是多用各国贤能之人。后来秦王后悔了，想赦免韩非，但是很遗憾，这个时候韩非已经死了。

1. 个人利益，容易让人忘了初心

韩王纳地效玺，请为藩臣，使韩非来聘。韩非者，韩之诸公子也，善刑名灋术之学，见韩之削弱，数以书干韩王，王不能用。

韩非在韩国是皇亲国戚，韩王向秦王效忠，请为藩臣，派的就是韩非。韩非最擅长的是刑名法术，讲的是规则、赏罚。韩非看到韩国积贫积弱，多次上书给韩王出主意，但韩王并没有采纳。

于是韩非疾治国不务求人任贤，反举浮淫之蠹而加之功实之上，宽则宠名誉之人，急则用介胄之士，所养非所用，所用非所养。悲廉直不容于邪枉之臣，观往者得失之变，作孤愤、五蠹、内、外储、说林、说难五十六篇，十馀万言。

韩非看到了韩国不能任人唯贤的问题，国家把那些阿谀奉承、做表面文章的人，放在了有扎扎实实真本事、有功劳的人之上。当国家不危急、边境不征战的时候，就用这些烂人、杂人、佞人。国家一旦有了紧急情况，就用那些能干的、能做实事的人。国家养的不是用的人，用的不是养的人。

韩非觉得这些小人实在是无聊，看古今之得失，看佞臣之嚣张，他很生气，写下了共计五十六篇，十万余言的文章。这些文章正是韩非在后世影响深远的重要原因之一。

王闻其贤，欲见之。非为韩使于秦，因上书说王曰："今秦地方数千里，师名百万，号令赏罚，天下不如。臣昧死愿望见大王，言所以破天下从之计。大王诚听臣说，一举而天下之从不破，赵不举，韩不亡，荆、魏不臣，齐、燕不亲，霸王之名不成，四邻诸侯不朝，大王斩臣以徇国，以戒为王谋不忠者也。"

秦王嬴政听说了韩非的能力，很想见他。韩非作为韩国的使臣来到秦国，上书秦王说，现在秦国有数千里之广，军队号称百万，论号令赏罚，天下无出其右。我想冒死见大王您，是要跟您献出破掉合纵之计、破掉联合起来抗击秦国的六国联盟的方法。

如果大王您采用我的计谋，六国联盟一定会破；如果它不破，六国中有任何一个不臣服，霸王之业不成，就说明我是个废物，请您杀了我示众，让别人都知道，如果像我一样不尽心竭力为大王谋划，就是死路一条。

王悦之，未任用。李斯嫉之，曰："韩非，韩之诸公子也。今欲并诸侯，非终为韩不为秦，此人情也。今王不用，久留而归之，此自遗患也；不如以法诛之。"王以为然，下吏治非。

所有的王都很忙，秦王更忙。秦王嬴政并没有任用他。其实司马光在这里留了一处伏笔，并没有说清楚韩非的计策是什么，如何破六国联盟。

李斯同为法家之士，在某种程度上算是韩非的同窗。李斯忌妒韩非，就跟秦王嬴政进言，韩非是韩国公子之一，是皇亲国戚，他最终还是为了韩国的利益，而不是秦国的利益，这是人情。您现在虽然没有任用他，但您久留他，一旦他回到韩国，就会是我们的祸患，不如找条法律杀了他。

秦王嬴政听后，深以为然。谁不是为了自己国家的利益呢？韩非当然也不例外。

李斯使人遗非药，令早自杀。韩非欲自陈，不得见。王后悔，使人赦之，非已死矣。

李斯是个狠人，嫉妒让他发狂。他派人给韩非送去了毒药，逼迫韩非尽早自尽，以免遭受皮肉之苦。韩非想找机会跟秦王当面解释，哪怕写封信也行，但都没有成功。后来，秦王后悔了，想赦免韩非，但这时韩非已经喝下了毒酒，不在了。

2. 管理同辈压力是职场必修课

各位在职场要小心，你一定会遇到一批在同一年、同一个时间段进入公司的同事，你可以把他们当成自己的同学。但几年之后，你就会发现有的人做得差，有的人做得好。如果你做得好，会发现几个跟你一样，也做得非常好的人。再往前走，你们之间就会形成明显的竞争关系，特别是竞争公司最高职位——下一任霸道总裁时。这样同辈压力会骤然增大。同辈之间争一个关键位置，比如李斯遇上韩非，两个人都非常能干，到底用谁？这种情况从表面看似平静，实际上暗流涌动、刀光剑影。

面对同辈压力，我们该怎么办？

遇到一山不容二虎的情况，记住一个字，如果你能做到这个字，你就能躲开杀身之祸，这个字叫"退"，坚决退，大踏步地往后退，再去另找一座山爬。特别是现在的管理环境和商业社会，找新的山头爬，远没有你想象的那么难。

同争一个山头，出现的风险实在太大，尤其是当你像韩非一样个外来者、后来者时，面对李斯这样先来的、体系内成员，他凭借跟秦王的亲密关系和信任度，对你下起手来，你的后果会很惨烈。哪怕你内心充满好强、好胜的欲望，但有一只强悍的拦路虎挡在了你和山尖之间，我依然劝你退。

那么，我们又该如何管理 peer pressure（同辈压力）？

如果你是混得好的那个人，我给你三点建议。

第一，忽略。如果你到了 40 多岁，混得比你的同学们都好，你会给他们带来无形的压力，哪怕你名、利、权、色得得都是正正当当、干干净净，他们也不会在心底里夸你，所以，你可以直接忽略他们。

第二，少出现。你不要在别人饿的时候，在人家面前吧嗒嘴；不要在别人瘸腿的时候，在人家面前跑来跑去。江湖"人远天涯近"，你可以去天涯跑着玩，但不要接触过去很熟悉的人，特别是不能亲近。

第三，多接触年轻人。那些小你十几岁、二十几岁的年轻人，他们会给你真心的赞美和批判。绝对不要欺负少年人，多和他们亲近、来往，多爱他们。

如果你是混得比较惨的那个人，我会劝你放下和接受。接受不能接受的，接受难以接受的，承认别人就是优秀，承认这辈子我拼不过对方。

3. 说服别人，要知进退，走正道

司马光怎么看待李斯和韩非？他借用了扬子《法言》中的话，他是这么说的——

扬子法言曰：或问："韩非作说难之书而卒死乎说难，敢问何反也？"曰："说难盖其所以死乎！"曰："何也？""君子以礼动，以义止，合则进，否则退，确乎不忧其不合也。夫说人而忧其不合，则亦无所不至矣。"或曰："非忧说之不合，非邪？"曰："说不由道，忧也。由道而不合，非忧也。"

有人问，韩非在自己写的《说难》中提到"游说"是很难、很有风险的，但自己最后还是死于游说，这不是自相矛盾吗？扬子说，《说难》恰恰揭示了他的死因。"游说"是把凶器、利器，你要以理动，以义止，别人听得进去就进，情况不好就退。你不要总追求自己游说成功，不要总追求别人按自己的想法去做。要知止，知退，合道德，合成事之道，合成事之人的品德。

如果你想说服别人，但很担心别人不听你的，那你就很有可能什么都会干，彻底失去底线。

麦肯锡的管理咨询以及后来在企业中做高管的生涯中，我也经常遇到需要说服别人的情况。但我总要告诫自己，我绝不会、绝不能，也绝不敢把四六开说成六四开，把黑的说成白的，把白的说成黑的。一旦这么做了，就违反了道德，如此做人不对，做事也不对。

当然，有人也会问，韩非作为一个说客，不就是希望别人听他的吗？

扬子认为，你尽人力，知天命，按照你理解的正道，"是非审之于己"，你把发自内心觉得正确的观点给了别人，别人不听，没关系。扬子认为韩非不该这么坚持，不该无所不用其极。

其实，这和管理同辈压力的方式同理，就一个字——"退"。

司马光引用扬子《法言》，说明他同意扬子的话，他进而又多说了一层扬子没说的话。

臣光曰："臣闻君子亲其亲以及人之亲，爱其国以及人之国，是以功大名美而享有百福也。今非为秦画谋，而首欲覆其宗国以售其言，罪固不容于死矣，乌足愍哉！"

我听说君子应该爱自己的亲人，也爱别人的亲人。爱自己的国家，也爱别人的国家，这样就会功大名美，享有百福。

但韩非给秦国出谋划策，目的是让秦国灭了自己的国家韩国，以证明自己的说法正确，自己是个厉害角色。他这么做其实是找死，杀他又有什么值得可惜？

荆轲刺秦：
做慢而长远的事

此时的秦国，兵强马壮，人才济济，在战场上越来越战无不胜，其他国家已经无力与秦国抗衡，均面临着被灭国的危险。

秦王嬴政在赵国时跟燕太子丹是好朋友，按常理说，嬴政应该厚待太子丹，但是他并没有这么做。由此，燕太子丹怨恨秦王，并产生了刺杀秦王的念头。这就是历史上著名的"荆轲刺秦"。

1. 公事掺了私情，必出问题

燕太子丹怨王，欲报之，以问其傅鞠武。鞠武请西约三晋，南连齐、楚，北媾匈奴以图秦。太子曰："太傅之计，旷日弥久，令人心惛然，恐不能须也。"

燕国太子丹怨恨秦王对他无礼，本来是同学，是同事，一起在赵国做人质,你为什么对我这么不好?燕太子丹想报复秦王,就问自己的老师鞠武,您有没有什么好计策?鞠武出的战略堪称经典。他说,向西约赵、魏、韩,向南联合齐和楚,向北跟匈奴示好,大家齐心协力去对付秦国。太子说,老师啊,此计策施行如此旷日持久,恐怕我等不了那么久啊。

从公事上讲,太子的忧虑并非全无道理。很有可能大势瞬息万变,真的不能等那么久,毕竟六国抗击秦国这事,也干了好久,越干越弱,到最后就是扯。秦国从打六国中任何一国都有点困难,到越打越顺手,等它强大到能打两国联军,六国的合纵就变成了一个笑话。人心很难齐,何况国家之间;两国都难以同心,更何况六国。

从私事上讲,太子也有他的脾气和人性,有他很像某些CEO的地方。

他要在任期之内建功立业,于公,合纵已经不再成立,我认可,也抱有同情心,不能做那么长久的安排。但于私,我是不认可的,这么想是把私心放在了公事之上,放在了大业之上,是要出问题的。燕太子丹果真犯了错误,当然换个角度看,他也因此千古留名。

顷之,将军樊於期得罪,亡之燕;太子受而舍之。鞠武谏曰:"夫以秦王之暴而积怒于燕,足为寒心,又况闻樊将军之所在乎!是谓委肉当饿虎之蹊也。愿太子疾遣樊将军入匈奴!"太子曰:"樊将军穷困于天下,归身于丹,是固丹命卒之时也,愿更虑之!"鞠武曰:"夫行危以求安,造祸以为福,计浅而怨深,连结一人之后交,不顾国家之大害,所谓资怨而助祸矣。"太子不听。

秦国的将军樊於期在秦国获罪,得罪了秦王,跑到燕国。太子丹竟然接受了他,让他政治避难。太子丹的老师鞠武劝太子丹说,秦王这么残暴,对燕国又一直有怨气,我们已经很危险了。现在又知道樊将军在燕国，您这相当于把自己当成一块肥肉，搁在了饿虎必来的路上，希望您能赶快打发樊将军去匈奴。

太子说，樊将军困顿于整个天下，现在归身于我太子丹，是命。如果因为这件事我死在了秦王的手上，也是我的命。请您再想一想。很明显，太子丹的这句话带了情绪，秦王欺负我，我就要做让他不高兴的事，我就要折腾他。

从战略管理的角度来看，做公事的时候加了私事、私情、私心，一定会很危险。所以荆轲刺秦这件事里最大的问题其实出自燕太子丹。

太子丹的老师鞠武说，您用高风险的计谋，去求长期的稳定，这很难。您用造祸的方式去求福报，也很难。您用很浅薄的计划去结下深刻的仇怨，您在一个人身上体现了风骨，却让整个国家面临危难，势必会增加怨恨从而招来祸报。很可惜，太子丹不听。

鞠武的意思是，用这些权谋会造成很大的隐患，希望用权谋来求得安全，实际上是很难做到的。你越着急，往往越容易适得其反，你通过造祸的方式来求福，通过权谋来惹出恩怨，为一个人、为自己的一时情绪而不顾公司、不顾国家，这些都是惹祸而不是祈福的办法。现代公司的管理也一样，你做了太多一时意气、只为满足自己性情的事，总急于求成，只考虑权谋，不做那些慢而长远的事，风险是很大的，哪怕成了第一次，也无法保证第二次依旧能成。

太子闻卫人荆轲之贤，卑辞厚礼而请见之。谓轲曰："今秦已虏韩王，又举兵南伐楚，北临赵；赵不能支秦，则祸必至于燕。燕小弱，数困于兵，何足以当秦！诸侯服秦，莫敢合从。丹之私计愚，以为诚得天下之勇士使于秦，劫秦王，使悉反诸侯侵地，若曹沫之与齐桓公，则大善矣，则不可，则因而刺杀之。彼大将擅兵于外而内有乱，则君臣相疑，以其间，诸侯得合从，其破秦必矣。唯荆卿留意焉！"

太子听说卫国有个贤才，叫荆轲，有功夫，懂智谋。太子就带着重礼去见荆轲，跟荆轲说，现在大势已去，秦国已经抓了韩王，又南下伐楚，北伐赵，赵国挡不住秦国，必然会祸及燕国。燕国弱小，打不了仗，其他六国也都已经臣服于秦，不敢再联合起来。

我有一条看似愚蠢但迫不得已的计策。如果真能寻得一位天下无双的勇士到秦国去，劫持秦王，让他把侵占诸侯的土地都退回来，就像曹沫当时对齐桓公做的事那样，这是最理想的结果。如果不行，这名勇士就一刀刺杀秦王。这时秦国大将都带着重兵在外，而秦国却出现了内乱，文臣和武将一定会相互猜疑，趁这个空当，另外六国可以重新结盟。这样一来，秦国的霸业一定会被打破。希望荆轲您好好想想我这个主意。

2. 顶尖的成事者，要有独立思考的能力

荆轲听了太子丹这番话，觉得很有道理。如果没有足够的管理学修养和公心，确实很容易会觉得太子丹说的都对。

但我想提醒各位注意的是，在现代管理情境中，经常会有不同的人从不同的角度讨论问题，如果你仅从他们说这些话的角度出发，被他们的逻辑带进去，你会觉得很有道理。但如果你真想成为一个霸道总裁，成为一个顶尖的成事者，你一定要有跳出框架、独立思考的能力。

如何具备这样的能力？多听、多权衡、多推敲，你内在的潜能就会被激发，你就能够知道哪些是绝对的扯淡，哪些是真知灼见。真知灼见很有可能就是一些朴素、老实的见解，但是对管理情境特别适用。你要确定：一、真知灼见适用；二、你能坚持真知灼见，哪怕真知灼见在很多人眼里是老生常谈。

但是荆轲没有这种真知灼见。从他一介书生、一介武夫、一个个体的角度看，他觉得太子丹说的没毛病，他需要想的是如何去执行和完成。

荆轲许之。于是舍荆卿于上舍，太子日造门下，所以奉养荆轲，无所不至。及王翦灭赵，太子闻之惧，欲遣荆轲行。荆轲曰："今行而无信，则秦未可亲也。诚得樊将军首与燕督亢之地图，奉献秦王，秦王必说见臣，臣乃有以报。"太子曰："樊将军穷困来归丹，丹不忍也！"荆轲乃私见樊於期曰："秦之遇将军，可谓深矣，父母宗族皆为戮没！今闻购将军首，金千斤，邑万家，将奈何？"於期太息流涕曰："计将安出？"荆卿曰："愿得将军之首以献秦王，秦王必喜而见臣，臣左手把其袖，右手揕其胸，则将军之仇报而燕见陵之愧除矣！"樊於期曰："此臣之日夜切齿腐心也！"遂自刎。太子闻之，奔往伏哭，然已无奈何，遂以函盛其首。太子豫求天下之利匕首，使工以药焠之，以试人，血濡缕，人无不立死者。乃装为遣荆轲，以燕勇士秦舞阳为之副，使入秦。

之后，太子丹把荆轲请到了上舍，每天亲自侍奉，无微不至。王翦灭了赵国之后，秦国的大兵已经压境燕国，太子很害怕，于是催促荆轲赶紧行动。

荆轲说，我现在去，秦王未必信我。但如果我带着樊将军的脑袋和燕国最好的地方督亢的地图，秦王一定会愿意见我，这样就有机会完成我们的计划。太子说，樊将军走投无路时来投奔我，我不忍杀他。

于是，荆轲就私下去见了樊於期。他跟樊於期说，秦国对您下手真狠，父母宗族都被杀了，现在又悬赏千金、封万家去买您的脑袋，怎么办？樊於期叹气流着泪说，您有什么计策吗？荆轲就把自己的计划告诉了樊於期，我拿您的脑袋献给秦王，秦王一开心就会见我。我左手拉住他袖子，右手拿匕首，一刀刺进他的胸口，您的仇报了，燕国被欺侮的仇也报了，燕国的危机也解了。樊於期说，这也正是我日夜揪心的事啊。于是，樊於期自刎。太子听到后，奔去痛哭，但已无济于事，只好用一个盒子收起了樊於期的脑袋。

之后，太子就找了一把用毒药淬火于刀刃的匕首，见血封喉，并打算派荆轲去咸阳，还给他配了一个副手，叫秦舞阳。

荆轲至咸阳，因王宠臣蒙嘉卑辞以求见；王大喜，朝服，设九宾而见之。荆轲奉图而进于王，图穷而匕首见，因把王袖而揕之；未至身，王惊起，袖绝。荆轲逐王，王环柱而走。群臣皆愕，卒起不意，尽失其度。而秦法，群臣侍殿上者不得操尺寸之兵，左右以手共搏之，且曰："王负剑！"负剑，王遂拔以击荆轲，断其左股。荆轲废，乃引匕首擿王，中铜柱。自知事不就，骂曰："事所以不成者，以欲生劫之，必得约契以报太子也！"遂体解荆轲以徇。王于是大怒，益发兵诣赵，就王翦以伐燕，与燕师、代师战于易水之西，大破之。

荆轲到了咸阳，通过秦王的宠臣蒙嘉把礼物献给了秦王嬴政，秦王大喜。荆轲顺势把督亢的地图献给秦王，图展开到最后，匕首出现了。荆轲一只手抓住秦王的袖子，另一只手举着匕首去刺杀秦王。还没有刺到秦王，袖子却断了。荆轲跟秦王开始在殿上追逐，秦王绕着柱子跑来跑去，群臣都傻了，事情发生得太意外，他们一时都没有了主意。

秦国的法律规定群臣上朝不能带任何利器，所以一大堆人赤手空拳地去抓拿着毒匕首的荆轲，同时高喊让秦王拿剑。

秦王挥剑斩断了荆轲的左腿，荆轲用匕首扔向秦王，却只伤到了铜柱子。荆轲知道事办不成了，就开始一边流血一边骂：这事之所以失败，是因为我想生劫秦王，让他签下契约，以回报太子丹。最后荆轲被剁成了碎块。

秦王因此大怒,增兵去赵国。王翦带着这些兵力去伐燕国、代国,在易水西边展开大战,秦国大胜。

冬,十月,王翦拔蓟,燕王及太子率其精兵东保辽东,李信急追之。代王嘉遗燕王书,令杀太子丹以献。丹匿衍水中,燕王使使斩丹,欲以献王,王复进兵攻之。

那年冬天,秦始皇已经33岁。王翦打下了蓟,就是现在的北京。燕王和太子率精兵到辽东,秦将李信"急追之"。代王嘉跟燕王说:我们把太子丹杀了,献给秦王,秦王或许就不会这么打我们了。太子丹藏匿在衍水中,仍然被燕王的使者抓到、杀死,并把他的尸体献给了秦王。但是,秦王嬴政依旧没有停止攻打燕国。

3. 小概率事件很难改变大方向

通过荆轲刺秦的故事,我想表达以下几点。

第一,荆轲是一个"二货"。他作为刺客,却学艺不精。秦王嬴政已经被他抓住了衣袖,荆轲却还是没能一刀捅死他,反而被秦王断了自己的左腿。我奉劝所有孤勇之人,还是先把本事练硬了,否则孤勇便成了东流水。

燕太子丹也是个"二货","屠龙刀"在手,你也要躲过"倚天剑"之后才能成霸业,而霸业是小概率事件。有些小概率事件可以改变某些人,但是很难改变大方向。即使荆轲刺秦成功了,也很难改变秦国一统天下的大局。

第二,荆轲的孤勇值得珍惜。司马迁认为中国文化的柱石有三个人——孔丘、荆轲、陈胜。他花了大量的篇幅记录荆轲刺秦。在他看来,孔子是用"君君,臣臣,父父,子子"的儒道来统治中国,好处是超级稳定,坏处是纠错能力很差。当君不君、臣不臣、父不父、子不子的时候,日子还是那么过,只是有可能越过越惨。想纠偏、纠错只能靠荆轲和陈胜这两类人来实现。

第三,对任何人都好一点,不要斩尽杀绝。如果秦王不那么逼太子丹,太子丹可能也不会想到用荆轲去刺杀秦王。当我们面对社会上一些比我们弱小的人时,我建议不要欠薪,不要欺负人家,要对人家好一点,不要去惹状态不好的人。任何一个个体,他还是有在绝望中表达的能力的,我们不要欺人太甚。

王翦灭楚：
了解人性，才能免于"兔死狗烹"

荆轲刺秦失败，秦王震怒，开始了加速统一六国的进程。他先派人攻打燕国，又同时出兵楚国。

虽然白起奠定了秦统一六国的战争基础，但最后统一六国的进程，是由王翦等几个新一代的"战神"完成的。王翦灭楚的故事，可以启示现代管理者如何顺着人性去做决策。

1. 成事者在必要时需放低姿态

在王翦到楚国、荆轲刺秦之前，王翦其实已经在某种程度上灭了赵国。

王翦击赵军，大破之，杀赵葱，颜聚亡，遂克邯郸，虏赵王迁。王如邯郸，故与母家有仇怨者皆杀之。还，从太原、上郡归。

王翦率兵大破赵军，杀了赵葱，颜聚逃亡，就这样攻克了邯郸，把赵王迁抓回秦国。秦王嬴政到了邯郸，把跟他妈妈赵姬一家有仇怨的人都杀了。秦王嬴政作为一代雄主，也是嗜杀之人。之后，赵国被灭，秦王嬴政从太原、上郡回到了秦国。

这是秦王政十九年，公元前228年。

王贲伐楚，取十余城。
大兴兵，使王贲攻辽东，虏燕王喜。（胡三省注："燕至是亡。"）

王贲是王翦的儿子，也挺能打仗，老子英雄儿好汉。王贲伐楚取了十余座城，后来还在公元前222年灭了燕国。

王问于将军李信曰："吾欲取荆，于将军度用几何人而足？"李信曰："不过用二十万。"王以问王翦，王翦曰："非六十万人不可。"王曰："王将军老矣，何怯也！"遂使李信、蒙恬将二十万人伐楚；王翦因谢病归频阳。

秦王嬴政问李信将军说，我想灭掉楚国，您觉得需要多少人？李信说，不超过二十万。秦王嬴政又问王翦说，您觉得多少人够用？王翦说，至少六十万人。

一个是二十万封顶，一个是六十万打底，差了至少三倍。秦王嬴政说，王翦将军，您老了，您儿子都已经这么能打了，您为什么这么胆怯呢！

秦王嬴政说这话的时候，33岁，正当年。

打仗是一件非常费钱的事，二十万人打仗，后勤、补给、供应有可能要再耗四十万人。六十万人打仗，就要多耗三倍的人力、物力，可能都不止。

如果你是秦王,一边是年轻将领说二十万人足够,一边是老将说至少六十万人,你会怎么选?秦王嬴政选了血气方刚的李信,让李信、蒙恬带二十万人去讨伐楚国。王翦因为这件事,托词称自己身体不好,回频阳去了。

王贲伐魏,引河沟以灌大梁。三月,城坏。魏王假降,杀之,遂灭魏。

王翦的儿子王贲血气方刚,讨伐魏国时,引黄河水灌大梁。三个月后,大梁的城墙被破坏,魏王投降。王贲杀了魏王,魏国就这样在王贲手上灭亡了。

这时候,楚国发生了什么事?

李信攻平舆,蒙恬攻寝,大破楚军。信又攻鄢郢,破之。于是引兵而西,与蒙恬会城父。楚人因随之,三日三夜不顿舍,大败李信,入两壁,杀七都尉;李信奔还。

他们开始打得挺顺,李信打平舆,蒙恬打寝,大破楚军,都胜了。李信又攻鄢郢,又胜了,向西进军,和蒙恬在城父会合。楚国人面对灭国之灾,非常能吃苦,对战李信的部队三天三夜不停歇,大败李信,杀了七个都尉。李信被打败后,跑回了秦国。

王闻之,大怒,自至频阳谢王翦曰:"寡人不用将军谋,李信果辱秦军。将军虽病,独忍弃寡人乎!"王翦谢:"病不能将。"王曰:"已矣,勿复言!"王翦曰:"必不得已用臣,非六十万人不可!"王曰:"为听将军计耳。"于是王翦将六十万人伐楚。

秦王嬴政大怒，但是他大怒之后没有出昏招，而是伏低做小。秦王这么一个了不起的人物，亲自到王翦住处，跟他说，我没用您的计策，而用了李信的战略，但李信大败，这对秦军来说是一种侮辱。您虽然自称身体不好，但是您真要就这么舍弃我吗？

王翦婉拒说，我真的病了，没法再带兵打仗了。秦王说，我的心意已决，您病不病，都得领兵去打仗。王翦说，如果您不得已一定要用我，那必须给我六十万人，少一个人也不行。嬴政说，就听将军您的。

于是，王翦带了六十万人讨伐楚国。

2. 顺着人性去出牌

王送至霸上，王翦请美田宅甚众。王曰："将军行矣，何忧贫乎！"王翦曰："为大王将，有功，终不得封侯，故及大王之向臣，以请田宅为子孙业耳。"王大笑。王翦既行，至关，使使还请善田者五辈。或曰："将军之乞贷亦已甚矣！"王翦曰："不然。王怛中而不信人。今空国中之甲士而专委于我，我不多请田宅为子孙业以自坚，顾令王坐而疑我矣。"

秦王嬴政送王翦到了距离长安城东三十里的霸上，王翦开口管秦王嬴政要美田、美宅，而且要的不止一处，都在单子上列得清清楚楚。秦王嬴政说，将军您要出征了，还担心受穷吗？

王翦回答说，我给您当大将，有功，但也没有得到封侯。我想在您还信任、重用我的时候，多要点田宅，为子孙打下点基础。秦王嬴政大笑。

王翦自己开口要了一次，带兵出发后，又五次让使者回去跟秦王嬴政要好田、好地。有人就说他贪财贪得也太过了。王翦说，不是我贪财，而是我了解秦王，他内心凶狠而多疑善变，不会太信别人。现在秦王把全国能打的人都交给我了，我如果表现得不贪恋，那不是让秦王怀疑我吗？

王翦对人性的理解和运用不能叫权谋，而是一种对人性深刻洞察后的通达。白起没善终，王翦能善终，其实跟王翦按照人性去出牌有着很大的关系。

3. 不着急才能有好时机

王翦取陈以南至平舆。楚人闻王翦益军而来，乃悉国中兵以御之；王翦坚壁不与战。楚人数挑战，终不出。王翦日休士洗沐，而善饮食，抚循之；亲与士卒同食。久之，王翦使人问："军中戏乎？"对曰："方投石、超距。"王翦曰："可用矣！"

王翦打到了平舆，楚人集结了全国的军队来抵御。这时候，王翦却坚持不出来打。楚人就频繁挑衅，侮辱他说，怕了吧？过来打呀！但王翦就是不打，而是让士兵每天好好休息、吃饭，安抚大家说不着急。他自己也跟士卒一块吃，一块玩，并派人偷偷去看楚军营中的士兵，问他们在玩吗？派去的属下回来说，是的，他们在扔石头、跳远。王翦说，可以了，打。

楚既不得战，乃引而东。王翦追之，令壮士击，大破楚师，至蕲南，杀其将军项燕，楚师遂败走。王翦因乘胜略定城邑。（二十四年）王翦、蒙武虏楚王负刍，以其地置楚郡。

王翦坚壁不出，楚国军队因没仗可打，就往东走。王翦命令军队追击，大破楚军，把楚军的将军项燕杀掉了。楚军败走，王翦乘胜追击，攻占了很多城池，最后活捉了楚王，至此楚国灭亡了。

4. 从王翦灭楚看现代管理

王翦灭楚，给现代管理提供了哪些启示？

第一，不要低估困难。当形势一片大好的时候，最容易出现的错误就是低估困难。我们都想"多快好省"，但如果你"多快好省"地用人力物力，干不成事，造成的也是绝对浪费。

李信、王翦在御前对打仗所需人数的讨论，就像战略、商业计划的预算。少壮派说二十万足够，老将一定要六十万的情况也很常见。霸道总裁认为老将老了，新人可以"多快好省"，这是常见的错误，也是容易产生的想法。有没有可能你是对的？有可能，有些少壮派还真有可能"多快好省"，有些老将真的暮气沉沉，会耗费太多的资源。如何避免犯轻信的错误？如何判断是不是太轻敌？

解决办法就是打深一层，先不着急做决策。如果我是秦王嬴政，在王翦和李信两个方案之间做决策之前，会多问几个问题：李信，你凭什么认为不到二十万人就够用，这场仗你怎么打？王翦，你为什么认为非六十万人不可，而不是三十万、四十万、五十万？甚至会安排李信和王翦一起讨论、争执。经过充分讨论，就会有更多的信息来做决策。

第二，要按照人性落到实处。王翦向嬴政要田、要地，因为王翦能体会到秦王的心思——你倾一国之兵交到我手里，将在外，君命有所不受。秦王还是一个狠人，很难信任人。信任很难，特别是强者之间的信任更难。多疑多变，通常是王者最常见的性格。如何避免？多了解人性，多顺着人性做一些小安排，哪怕做一两次"演员"。我有所贪，你手上有我的把柄，信任反而容易建立。在这种时候不用太谈风骨，建立信任比彰显风骨要重要得多。

反过来，如果你是多疑多变的秦王，你应该怎么办？

你一定要因人善任，一定要充分授权，让王翦这样的"战神"、大将可以放开了去打仗，不要制衡他，不要用那么多的职能部门、"文臣"去控制一个正在奋力逐鹿中原的人。因为这么做会降低成功的概率。

但同时，你也要照顾自己的疑心，要能抓住一些东西。你要问自己，我授权这个人带了这么多资源去领兵打仗，他为什么不谋反？我拿什么控制他？太多约束一定不对，但是毫无制衡也会引发风险。

一个行之有效的方法，就是看这个人到底贪什么。如果他贪钱，那就控制他的钱；如果他贪色，那就在色上控制他。常见的方式是控制财权，很多时候做到这点就够了。

从王翦的角度看，作为一个项目经理、一个子公司的"一把手"，我如何让君王、CEO 放心？这种放心能够帮我减少因不信任而生出的风险；我在让君王放心的过程中，也会得到自己作为一个俗人该得到的东西。

这两方面都可以通过讲钱来实现。我做成这件事有什么好处，分多少钱？当然，有些环境不能谈钱，那就谈权，谈些俗的，越俗越好。名、利、权我得哪样，跟老板谈清楚。落在纸面上，将来分利分权，也就有了初始的保证。如果是口头约定，最好还有其他人在场，空口无凭，多几个人见证。"不着急，不害怕，不要脸"，扎扎实实把刚才说的事情做了，把利益分配好，对谁都有好处。

第三，不着急。王翦在很长一段时间内没有放手打仗，而是以逸待劳，他实际上是在把生地变成熟地，把别人的地方变成自己的地方。

深入敌后总是危险的，攻不如守的效率高。在可以慢一点的时候，过分激进有可能是过多消耗资源的邪路。不着急，有时候是更正确的方式。

不着急去跟楚军交战，不害怕提出自己的战略观点，不要脸地去管秦王要田要地。"不着急、不害怕、不要脸"，王翦最终把楚军打败，灭掉了楚国。

秦灭六国：
赢家通吃，边缘玩家的生存之道

王翦伐楚成功后，秦国已经势不可当。最终，统一了六国。

司马光认为，韩、赵、魏、齐、楚、燕没能实现完整、稳固、长期的同盟，是自毁长城的行为。

但我不得不说，弱弱联合的结果往往不好，哪怕是在现在的管理环境下。弱弱联合的弱点就是被放大的人性弱点。每个国家都是个体，都有自己的利益诉求，甚至往往更大、更偏激、更短期。

一家独大、赢者通吃的情况下，其他玩家的生路在哪里？在如今的管理环境下，弱弱联盟要注意哪些问题？

1. 用空杯心态和智慧的人交流

秦国四处征战，但齐国却可以长期不受战乱困扰。司马迁认为，这是因为齐君王后贤惠，能够周到地伏低做小，迎合秦国。这是司马光的说法。

但从我的角度看,背后更大的原因是地域关系。远交近攻是秦国的国策,齐国离秦国最远,秦国不愿意过早地跟齐国挑起争端,所以大家相安无事了很多年。

初,齐君王后贤,事秦谨,与诸侯信;齐亦东边海上。秦日夜攻三晋、燕、楚,五国各自救,以故齐王建立四十馀年不受兵。及君王后且死,戒王建曰:"群臣之可用者某。"王曰:"请书之。"君王后曰:"善!"王取笔牍受言,君王后曰:"老妇已忘矣。"君王后死,后胜相齐,多受秦间金。宾客入秦,秦又多与金。客皆为反间,劝王朝秦,不修攻战之备,不助五国攻秦,秦以故得灭五国。

当初,齐国君王的王后贤惠,明是非、懂事理,对待秦国谨慎,对待诸侯讲信用。齐国又在东边,离秦国很远,所以不会直接受到秦兵的入侵。

秦国在这四五十年里天天打赵、魏、韩、燕、楚,五国忙着自救。齐王则在四十年里,没有遭受战争困扰。齐君王后这时候已经快死了,就想告诫继位的齐王建,这些群臣里,我觉得哪些人可用。

齐王建拿来了笔墨,让她写下来。但这时齐君王后说,我年岁太大了,刚才想说的现在已经忘了。她有可能忘了,也有可能认为说和不说结果都一样,没必要说了。最后说"我忘了",也是一种态度。

说回来,齐君王后一直在身边,齐王建为什么不能早点多问问她关于群臣谁堪大用、谁应慎用的想法?你还是要跟信任的人、身边有智慧的人多交流。在他们愿意给你时间的前提下,用空杯的心态多跟他们请教。

齐君王后死后,一个叫后胜的人成为齐国的国相,他暗中收了很多秦国的贿赂。齐国很多宾客去了秦国,秦国只要看到齐国能干的人,就收买他们。这些宾客回到齐国，都帮助秦国来离间齐国，都劝齐王去朝拜秦国，不要做战争的抵抗，不要帮助韩、赵、魏、燕、楚去攻打秦国。也因为这些游走在齐、秦之间的人，秦国非常顺利地灭掉了五国。

齐王将入朝，雍门司马前曰："所为立王者，为社稷耶，为王耶？"王曰："为社稷。"司马曰："为社稷立王，王何以去社稷而入秦？"齐王还车而反。

齐王正准备去朝拜秦国，这时候雍门司马上前跟他说：我们为什么要立王？是为社稷，还是为立王而立王？齐王说是为了社稷。雍门司马说：既然是为了社稷而把您这个王立起来，那您为什么要离开社稷去朝拜秦国呢？齐王听到这句话，立马转头回了齐国。

2. 自强是弱者生存的根本

即墨大夫闻之，见齐王曰："齐地方数千里，带甲数百万。夫三晋大夫皆不便秦，而在阿、甄之间者百数；王收而与之百万人之众，使收三晋之故地，即临晋之关可以入矣。鄢郢大夫不欲为秦，而在城南下者百数，王收而与之百万之师，使收楚故地，即武关可以入矣。如此，则齐威可立，秦国可亡，岂特保其国家而已哉！"齐王不听。

即墨大夫听到齐王没有入秦，就去进言齐王，齐国本身就是个很好的根据地，有土地数千里、人口数百万。赵、魏、韩都被秦国打得很惨，但是赵、魏、韩的官吏并不认可秦国。这些官吏散在阿城、甄城，有数百人，您把他们收拢过来，让他们带着齐国的士兵去收复赵、魏、韩原来的土地，这件事还是能成的。咱们可以自河东攻秦，入临晋关。

同样的道理，楚国的官吏、士大夫也不愿意伏低做小，被秦国统治。如果把他们收拢起来，让他们去用齐国的士兵收复楚国的故地，那武关我们也可以打进去。这样的话，齐国可以立威，甚至可能打败秦国。我们不只是生存而已，我们还能发展。

可惜的是，齐王没听，他已经没了斗志。整合残局成合力，管理弱者成强者，这是一个费心费力的慢活，这是一个需要内心有巨大能量的人，带着团队认真干才能成的事。可惜齐王不是这类人，否则他也不会在过去40年让三晋、燕、楚被秦国打成这个样子。

> 王贲自燕南攻齐，猝入临淄，民莫敢格者。秦使人诱齐王，约封以五百里之地。齐王遂降，秦迁之共，处之松柏之间，饿而死。齐人怨王建不早与诸侯合从，听奸人宾客以亡其国，歌之曰："松耶，柏耶！住建共者客耶！"疾建用客之不详也。

王翦的儿子王贲灭了燕国，然后从燕国南边打齐国，迅速进入了临淄，齐国的人都不敢跟他打。秦国派使臣诱惑齐王说，我封你五百里土地，你依旧可以开开心心地生活。然后，齐王就这样投降了。

秦国把他迁到了一个叫共的地方，搁在共地的松柏之间，把他活活饿死了。

齐国的百姓怨恨齐王建不早跟诸侯联合抗秦，听任奸人，导致齐国灭亡，还编了一首儿歌：松啊，柏啊，都是招待建的好客人啊。借此讽刺齐王建的用人不淑，活该被饿死。

3. 弱者联盟，结果多数会败

在现代管理中，往往会遇到需不需要跟别人结盟做事的抉择，尤其是在我们的力量不足或明显受到欺压、单打独斗一定会失败的时候，就得考量要不要结盟，怎么结盟。

我们先看看司马光对待结盟的看法。

臣光曰：从衡之说虽反覆百端，然大要合从者，六国之利也。昔先王建万国，亲诸侯，使之朝聘以相交，飨宴以相乐，会盟以相结者，无他，欲其同心戮力以保家国也。向使六国能以信义相亲，则秦虽强暴，安得而亡之哉！夫三晋者，齐、楚之藩蔽；齐、楚者，三晋之根柢；形势相资，表里相依。故以三晋而攻齐、楚，自绝其根柢也；以齐、楚而攻三晋，自撤其藩蔽也。安有撤其藩蔽以媚盗，曰"盗将爱我而不攻"，岂不悖哉！

虽然关于如何结盟这件事，有各种截然不同的观点。但总体来说，六国联盟对抗秦国对它们来说是件好事。

过去，周朝建万国、立诸侯，就是想要他们彼此形成良好的关系，让他们结交朋友，保全国家。如果六国能够"信"字当头，彼此照应，结盟永固，秦国虽然强大，有变法的商鞅，有名将白起，有战神王翦，但是如果六国之力结合得好，是能抵抗强秦的，但怎么就都亡国了呢？

赵、魏、韩是齐、楚的屏障，齐、楚是赵、魏、韩的后盾，大家可以互相支撑、互相依靠。赵、魏、韩因为小利打齐国和楚国，这是自断根基。而齐国、楚国为了小利打燕、赵、韩，这是亲手摧毁自己的屏障。哪有自毁长城而去帮助敌人的呢？

很遗憾，道理很简单，但是神经病多过非神经病，有常识的人远远少于没常识的人，人性之恶、人性之丑陋、人性之局限总是胜过理性之光辉。所以，最终秦国还是一统天下了，弱者联盟还是失败了。

4.弱者联盟要多强调短期

关于战略联盟，特别是弱者战略联盟，我想讲三点。

第一，最大的可能还是强者通吃。当一个行业出现了一个强者，他已经占据市场份额20%以上的时候，你就会发现，哪怕第二名、第三名直到第七名，所有后面的人联合在一起的市场份额比第一名要大很多，但最后很有可能还是第一名赢，这就是强者通吃。

因为人性之恶，第二名到第七名，无论是他们的霸道总裁，还是他们的核心团队，都有可能心怀鬼胎，各自的目的、方向、做法、脾气秉性、文化都不一样，很难在长时间内精诚合作。从这个角度看，联盟必败。

第二，联盟中的弱者应自强。在这个案例里，齐国哪怕在最后关头，在赵、魏、韩、燕、楚都几乎已经完蛋的时候，还是有机会自强的。所以，自强是根本、是抓手，不要寄期望于别人。先要关注自己能不能立得住，能不能生存。

第三，弱弱联合的时候，不要太强调长期稳定，多强调短期增长。放到现代管理上，道理也一样。有具体的项目，对彼此都有利的事情，大家先扎扎实实一步一步做起。立好合约，做好眼前的事。等到具体的事持续成了，所谓最强者就已经不那么强，弱者也不那么弱了，强弱两者反而能够再次在一个新的状态下实现平衡。

秦纪二

公元前 227 年

公元前 209 年

始皇之道：
身处权力顶峰也要保持危机感

秦国一统天下，秦始皇作为第一个大一统的皇帝，给后世带来了长远的影响。他自己也因为这些举措和事功，被称为"千古一帝"。

不打仗了，大一统了，秦朝将如何治理这么一个大一统的国家？秦始皇都做了哪些大事？设计了哪些制度？这些制度是不是真的好？何时好，何时不好？

1. 站在权力顶峰的秦始皇

王初并天下，自以为德兼三皇，功过五帝，乃更号曰"皇帝"，命为"制"，令为"诏"，自称曰"朕"。追尊庄襄王为太上皇。制曰："死而以行为谥，则是子议父，臣议君也，甚无谓。自今以来，除谥法。朕为始皇帝，后世以计数，二世、三世至于万世，传之无穷。"

那时秦始皇还不到40岁，觉得整个天下全是我的，这种事之前没有任何一个人干过。三皇五帝都不如我，怎么办？把他们加在一起，我就叫"皇帝"。皇帝的命令也不能像以前那样称呼，制度性的东西就叫"制"，公告性的东西就叫"诏"。皇帝称呼自己，要叫"朕"。

秦始皇把庄襄王，也就是他的爸爸，封为太上皇。秦始皇是这么说的：老皇帝死了，根据他的言行功过，给他一个谥号，这是过去的传统。但这种传统，实质意义上，就是儿子议论父亲，臣子议论君王，是有犯上之嫌的，不合适。所以从今以后，死后加谥号的事不能再做了。我就是始皇帝，是第一，之后是二世、三世，一直到万世。

秦始皇认为秦朝统一之后，这个江山有他在，就是他们家的；没他在，就传给他的儿子，儿子又能传给孙子，如此子子孙孙，传之无穷。我很好奇，秦始皇有没有想过，好爸爸生出好儿子，不是一个大概率事件；好儿子再生出一个好儿子，就更不是一个大概率事件；好儿子的好儿子，再生一个好儿子，那又是概率更小的事件。这三个事件同时发生，是一个小概率事件，乘以一个小概率事件，再乘以一个小概率事件——传到第四代，还是个非常能干的人，那基本上是一个极小概率事件。

秦始皇见过战国七雄，各个王的后代，子子孙孙，起起伏伏，他应该知道这种小概率事件是常识。

2. 超稳态的建立需要制度的维护

统一天下之后，秦始皇都做了哪些大事？

第一，先树立愿景。天下是我的，一直是我的，我死之后是我儿孙的。定好愿景，开始正名，"名不正，则言不顺"。更号为"皇帝"，自称"朕"，发出的命令不叫"命令"了，发教令用"制"，其他就用"诏"。

初,齐威、宣之时,邹衍论著终始五德之运;及始皇并天下,齐人奏之。始皇采用其说,以为周得火德,秦代周,从所不胜,为水德。始改年,朝贺皆自十月朔;衣服、旌旄、节旗皆尚黑;数以六为纪。

第二,算命、保命、用命。齐宣王、威王时,邹衍发明了一个"五德之运"学说——金木水火土。统一天下后,齐国人就跟秦始皇说了这个学说。秦始皇觉得可以,并按照邹衍的理论,定了水德。随后改年号,改礼制、衣服、旌旗等,统统都用黑色。衣服、符号、颜色,这些看上去是小事,但实际上能给大家很强的心理暗示,我们是一伙的,我们代表着什么。所以符号、衣服、颜色,甚至其他一些礼仪、仪轨、形式,都有它统治的重要性。计数,用"六"作为一个常数。

丞相绾言:"燕、齐、荆地远,不为置王,无以镇之。请立诸子。"始皇下其议。廷尉斯曰:"周文武所封子弟同姓甚众,然后属疏远,相攻击如仇雠,周天子弗能禁止。今海内赖陛下神灵一统,皆为郡、县,诸子功臣以公赋税重赏赐之,甚足易制,天下无异意,则安宁之术也。置诸侯不便。"

第三,废分封,行郡县。丞相王绾跟秦始皇说,燕国、齐国、楚国离秦国的都城太远,如果你不在当地设"一把手",没有人管,就会出问题。我建议在燕、齐、楚,跟秦国原来不接壤的这几个地方,立各位皇子为诸侯王。

廷尉李斯是这么说的,周天子封了很多子弟同姓,但他们之后相当疏远,甚至互相仇恨、攻击,周天子都禁止不了。如今我们好不容易依靠陛下,一统了天下,现在应该采用郡县制,您需要赏赐哪些孩子、哪些功臣，就用赋税收上来的钱去赏就好了，这样很容易实现控制。

现代管理研究组织架构、管理流程中，一个重要的甚至占一半以上权重的主题，就是控制和协调。李斯支持的郡县制，最大的优点就是容易控制。此时各处再立诸侯，再把楚国的王子派到楚国去，把楚国交给他，你是否想让他管好楚国？如果不想，你派他干吗？如果想，楚国原来是被秦国灭国的，随便在秦国的街上、田里找一个人，手上都沾满了楚国人的鲜血。这不是要打起来，天下又要动荡了吗？

始皇曰："天下共苦战斗不休，以有侯王。赖宗庙，天下初定，又复立国，是树兵也；而求其宁息，岂不难哉！廷尉议是。"

分天下为三十六郡，郡置守、尉、监。

秦始皇说：天下打打杀杀已经很多年了，大家都非常辛苦。打打杀杀的根源就是有太多的王、太多的诸侯。现在天下刚刚安定，如果又立国，树立赵、魏、韩、齐、楚、燕，岂不是给自己找麻烦吗？所以我同意李斯的做法，确立郡县制，把天下分为三十六个郡，每个郡设郡守、郡尉、监御史，设三个官，官统一由国家定。

这个郡县制，从秦朝开始执行，逐渐成为中国历史的绝对主流。它的影响是非常大的。对于秦始皇想形成的"超稳态"，对于历朝历代想形成的"超稳态"，都起到了极大的作用。

收天下兵聚咸阳，销以为钟鐻、金人十二，重各千石，置宫庭中。一法度、衡、石、丈尺。徙天下豪杰于咸阳十二万户。

第四，熔兵器，统一度量衡，迁徙遗民。把兵器收归国有，在民间街面上，最多留几把菜刀，留几把剪子。把能炼成兵器的金属，都聚集到咸阳，熔成十二个大金人搁在宫廷里。天下太平了，你不需要刀剑了，我也不让你有刀剑。然后统一度量衡，把天下的长度、重量，这些标准都定了。再就是把过去六国的豪杰、对当地有影响力的人，都搬到咸阳来。

3. 身处权力顶峰也要保持危机感

从现代管理来看，做了市场绝对的领导者，你该干什么，你不该干什么？总结一下，就是应该有一颗敬畏之心，应该继续有强烈的危机感。想想乔布斯的建议，"stay hungry,stay foolish"，保持饥饿感，保持初心。

打深一层。你如果作为一个市场领导者、市场绝对王者，你要问自己，未来十二个月可能出现的最大危机是什么？未来二十四个月可能出现的最大危机是什么？有没有突破性、颠覆性技术出现的可能？有没有突破性、颠覆性的商业模式出现的可能？有没有突破性、颠覆性团队出现的可能？他们在哪里？能不能为你所用？你能不能找到他们、用他们？如果不行，你能不能准备好，再次打败他们？这就是我理解的危机感。

对比秦始皇，有可能因为少年得志，有可能因为太成功，有可能他从骨子里认定自己就是天选之人，他甚至意识不到人是会死的。哪怕你是皇帝，哪怕你是第一个皇帝秦始皇，人也是会死的。即使你是非常了不起的CEO，你也是会死的，也是要退休的，你的精力、体力也会下降，这是人生规律，是常识。

第二个被秦始皇忽略的常识是"无常是常"。他试图建立一套制度，能够控制一切，但是他忘了，没有任何人或机构能够控制一切，没有。

但我们要承认秦始皇的这些政治制度，从某种意义上来讲非常完善，非常完美。"百代皆行秦政治"，之后漫长的两千多年，一代又一代中国的封建王朝，一直在很大程度上受秦朝制度的影响。

秦始皇通过正名、采纳"五德之运"学说、行郡县、熔兵器、统一度量衡、迁徙遗民的六大制度，建立起的中国的政治制度，形成了一个超稳的状态，核心词——"超稳态"，世界领先，甚至领先了两千年。

秦始皇作为一个市场的霸主、绝对的"霸道总裁"，他很强。但是最强的人也有弱点，这个弱点往往就是他的心魔。他太自信，已经自信到脱离常识，他的心魔围绕着两点：第一，长生；第二，长权。长生可以不老，长权可以一直保有皇权。哪怕自己做不到长生，他还有二世、三世，直至万世。也正是因为这种心魔，秦朝的统治刚刚到了二世就被推翻了。

焚书坑儒：
求变才能立于不败之地

秦始皇统一六国后，一改他当秦王时海纳百川的态度，开始强调控制，北击匈奴、南征百越、修筑万里长城。

丞相李斯认为天下已定，百姓不需要有那么多知识文化，读书人只知道效法古代，妄议现实。所以，他建议史官只保留秦国的"史记"，除医药占卜和种植的书籍可以流通，其他全部销毁。自此有了历史上的"焚书坑儒"。这个故事对现代管理有哪些启示？

1. 大事发生前都有迹可循

在焚书坑儒发生之前，有几件事早已预示了它的迹象。

第一件事，是秦始皇周游途中被刺。

初，韩人张良，其父、祖以上五世相韩。及韩亡，良散千金之产，欲为韩报仇。

张良，曾辅佐刘邦打败项羽，他整个家族有五代人都在韩国当过国相，在韩国被秦国灭亡之后，张良散去了千金家产，要为韩国报仇。

报仇不是一件容易的事。但秦始皇到处玩耍，正好给了张良刺杀他的好机会。

始皇东游，至阳武博浪沙中，张良令力士操铁椎狙击始皇，误中副车。始皇惊，求，弗得；令天下大索十日。

张良安排了一个大力士，用铁锤去狙击秦始皇，但只打中了副车，没打中他的主车。

这是秦始皇统一六国后第一次被暗杀，受到了不小的惊吓。他派人到处找刺客，找了十天也没找到。如果我是秦始皇，这件事至少提示我反贼的力量很强大，六国余孽有钱、有人、有勇气，非常可怕。张良刺杀秦始皇这件事，就已经展示了某些灭亡的迹象。

第二件事，是发兵三十万人攻打匈奴。

始皇乃遣将军蒙恬发兵三十万人，北伐匈奴。

秦始皇发兵三十万人去北伐极寒的匈奴之地，一去就是好些年。坦率地讲，耗人、耗能、耗资源的程度，要远超当时在短时间内用六十万人去征伐楚国。

第三件事，是组建军队往南打。

发诸尝逋亡人、赘婿、贾人为兵，略取南越陆梁地，置桂林、南海、象郡；以谪徙民五十万人戍五岭，与越杂处。

除了北伐，秦始皇还开始了南征。用逃犯、做小买卖的人组成军队，打了南越（现在的广西、广东、越南等地），安置了桂林、南海、象郡三个新郡，拓宽了国家领地的百分之十左右。

第四件事，是修长城。

蒙恬斥逐匈奴，收河南地为四十四县。筑长城，因地形，用制险塞；起临洮至辽东，延袤万馀里。

可以想象，修万里长城需要多少人力、物力。所以，在李斯上书焚书坑儒之前，秦始皇已经做了这些劳民伤财的事——到处玩耍、北伐、南征、筑长城。

2. 管理大忌：屁股决定脑袋，私心战胜公理

丞相李斯上书曰："异时诸侯并争，厚招游学。今天下已定，法令出一，百姓当家则力农工，士则学习法令。今诸生不师今而学古，以非当世，惑乱黔首，相与非法教人；闻令下，则各以其学议之，入则心非，出则巷议，夸主以为名，异趣以为高，率群下以造谤。如此弗禁，则主势降乎上，党与成乎下。"

丞相李斯上书说，之前六国没有统一的时候，诸侯相争，所以各国都秉着开放的心态到处争取能干的人。现在天下已定，不需要这么多游学的人了，平民老百姓下地种田，士大夫、读书人学习法令、做官吏就好。

但是读书人却是用古代一些帝王将相的做法来议论现在的不好，

这样下去会让老百姓对我大秦充满抱怨。

他们听到您颁布的命令，就开始用各自的三观、知识体系去评判您的政策，回到家就诋毁您的法规，出去就到街头巷尾到处议论。他们如果夸您和这些制度，也只是为了借此给自己增加名声。更有甚者，他们利用自己的影响力聚集了很多人去造谣，企图蛊惑人心。

如果您不禁止他们，别人就会把您当成也会犯错的人。您的威严会受损，他们就会暗中结党营私，形成一股势力。

"禁之便！臣请史官非秦记皆烧之；非博士官所职，天下有藏诗、书、百家语者，皆诣守、尉杂烧之。有敢偶语诗、书弃市；以古非今者族；吏见知不举，与同罪。令下三十日，不烧，黥为城旦。所不去者，医药、卜筮、种树之书。若有欲学法令者，以吏为师。"制曰："可。"

李斯说，还是禁了方便！我建议史官把非秦国所记的书、档案全部烧掉。民间如果有敢藏《诗经》、《尚书》、诸子百家著作的，都必须拿到他们所在的郡政府堆起来烧了。

所以，焚书坑儒这件事跟商鞅变法有一脉相承之处，就是你该是什么就是什么，农民做农民的事，工匠做工匠的事，读书人就只能当官，其他一切不要想。

另外，焚书并不是把所有书都烧光，而是说只有官家才可以藏有另类思想的书，下边的思路跟商鞅变法里边的"连坐"也非常像。有敢在街上背诗的，被人听到就会被捉去菜市口处决。以古非今的人，罪责株连九族。如果官吏知道后不检举，也是同罪。

下令三十日后，如果你还不焚烧掉这类书，被发现了就在你的脸上刻字、涂黑，送到边疆修长城。但有三类书可以不烧：一类是医药书；一类是占卜书；一类是种树、种庄稼的书。如果有人想学断案，他也可以向官吏去请教,拜官吏为师。

秦始皇说,行,就这么干。

3. 要防范层层加码的现象

说完"焚书",接下来就是"坑儒"。"坑儒"这件事其实不是因儒生而起的,但是坑得最多的却是儒生。

卢生说始皇曰:"方中:人主时为微行以辟恶鬼。恶鬼辟,真人至。愿上所居宫毋令人知,然后不死之药殆可得也!"始皇曰:"吾慕真人!"自谓"真人",不称"朕"。乃令咸阳之旁二百里内宫观二百七十,复道、甬道相连,帷帐、钟鼓、美人充之,各案署不移徙。行所幸,有言其处者,罪死。

卢生是个方士,修仙炼药的人。他对秦始皇说,您要悄悄出行,这样能躲开恶鬼。您如果阵仗太大,所有的人和鬼就都知道了。鬼不在,真人才能来,不死之药也就来了。

秦始皇说,我仰慕能长生不老的真人,以后自号真人,不再称朕了。秦始皇下令,咸阳周边二百里之内,二百七十个宫殿和居所都用甬道和复道相连,每个地方都布满帷帐、钟鼓、美人,去哪儿都可以办公。有人敢声张他在哪儿,就是死罪。

始皇幸梁山宫,从山上见丞相车骑众,弗善也。中人或告丞相,丞相后损车骑。始皇怒曰:"此中人泄吾语!"案问,莫服,捕时在旁者,尽杀之。自是后,莫知行之所在。群臣受决事者,悉于咸阳宫。

秦始皇有一次去梁山宫，在山上看见丞相的车辆、马匹挺多，心里很不高兴。有个太监就告诉了丞相，丞相立刻缩减了配置。

秦始皇很生气，说一定有人泄露了他说的话，把人都抓过来审问，但没人认罪。秦始皇就把当时听到他说那句话的太监都杀了。从此之后，没有人知道秦始皇的行程。群臣想议事，就在咸阳宫里议。

侯生、卢生相与讥议始皇，因亡去。始皇闻之，大怒曰："卢生等，吾尊赐之甚厚，今乃诽谤我！诸生在咸阳者，吾使人廉问，或为妖言以乱黔首。"于是使御史悉案问诸生。诸生传相告引，乃自除犯禁者四百六十馀人，皆坑之咸阳，使天下知之，以惩后；益发谪徙边。

江湖术士侯生、卢生因为议论秦始皇的不好，被发现后仓皇逃跑。秦始皇愤怒地说，我给他们那么多钱财，他们还敢诽谤我。现在咸阳的儒生，我要让人好好查问，看看还有没有敢妖言惑众的。

查案的人一一审问这些儒生。儒生互相乱咬，揪出了四百六十余人，都在咸阳被活埋了，以示天下。还有不少儒生，被发配至边疆。

始皇长子扶苏谏曰："诸生皆诵法孔子。今上皆重法绳之，臣恐天下不安。"始皇怒，使扶苏北监蒙恬军于上郡。

秦始皇最大的儿子扶苏劝他说，这些儒生都读孔子的书，效法孔子，您重法治他们，我担心天下百姓会不安。秦始皇非常生气，发配扶苏去北边，去上郡监督蒙恬去了。

"坑儒"的起点只是两个江湖术士的祸事，但后来打击面被扩大了，下边办案的人又层层加码，结果就活埋了四百六十余人。

关于"坑儒"事件，不得不提的是，长子扶苏没有执行到位，甚至还发表了一些不同意见。但对秦始皇来说，忠诚不绝对就是绝对不忠诚。扶苏也因此丢了太子的位子，没能成为秦二世。

4. 如何做到和而不同

有关焚书坑儒，从现代管理的角度出发，我总结了几点。

第一，创业和守业的心态是不一样的。创业者、霸道总裁在创业时期，想的是生存，是怎么尽快、尽好、尽量地适应市场，把江山打下来。等你得了江山，你的动力是想把江山、把市场地位一直保持下去。

第二，霸道总裁也会有"不容异端"的心理。在你占了市场绝对领导地位的时候，你对异端存在的必要性就会有深深的怀疑，容忍能力也会大大降低。

你可能会觉得，下面的人不需要有脑子，他们只要听安排就行。霸道总裁真的占了市场份额的70%以上之后，难免也会有这种天然的心理。

第三，超稳态治理模式在现代的公司生态里持续不了。超稳态的好处是彰显了你的权威、思想和方式方法，但如果你过度依赖一个超稳态的治理模式，只会扼杀了你跟市场、跟未来更贴近的创意和想法。

第四，容忍异端。这是为了激发活力，保持市场领先地位。占有市场绝对领导地位的大公司，通过并购买断新技术、新产品、新的管理模式，然后把它们扼杀掉、不予发展。这的确是一种有力手段，但在一个充分竞争的环境下，哪怕你已经稳固地占据了市场领导地位，还是会有新技术、新模式、新人进入市场来搅局，形成新的威胁。你一味地想靠这个超稳态治理模式稳住市场地位，是不现实的。

在现代充分竞争的商业社会里，我没有看到任何一例成功的案例。

最后，容忍异端很难。即使在企业里也需要统一了思想，大家才能往同一个战略方向努力。那么，如何平衡"容忍异端"和"统一思想"之间的关系？

首先，是麦肯锡公司推崇的一条原则——反驳的义务（Obligation to Descent），你如果有反对意见，你有义务、有责任说出来。

其次，就是民主集中制。大家该提意见提意见，但是要有一个决策机制。"一把手"是否有一票否决权、赞成权？对什么事有一票否决权、赞成权？一年有几次？大家要把决策机制想清楚、说明白。

一旦决策形成，如果集体的统一意见没有改变，那么个人的不同意见请保留，请尊重集体的决策。在这段时间，集体决策将作为所有人的共同立场。你的其他不同意见，在这个阶段就要把它们当成不存在，这样所有人才能齐心协力，枪口一致对外。通过反对的义务和民主集中制，实现容忍异端和统一思想的完美结合。

虽然历史上发生了"焚书坑儒"的事件，但自由之思想、独立之精神终究不会被消灭。所有的公鸡都不叫，天还是会亮。

始皇之死：
CEO 最重要的事是选拔继任者

秦始皇虽然采纳了李斯的建议，施行了"焚书坑儒"，但并没有因此实现世世不绝的愿景。

秦始皇一统天下之后，做了很多开创性的举措，也到处出游玩耍。身边跟随的是两个最亲近的人：丞相李斯和儿子胡亥。但他不承想，自己却命丧于此次出游，还被身边最亲近的人阴谋策划、篡改诏书，长子扶苏和自己生前很信任的蒙氏兄弟也先后被害死。

秦始皇之死给我们最大的启示就是霸道总裁、CEO 一定要重视并做好继任和选拔工作。

1. 秦始皇之死是管理封闭造成的悲剧

冬，十月，癸丑，始皇出游；左丞相斯从，右丞相去疾守。始皇二十馀子，少子胡亥最爱，请从；上许之。

这一年，始皇已经50岁了，依然选择在冬天出游。其实，通常来讲，皇帝在天下太平之后很少到处玩了。首先，会兴师动众，其次，除了劳民伤财，自己遇到风险的机会也多了很多。但秦始皇是古往今来第一个皇帝，作为千古一帝，他由着性子来。李斯跟在他左右，冯去疾守在咸阳。秦始皇的孩子有二十余个，他最喜欢的是小儿子胡亥。胡亥想跟他一块出游，秦始皇毫不犹豫就同意了。

霸道总裁也好，"一把手"也好，你在一个机构里想成事、想持续成事、想持续多成事，要记得我讲的"信任公式"——专业度乘以可靠度，乘以可亲度，除以自我倾向。建议大家除了增加可靠度、专业度，也要多找机会，跟领导多花时间相处，有事没事跟在领导旁边晃悠晃悠，汇报汇报工作，说说心情，听领导提一些意见，分享一些看法，甚至就是聊一些有的没的，这些都会增强信任。所以，小儿子胡亥提出自己也想去，希望多听父亲的教导，秦始皇就很开心，带着胡亥去了。这跟胡亥最后接了班也有关系，大家可以仔细体会。

十一月，行至云梦，望祀虞舜于九疑山。浮江下，观藉柯，渡海渚，过丹阳，至钱唐，临浙江。水波恶，乃西百二十里，从陿中渡。上会稽，祭大禹，望于南海；立石颂德。还，过吴，从江乘渡。并海上，北至琅邪、之罘。见巨鱼，射杀之。遂并海西，至平原津而病。

他们一行人望祀了虞舜，然后接着往南走，渡过了长江。到了会稽，祭祀了大禹，看到了南海，又立了块大石，对自己歌功颂德。然后一路北上往回走，到了现在的山东境内。还看到一条巨大的鱼，把它射杀了。这一路颠簸到了平原津时，秦始皇病倒了。

始皇恶言死，群臣莫敢言死事。病益甚，乃令中车府令行符玺事赵高为书赐扶苏曰："与丧，会咸阳而葬。"书已封，在赵高所，未付使者。秋，七月，丙寅，始皇崩于沙丘平台。丞相斯为上崩在外，恐诸公子及天下有变，乃秘之不发丧，棺载辒凉车中，故幸宦者骖乘。所至，上食、百官奏事如故，宦者辄从车中可其奏事。独胡亥、赵高及幸宦者五六人知之。

秦始皇忌讳谈"死"这件事，群臣也不敢说。但他病得越来越厉害，秦始皇觉得不行了，就命令赵高去通知长子扶苏，让他到咸阳来参加葬礼。信已经写好、封好了，但是赵高却没有给漠北的使者和扶苏。

公元前 210 年秋天，七月，秦始皇在沙丘平台死了。李斯认为秦始皇在咸阳之外死了，天下可能会有变，所以他选择隐瞒了始皇去世的消息，把尸体搁在辒凉车中降温。

除了李斯，只有几个始皇身边的亲信太监跟着。车马继续往前走，伺候流程、百官奏事都和往常一样，宦官就在车中假传皇帝旨意，大家也看不到秦始皇。

此事充分说明秦始皇已经跟他的官僚机构、下属脱离太远了。封闭到除了周围的不到 10 个人，没有其他人知道他真实的想法和状态，甚至他的死活都已经没人知道。他管理国家的这个状态本身已经有了很大的问题。特别是在这么一个高度中央集权、法制非常严明、刑罚非常残酷的国家，这么重的权集中在一个人手里，更是很严重的问题。

2. 多接触几个下属，降低风险

初，始皇尊宠蒙氏，信任之。蒙恬任外将，蒙毅常居中参谋议，名为忠信，故虽诸将相莫敢与之争。赵高者，生而隐宫；始皇闻其强力，通于狱法，举以为中车府令，使教胡亥决狱；胡亥幸之。赵高有罪，始皇使蒙毅治之；毅当高法应死。始皇以高敏于事，赦之，复其官。赵高既雅得幸于胡亥，又怨蒙氏，乃说胡亥，请诈以始皇命诛扶苏而立胡亥为太子。胡亥然其计。

最初秦始皇非常尊重和信任蒙恬、蒙毅两兄弟。他让蒙恬带着30万人守边疆、抗匈奴，让蒙毅在朝廷内部出谋划策。文官武将都不敢跟蒙氏相争。

赵高一出生就去了势，始皇听说这个人很有能力、了解狱法，于是把赵高推举为中车府令，并且让他负责教小儿子胡亥怎么判断是非、怎么决狱。胡亥非常喜欢赵高。后来赵高犯了罪，秦始皇就让蒙毅去办这个案子。蒙毅认为，按照法律赵高应该被处死。但始皇觉得赵高是个人才，破例赦免了他，还让他官复其职。至此，赵高一直有胡亥的宠幸，又怨恨蒙氏，特别是蒙毅。

赵高想来想去，决定出一着险棋。赵高说服胡亥，把让扶苏来咸阳参加葬礼的信改成秦始皇下令杀扶苏，立胡亥为太子。胡亥决定铤而走险。

赵高曰："不与丞相谋，恐事不能成。"乃见丞相斯曰："上赐长子书及符玺，皆在胡亥所。定太子，在君侯与高之口耳。事将何如？"斯曰："安得亡国之言！此非人臣所当议也！"高曰："君侯材能、谋虑、功高、无怨、长子信之，此五者皆孰与蒙恬？"斯曰："不及也。"高曰："然则长子即位，必用蒙恬为丞相，君侯终不怀通侯之印归乡里明矣！胡亥慈仁笃厚，可以为嗣。愿君审计而定之！"

赵高说，这件事如果不跟丞相一起谋划，恐怕成不了。于是他去找李斯，说，定胡亥还是定扶苏，就在你和我这两张嘴，您觉得这事该怎么办？

李斯的第一反应是，你怎么能说这些亡国的话？这不是做臣子该说的。赵高一针见血地说，在扶苏眼里，你的才能、谋略、功劳、态度、信任度和蒙恬如何比？李斯说，我都比不上蒙恬。赵高接着说，那长子扶苏继位，一定用蒙恬作为丞相，您不可能得到很好的安排，至少跟现在没法比。胡亥年纪还小，仁慈笃厚，让他当太子，我俩，特别是您的日子会好过得多。

丞相斯以为然，乃相与谋，诈为受始皇诏，立胡亥为太子；更为书赐扶苏，数以不能辟地立功，士卒多耗，数上书，直言诽谤，日夜怨望不得罢归为太子；将军恬不矫正，知其谋；皆赐死，以兵属裨将王离。

李斯对私利的欲望战胜了三观，于是他和赵高阴谋策划，号称始皇有诏书，立胡亥为太子，又赐书给扶苏，说，你不能开疆拓土、立功，士卒消耗太大，你还数次上书埋怨不能回咸阳做太子，而在你身旁的将军蒙恬却不能矫正你，知道你的阴谋而不禀报，赐你们俩都去死，把三十万大军交给王离。

3. 扶苏之死：好人未必是好 CEO

扶苏发书，泣，入内舍，欲自杀。蒙恬曰："陛下居外，未立太子；使臣将三十万众守边，公子为监，此天下重任也。今一使者来，即自杀，安知其非诈！复请而后死，未暮也。"使者数趣之。扶苏谓蒙恬曰："父赐子死，尚安复请！"即自杀。蒙恬不肯死，使者以属吏，系诸阳周；更置李斯舍人为护军，还报。胡亥已闻扶苏死，即欲释蒙恬。会蒙毅为始皇出祷山川，还至。赵高言于胡亥曰："先帝欲举贤立太子久矣，而毅谏以为不可；不若诛之！"乃系诸代。

扶苏打开诏书一看就哭了，转身回内舍就想自杀。蒙恬说，陛下一直在外出游，没立太子。让我带三十万士兵守边防，让您监督，这是关乎天下的重任。现在一个使者带了封信来，您就自杀，我们怎么知道这不是假的？我们至少再问一遍，再死也不晚。

赵高派来的使者催了好几次，扶苏跟蒙恬说，父亲让孩子死，我怎么能再去问对不对？然后扶苏就自杀了。蒙恬不肯死，使者把他抓了起来，关在阳周。

扶苏这种举动，一方面说明秦朝的法律制度真的很严谨，大家都清楚该干什么，哪怕是让你去死，你也会问都不问，转头就去死。另一方面，性格决定命运。扶苏手握重兵，作为长子，接到一纸文书就去自杀，是个好孩子，但这样的好孩子不是一个好CEO、好领袖。

同样是为自己考虑，胡亥被赵高游说之后，就敢篡改圣旨当太子。李斯在赵高的劝说下，选择同谋去做策划，去做放不到台面上的事。但是扶苏在蒙恬的劝说下，还是做不到。所以，人和人是不一样的。我也想请大家注意，影响历史进程的一方面是制度，另一方面是制度下的人。

李斯的人回来汇报，胡亥知道扶苏已死，就想把蒙恬放了。这时，蒙毅替秦始皇四处拜山川已经回来了。狠人得天下，赵高没有放松，他跟胡亥说，你父亲想立你做太子已经很久了，但是蒙毅一直劝其不要这么做，现在不如直接把蒙毅杀掉。胡亥就把蒙氏兄弟拘了起来。

遂从井陉抵九原。会暑，辒车臭，乃诏从官令车载一石鲍鱼以乱之。从直道至咸阳，发丧。太子胡亥袭位。

从井陉到九原，装着秦始皇尸体的车队继续往咸阳开，天热了尸体难免会发臭。所以，当时他们就想了一个办法，弄了一车鲍鱼来掩人耳目。到了咸阳才发丧，太子胡亥顺利继位。

4. 霸道总裁更应该做好继任者计划

秦始皇之死对现代管理体系，有哪些教训和启示？

第一，公司的股东最重要的一件事，就是做好继任者计划。

如果 CEO 出现问题，比如诚信、健康、信誉等，哪怕是小概率事件，但是万一出现，造成的影响也会非常大。所以，要提前仔细研究，做好部署。

手握重权，就像手持利器。如果你是现在董事会的一员，你是霸道总裁，就一定要制订好继任计划。看戏不如听戏乐，上台要做下台想，你要想到自己可能出于某种原因不得不退下去，所以给你的继任者、给身边人做好安排，选定谁接你的班，甚至给他安排好能辅助的人。

第二，哪怕你很强，也要检点自己。不要乱吃药，不要乱玩耍，彻查心脑血管，吃饭、喝水就能为你的一切活动提供足够的能量和营养支撑。不要涉险，如果你把事业放在自己和其他一切之上，请不要做一些莫名其妙的、风险很大的玩耍。彻查自己的心血管系统，防范脑梗、心梗。

第三，多接触几个下属，降低风险。如果你的下属有能力，又重私利，那他们想出一个个人利益最大化的方案不是件难事。即使你立下继承者计划，你也不能保证它被顺利执行。

从扶苏、蒙氏兄弟的角度看，一朝天子一朝臣，如果你在一个机构曾经被重用，但是现在"一把手"换了，你不是继任者，请你马上考虑离开。与其被继任者为难，不如先放自己一条生路。在现代商业社会，如果你处于这样的位置，那么你可选择的地方、城市、机构还挺多，你更需要克服的是自己的懒惰和贪婪。

二世继位：
管理不能追求绝对的高效

二世胡亥的所作所为，是肆无忌惮地把国力消耗在奢靡享乐上，用严酷到极致的法令消耗人心，所以秦朝并没有像始皇所期望的那样实现长治久安。

从现代管理的角度看，一个上任不久的领导应该做什么和不该做什么？

1. 身居高位，切忌把私欲放在第一

春，二世东行郡县，李斯从；到碣石，并海，南至会稽；而尽刻始皇所立刻石，旁著大臣从者名，以章先帝成功盛德而还。

胡亥登基之后，第一件事就是像秦始皇一样到处玩耍，在始皇刻字的石头上也刻上自己的名字，来彰显先帝的功德。

不久之后，发生了一段有意思但又非常残酷的对话。

夏，四月，二世至咸阳，谓赵高曰："夫人生居世间也，譬犹骋六骥过决隙也。吾既已临天下矣，欲悉耳目之所好，穷心志之所乐，以终吾年寿，可乎？"

农历四月，秦二世胡亥到了咸阳。他跟赵高说，人生在世如白驹过隙。我已经君临天下，我想随心所欲，做尽能让我快乐的事。你觉得怎么样？

胡亥说出了很多人的愿望，但智慧不多，因为他还不理解：一、为所欲为，你是皇帝也不行；二、为所欲为，也不能产生持久的快乐。

高曰："此贤主之所能行而昏乱主之所禁也。虽然，有所未可，臣请言之：夫沙丘之谋，诸公子及大臣皆疑焉；而诸公子尽帝兄，大臣又先帝之所置也。今陛下初立，此其属意怏怏皆不服，恐为变；臣战战栗栗，唯恐不终，陛下安得为此乐乎！"

赵高的回答很有技巧，体现了一个佞臣的素质。每一个大公司都有这种佞臣，如果遇上，要提高警惕。

他先表示同意，说您说得对，这是了不起的皇帝才做得到的，昏君往往望而却步。即使这样，现在时机尚未成熟。原因如下：沙丘谋划之后，其他皇子和大臣心里都还存疑。诸公子都是您的兄弟，大臣又都是先帝定的，您刚刚登基，这些人本来就不服气，我非常担心他们会谋反。我心里忐忑不安，一直害怕咱们走不长久，您怎么能现在就为所欲为呢？

二世曰："为之奈何？"赵高曰："陛下严法而刻刑，令有罪者相坐，诛灭大臣及宗室；然后收举遗民，贫者富之，贱者贵之。尽除先帝之故臣，更置陛下之所亲信者，此则阴德归陛下，害除而奸谋塞，群臣莫不被润泽，蒙厚德，陛下则高枕肆志宠乐矣。计莫出于此！"二世然之。乃更为法律，务益刻深，大臣、诸公子有罪，辄下高鞠治之。于是公子十二人僇死咸阳市，十公主矺死于杜，财物入于县官，相连逮者不可胜数。

二世一听有道理，说那怎么办呢？赵高给出了一条实用但非常歹毒的建议：把法令变得更严，让有罪者连坐，这样就能把过去的大臣以及皇亲国戚都杀掉，消除那些还有资格、有能力对您构成威胁的人。然后把他们的钱分给一些穷人，把他们的位置腾给相对贫贱的人。

这样一举两得，既除尽了威胁，又让原来贫贱的人对您感恩戴德，成为您的亲信，之后您就可以高枕无忧、为所欲为了。

秦二世听从了建议，在更严酷的法律下，很多大臣、皇子一旦被抓到，就被往死里整。最后，十二位皇子被杀死在咸阳市，十位公主被车裂在杜陵，随从们也被牵连处理，钱、房全部收归官有。

2. 管理者贪图享乐，将自取灭亡

这样的连坐酷刑之下，有一个个例。

公子将闾昆弟三人囚于内宫，议其罪独后。二世使使令将闾曰："公子不臣，罪当死！吏治法焉。"将闾曰："阙廷之礼，吾未尝敢不从宾赞也；廊庙之位，吾未尝敢失节也；受命应对，吾未尝敢失辞也；何谓不臣？愿闻罪而死！"使者曰："臣不得与谋，奉书从事！"将闾乃仰天大呼"天"者三，曰："吾无罪！"昆弟三人皆流涕，拔剑自杀。宗室振恐。

在对公子将闾兄弟仨最后论罪时，二世派去的使者说，你做臣子无道，罪当死。

公子将闾说，朝廷之上、庙堂之上、应对之上，我从未说错过话，做错过事，违反过礼数。请你告诉我，我到底罪在何处？

使者说，您别为难我了，这件事不是我能参与的，我就是奉命来杀您的。将闾仰天大呼三声"天"，说"吾无罪"，兄弟三人都哭了，随后拔剑自杀。皇亲国戚听说以后，都害怕得要死。

在历史上，很多时候你可以谈生死、谈成败，但是不要谈对错。在一个人定法的环境和制度里，法只是一个随意定罪的工具。

公子高欲奔，恐收族，乃上书曰："先帝无恙时，臣入门赐食，出则乘舆，御府之衣，臣得赐之，中厩之宝马，臣得赐之。臣当从死而不能，为人子不孝，为人臣不忠。不孝不忠者，无名以立于世，臣请从死，愿葬骊山之足，唯上幸哀怜之！"

公子高想跑，但他更怕族人被杀。他想来想去决定求个好死。他上书说，先帝对我有恩，给我吃的，出行给我车坐，给我衣服穿，给我宝马骑，我很想陪先帝一块死。否则的话，我为人子是不孝，为人臣是不忠。不孝不忠，我没法活在世上，请赐我一死，让我跟先帝一起葬在骊山脚下。

书上，二世大说，召赵高而示之，曰："此可谓急乎？"赵高曰："人臣当忧死不暇，何变之得谋！"二世可其书，赐钱十万以葬。

胡亥看到这封信非常开心，跟赵高显摆说：你看，这是把他逼急了吧？赵高回答说：这些人被逼到这个份上，担心死都来不及，怎么可能有时间再去谋反？就这样，胡亥同意了公子高的请求，给了他十万钱，并让他葬在了骊山脚下。

复作阿房宫。尽征材士五万人为屯卫咸阳，令教射。狗马禽兽当食者多，度不足，下调郡县，转输菽粟、刍稿，皆令自赍粮食；咸阳三百里内不得食其谷。

胡亥把人杀得差不多了，之后就开始再建阿房宫，并征人来保卫咸阳的安全。人来得多了，养的狗、马、禽兽也多了，用度就不足，于是开始让各地往咸阳运吃的和各种草料，并且让运送的人自己带粮食。在咸阳三百里内，他们不能吃当地的东西。

这种好日子，能过得久吗？

3. 管理不能追求绝对高效

秦朝二世而亡，作为继任者的胡亥给后人留下了哪些教训？

第一，"做人留一线，日后好相见。""一朝天子一朝臣"，继任者重立制度、调整班子、建立自己的管理基础是对的。但是不能杀得一个人不剩，不能夺得一分钱不留。哪怕你手上有特别能干的人可用，你也要留下一些老人，也要让愿意跟你走的老人发挥能力和潜力。

第二，制度有惯性，要及时矫正。秦朝立法严酷、有法必依、有罪必抓的法治文化从几代秦王到了秦始皇，再到秦二世，已经达到极致。这时候就会给心怀叵测、性格极端的人有可乘之机。这些人为了能在短期内实现个人私欲，就会把制度往坏的方向去引，老百姓、普通官吏不得不继续受苦。

第三,"二人同心,其利断金"的反面就是,两个偏激的、心理有障碍的佞人同心,可以坏出天际。

第四,一个利用人性恶的制度被执行了好多年,已经形成根深蒂固的文化,对于使用这个制度的人来说,有致命的诱惑力。

秦朝这种法治文化对外敌有效,对内斗更加有效。当他们已经没有明显的外敌,这个制度只能用于内斗的时候,一个被推向极端、高压的坏制度,很有可能产生一批又一批的"恶龙",一个群体变坏很多时候比一个个体变坏更迅速。

如果你是继任者,要设计公司的管理制度,该怎么做?

第一,制度要有一定的弹性,要有纠错能力。管理制度不能追求效率的绝对最大化。其实,后期的王朝也看到了秦朝这种超稳态治理模式的问题,开始提供局部纠错能力。比如北宋早期,有一条不成文的原则就是不杀大臣。

第二,把个人放到第二位,不要贪图享乐。你是来做事的,你既然继承了这个位置,有了这么大的权,就把它用好。

得大权不容易,掌大权更难。不要吃喝嫖赌抽、坑蒙拐骗偷、为所欲为。为所欲为,就离死不远了。为所欲为,也不会得到内心真的安宁。切记!

陈胜起义：
最初的问题往往来自内部

一个公司、一个组织强盛之时，怎么打都会赢，遇水搭桥，逢山开道。那么，最大的隐患可能来自哪里？简单地说，来自内部。外部只是等待内部出现破绽，然后打进去而已。

千里之堤，溃于蚁穴。陈胜、吴广起义的案例，对现代管理防范"蚁穴"有哪些启示？

1. 一场大雨引发的起义

秋，七月，阳城人陈胜、阳夏人吴广起兵于蕲。是时，发闾左戍渔阳，九百人屯大泽乡，陈胜、吴广皆为屯长。会天大雨，道不通，度已失期；失期，法皆斩。

公元前 209 年的秋天，阳城人陈胜、阳夏人吴广揭竿而起。陈胜、吴广作为屯长，原本要带着乡里九百人去戍边，中途在大泽乡驻扎，但是忽然遇上大雨，路不通了。按当时的律法，如果他们不能按规定的时间到达，就算失期，都要被杀头。

陈胜、吴广因天下之愁怨，乃杀将尉，召令徒属曰："公等皆失期当斩；假令毋斩，而戍死者固什六七。且壮士不死则已，死则举大名耳！王、侯、将、相宁有种乎！"众皆从之。

陈胜、吴广商量了一下，觉得天下人都恨秦朝的暴政，反正是个死，不如造反吧。于是他们杀掉了跟随的将尉，跟这九百人说了当下的情况。

他们说得非常有技巧，可以简单分为两段。第一段是说给大众听的：我们不能在规定时间到达，最终都会被砍头；退一步，就算不杀我们，派我们接着去戍边，十有六七我们也会死在边疆。

第二段是跟所谓的精英说的：壮士不死也就罢了，死就要扬名立万。陈胜喊出了中国历史上的最强音——"王、侯、将、相宁有种乎！"那些王、侯、将、相，难道跟我们不是一样的人吗？难道他们的祖宗在几百年前也是王、侯、将、相吗？

一共不到四十个字，陈胜、吴广说得非常有蛊惑性，所以大家都愿意听从他们。

乃诈称公子扶苏、项燕，为坛而盟，称大楚；陈胜自立为将军，吴广为都尉。攻大泽乡，拔之；收而攻蕲，蕲下。乃令符离人葛婴将兵徇蕲以东；攻铚、酂、苦、柘、谯，皆下之。行收兵；比至陈，车六七百乘，骑千馀，卒数万人。攻陈，陈守、尉皆不在，独守丞与战谯门中，不胜；守丞死，陈胜乃入据陈。

他们号称自己就是公子扶苏和项燕的部队，设了个祭坛，大家在祭坛前结盟，号称"大楚"。陈胜自立为大将军，吴广为副将，带着大家攻打大泽乡，很快就攻下了。接着去攻蕲县，也很顺利。接着他们又让符离人葛婴带兵往东边打，打下了好几个城市。

队伍一边打，一边壮大，打到陈县时，已经有六七百辆车、千余匹马、数万士兵。陈县的守、尉都不在了，只有守丞在。守丞很快战死了，陈胜就占领了那里，陈县也就成为他们的根据地。

2. 以德服众要有耐心

初，大梁人张耳、陈馀相与为刎颈交。秦灭魏，闻二人魏之名士，重赏购求之。张耳、陈馀乃变名姓，俱之陈，为里监门以自食。里吏尝以过笞陈馀，陈馀欲起，张耳蹑之，使受笞。吏去，张耳乃引陈馀之桑下，数之曰："始吾与公言何如？今见小辱而欲死一吏乎！"陈馀谢之。

最初，大梁人张耳、陈馀结为莫逆之交，关系非常好。当初秦国灭掉魏国的时候，听说张耳、陈馀是魏国两个特别能干的人，就重金求这两人，担心他们的智慧会构成未来的麻烦。张耳、陈馀隐姓埋名，到陈县当了小官，只求衣食足就好。

有一次，上司认为陈馀犯了错，要对他施鞭刑，陈馀想拍案而起。这时，张耳摁住了他，让他老老实实接受残酷的鞭刑。结束之后，张耳把陈馀叫到了一棵桑树下，数落他说，最开始咱们说要隐姓埋名在这里等待机会，现在你被一个小人侮辱，就想以命搏之吗？陈馀知道自己错了，拜谢张耳。

陈胜既入陈，张耳、陈馀诣门上谒。陈胜素闻其贤，大喜。陈中豪桀父老请立涉为楚王，涉以问张耳、陈馀，耳、馀对曰："秦为无道，灭人社稷，暴虐百姓；将军出万死之计，为天下除残也。今始至陈而王之，示天下私。愿将军毋王，急引兵而西；遣人立六国后，自为树党，为秦益敌；敌多则力分，与众则兵强。"

陈胜带着这几万人、几百辆车、一千匹马到了陈县，张耳、陈馀知道了这件事，就登门求见。陈胜之前听过张耳、陈馀的贤名，非常开心。

陈县有些地痞恶霸、父老乡亲、有名望的人，都劝说陈胜自立为楚王。陈胜问张耳、陈馀的建议。

陈馀、张耳先说大势，秦荒淫无道，灭了六国，暴虐百姓，将军您不辞万死，揭竿而起，为天下斩除这个暴政。您现在刚到陈县就称王的话，会让天下人觉得您是个自私的人。我们建议您，不要先称王称霸，赶快带兵向西继续打。同时派人立六国的后代作为六国君主，让他们把自己国家的残余力量组织起来，他们都是秦朝的敌人。秦朝的敌人一多，它的力量就会被分散。加入您队伍的人越多，您的兵力就越强。

"如此，则野无交兵，县无守城，诛暴秦，据咸阳，以令诸侯；诸侯亡而得立，以德服之，则帝业成矣！今独王陈，恐天下懈也。"

张耳、陈馀接着说，如果这么做，在荒野没有兵跟您打仗，县城也没有人守，这样您很快可以灭掉暴秦，占据咸阳，号令诸侯。诸侯的亡国得以复立，您用德去让他们心服，您的帝业就成了。现在只占据了陈县这个小地方，我们害怕天下还会松懈，早晚被秦朝灭掉。

挺好的建议，至少在那个阶段是好的建议——多给秦朝树敌，自己先率兵往咸阳去打，打下咸阳，号令诸侯。但是陈胜没听，"遂自立为王，号'张楚'"，立起了楚国的旗号。

当是时，诸郡县苦秦法，争杀长吏以应涉。谒者从东方来，以反者闻。二世怒，下之吏。后使者至，上问之，对曰："群盗鼠窃狗偷，郡守、尉方逐捕，今尽得，不足忧也。"上悦。

这个时候，各地郡县都为秦朝的司法制度所苦，忽然发现有人揭竿而起，于是都开始杀郡县的头儿，来响应陈胜的造反。

有使官从东方过来，跟秦二世胡亥说，东方有人造反啦！胡亥非常生气，心里想，好烦人啊！你要不说，这件事不就没有吗？然后，他就把汇报东方有反贼的这个人下了监狱。

之后再有使者到，胡亥又问起东方怎么样了，使者就说，无非是一些鸡鸣狗盗之徒，当地的官吏把他们搜捕了，没有什么值得担心的。秦二世听到就很开心。

一个超级高效的系统走到极端，先是失去纠错能力，再是失去真实的信息渠道，大家只报喜不报忧的时候，你就要小心了。如果你是继任者，你更要小心了，但胡亥就是胡亥，胡亥从来不小心。

3. 如何判断自己是哪种创业者

如何意识到"蚁穴"就在眼前？

第一，一个了不起的公司，如何防范陈胜、吴广这种"蚁穴"？关键点就是，不要把内部的力量和外部的力量逼上绝路，"做人留一线，日后好相见"。哪怕你再强大，哪怕他们再小，同样是死，他们不如揭竿而起去干你。当然，他干死你的概率非常小，但是就怕这个"蚁穴"

带动了其他的"蚁穴"。

一个了不起的公司，把各种管理手段用到极致，就会逐渐失去纠错机制。即使没有纠错机制，也至少要保证真实的信息能反馈出来。如果你每天醒来看到的绝大多数信息都是好消息——那不好意思，这是一个坏消息。

第二，从个人角度，怎么判断自己是否适合创业，以及用什么样的"姿势"去创业？

第一种是shaper——塑造者、开拓者。如果你被逼无奈，不做就是死，那就做一个shaper。创出一个新赛道、新的生意模式、新产品，或者创出一种新服务。

shaper有可能是逼到绝境的你，也可能是在这个行业里市场地位第一的"玩家"。绝对的新潮流就在眼前，不进入shaper的角色，就很有可能被干掉。

第二种是follower——跟随者。你没勇气去做打响第一枪的人，但是你觉得千里之堤差不多快完蛋了，那就跟着走。这样做失败的风险小一点，虽然回报也相应低一点，但也是一种可以考虑的战略姿态，比如张耳、陈馀就是此类人。

第三种是option taker——拥有期权者。你有可能不会去创业，但是你会参与其中，比如劝陈胜自立为楚王的那些人，一旦这事真成了，你至少可以分一杯羹。

这三种创业者的姿态，是会因时而变的。当你看到大势已定，你或许就从一个期权参与人变成了一个跟随者，甚至你会从一个跟随者变成一个塑造者。

你是创业者吗？你要用什么"姿势"去创业？你要做一个塑造者、跟随者，还是期权参与人？这都是在现代管理里值得深思的问题。

秦纪三

公元前 208 年

公元前 207 年

后起之秀：
顺着人性才能不战而胜

创业者是绝对的少数派动物，是孤勇者，是个例。他们往往有非常独特的性格，甚至性格上是有缺陷的，能力上是有严重不足的，早期创业者尤甚。所以，打响第一枪的人，往往不是走到最后的人。

1. 过于轻敌是创业路上的致命弱点

张耳劝说陈胜缓称王、急向西、急攻秦、立六国的后裔，并没有被采纳。但他没有轻易放弃，这就是好的战略专家的素养。

张耳、陈馀复说陈王。请奇兵北略赵地。于是陈王以故所善陈人武臣为将军，邵骚为护军，以张耳、陈馀为左、右校尉，予卒三千人，徇赵。

有好的战略思维的将军，不会轻易放弃。张耳、陈馀依旧坚持跟陈胜说："我们还是想请您给我们一支奇兵，让我们去赵国开拓疆土。"

陈胜同意了，但没让张耳、陈馀做"一把手"甚至二把手，而是找了一个自己过去的熟人——武臣为将军，邵骚作为护军，只把张耳、陈馀作为左、右校尉。让他们带着三千人去攻打赵国。

陈王又令汝阴人邓宗徇九江郡。当此时，楚兵数千人为聚者不可胜数。葛婴至东城，立襄彊为楚王。闻陈王已立，因杀襄彊还报。陈王诛杀葛婴。陈王令周市北徇魏地。以上蔡人房君蔡赐为上柱国。陈王闻周文，陈之贤人也，习兵，乃与之将军印，使西击秦。

陈胜、吴广打响第一枪，找到一个根据地待了下来。之后又散出两三支兵马去各地开发新的力量，占据新的地盘。此时，天下其实已经乱了，常常有几千楚兵聚在一起，各立山头的不可胜数。葛婴到了东城，立襄彊为楚王。后来他知道陈王已立，就杀了襄彊。但是陈王还是杀了葛婴，又派出一个叫周市的人，去看有没有机会占据魏国。

当然，陈胜也没有忘记还有一个巨大的秦朝，陈胜听说周文是陈地的贤人，知道怎么用兵打仗，就给他将军印，让他向西打秦朝。

陈王既遣周章，以秦政之乱，有轻秦之意，不复设备。

陈胜派遣周章向西去打秦朝了，但陈胜觉得秦朝的政治已经很乱，大势已去，所以开始掉以轻心。《资治通鉴》第一次指出陈胜的弱点是过于着急称王，第二次指出陈胜的弱点是——轻敌、大意。

秦朝此时真的不堪一击吗？错。这时候，孔子第八世孙子孔鲋来了。

博士孔鲋谏曰:"臣闻兵法:'不恃敌之不我攻,恃吾不可攻。'今王恃敌而不自恃,若跌而不振,悔之无及也。"陈王曰:"寡人之军,先生无累焉。"

孔鲋说,我听兵法是这么讲的,打仗不要倚仗敌人可能不打我,而要倚仗自己强大到敌人打不赢我。

陈胜作为一个打响第一枪的创业者,本来有挺好的局面,但他最大的错,是错在不自强还轻敌。孔鲋的意思是,您现在不期待自己强大,而期待敌人自我瓦解,一旦您期待的东西不存在,到时候您后悔都来不及,靠别人总不靠谱。鸟之所以敢自由自在地、大大方方地站在枝头,它并不是笃信树枝不会断,而是笃信自己有翅膀。树枝断了,它也能飞起来。

但陈胜并没有听进去,说,这是我的军队,您就别费心了。

"百足之虫,虽死不僵",秦朝有天下曾经最能打的一组人,这个底子也不能低估。

周文行收兵至关,车千乘,卒数十万,至戏,军焉。二世乃大惊,与群臣谋曰:"奈何?"少府章邯曰:"盗已至,众强,今发近县,不及矣。骊山徒多,请赦之,授兵以击之。"二世乃大赦天下,使章邯免骊山徒、人奴产子,悉发以击楚军,大败之。

周文大军快到咸阳了,秦二世胡亥这才大惊失色地问该怎么办?这时候少府章邯跳出来说,叛军已至,人多力强,现在从附近的郡县调人已经来不及了。您之前安排了很多劳力在骊山干活,不如放了他们,给他们兵器让他们去应敌。

于是秦二世大赦天下,让章邯免去骊山这些苦力的苦役,把他们编制成军队去打楚军,结果竟然大败楚军,周文也逃走了。

我想说的是，章邯带领的是一支由农民工仓促组织起来的队伍，却仍能大败楚军，足以窥见秦朝的底子有多强。好的战略专家听到此就应该知道，秦朝的实力仍然不可小觑。

在秦朝末年，破坏秦始皇创立的超稳态治理结构，很像现在的商业社会。似乎某种技术、某种商业模式已经一统天下，但忽然间就会分崩离析。

比如，胶片相机曾经一统摄影世界，最开始的数码相机非常小儿科、笨拙，甚至被讥讽为庸俗，跟胶片相机完全不能比。但是忽然一切都变了，数码相机的趋势不可阻挡。现在再用胶片相机，已经是一件很小众的事情了。

又如，在智能手机领域，诺基亚曾经一骑绝尘，后边跟着爱立信、索尼、摩托罗拉几家公司。似乎诺基亚已经强大到不可战胜，虽然大家也抱怨诺基亚手机不好用，但是没有人去打响那第一枪。直到2007年，乔布斯做出了第一款苹果手机，世界忽然不一样了，乔布斯不是第一个做智能手机的人，但他是推翻旧有秩序、创造新秩序的那个人。

2. 顺着人性做谋略，才能不战而胜

在攻打赵国的历史节点上，陈胜、吴广打响了第一枪，之后又发生了什么？我们看这些秦朝末年的故事，要多想想现在创业环境中不同行业里，那些先后进入的创业者，他们各自成败的缘由何在？

陈胜让老朋友武臣当主将，张耳只能当副手，而且只给了他们三千人马，摆明了是不信任张耳，甚至有让他们去送死的嫌疑。

> 武臣等从白马渡河，至诸县，说其豪桀，豪桀皆应之；乃行收兵，

得数万人；号武臣为武信君。下赵十馀城，馀皆城守；乃引兵东北击范阳。

武臣带着张耳、陈馀从白马渡黄河，到了赵地，开始在当地号召、笼络一些游侠、地痞、流氓——所谓的豪杰。豪杰都响应他，他就这样得到了残余势力数万人，他们称呼武臣为武信君。之后，他们打下了赵地十余城，其他的城池都有守城，不好打。再之后，他们就引兵向东北，去攻打范阳了。

范阳蒯彻说武信君曰："足下必将战胜而后略地，攻得然后下城，臣窃以为过矣。诚听臣之计，可不攻而降城，不战而略地，传檄而千里定；可乎？"

范阳有个人叫蒯彻，他跟武信君说，像您这样打赢了才可以占地，攻下了才能占城，我觉得这样的招数有点老。如果您听我的计策，不打就能把城降下来，不战就能把地占到，您让使者带着您的令跑一千里，这千里之内就是您的。您觉得如何？

武信君曰："何谓也？"彻曰："范阳令徐公，畏死而贪，欲先天下降。君若以为秦所置吏，诛杀如前十城，则边地之城皆为金城、汤池，不可攻也。君若赍臣侯印以授范阳令，使乘朱轮华毂，驱驰燕、赵之郊，即燕、赵城可无战而降矣。"

武信君说，什么意思？蒯彻说，范阳现在主事的人是徐公，他怕死又贪财，比其他人更早地想投降。如果您因为他是秦朝的官吏就杀掉他，那之后其他的城池就会像金汤一样很难打。放徐公一马，很可能会起到意想不到的效果。您把侯印让我带去交给徐公，然后让他驾着好车去燕、赵之地。这样,那些燕、赵城池的守将,不战就会投降。

武信君曰:"善!"以车百乘、骑二百、侯印迎徐公。燕、赵闻之,不战以城下者三十馀城。

武信君说,好!这计策好,不打,能达成同样的目的,最好。于是,他给了徐公一百辆车,二百个骑兵,让蒯彻带着侯印来迎徐公。燕、赵各地的人听到了,不战而降的有三十余城。

3. 听劝也是一种本事

张耳、陈馀至邯郸,闻周章却,又闻诸将为陈王徇地还者多以谗毁得罪诛,乃说武信君令自王。八月,武信君自立为赵王,以陈馀为大将军,张耳为右丞相,邵骚为左丞相;使人报陈王。

张耳、陈馀看到周章被秦朝临时拼凑的军队打得稀巴烂,说明秦朝不好打。又看到替陈王去各处攻城略地的那些人,回到陈王身边,却经常因为小人进谗言而被杀,说明傍身陈王可能性命难保——那不如咱自己当王吧!

武信君就这么自立为赵王了,把陈馀、张耳、邵骚当成自己的重臣,并让人把这件事告诉了陈王。

陈胜心中大怒,准备把他们都杀掉,并发兵攻打赵地。但在周围人的游说下,陈胜改变了主意,他转而向武臣祝贺,并催促他发兵西进去打秦国。

陈胜料到武臣称王是张耳的主意,于是封张耳之子张敖为成都君,张敖去成都,就必然经过关中。陈胜希望以此为诱饵,赵国君臣能合力攻秦。但张耳识破了陈胜的意图，对武臣说，陈胜不是真心祝贺您当赵王，这只不过是权宜之计，我们不能帮着陈胜向西攻秦，而要向南、向北用兵，扩大我们的地盘。

听劝也是一种本事，武臣同意了他的建议，拒绝向西攻秦，而派韩广、李良、张黡三将分头向北用兵，走上了独立发展的道路。

如果陈胜、吴广在大泽乡起义是反秦的第一枪，那武臣自立为王，就是反秦阵营开始分裂的标志。不久以后，武臣派出的韩广一路向北征战，并且打出了一些名堂，自立为燕王。在这之后，各地的起义军首领也纷纷自立为王，引出另外一拨后起之秀——刘邦和项羽。这个故事本身没有太多的跌宕起伏，但它为之后的楚汉相争、刘邦夺得天下等波澜壮阔的故事都埋下了伏笔。

刘邦起兵：
领袖魅力是创业者的必备素养

陈胜、吴广揭竿而起，自立为王之后，各地起义军纷纷称王。秦二世指责李斯身居高位，却还让盗贼这么猖獗。李斯感到很害怕，又贪恋权势，他选择了迎合秦二世。于是，秦二世更加严格地考察官吏，让秦朝已经很苛责的法律变得更加严苛。秦朝的百姓因此更加恐惧，天下更加动乱。

在这之后，就引出了在中国历史上产生了重大影响的人物——刘邦。

刘邦是汉朝的创立者，也是最成功的创业者之一。他创建的汉朝直接影响了整个汉族、汉文化的形成，他直接指导了中国"成事人"在两千年之后做事、成事的基本套路。

很多人对他有误解，认为他是一个道德水平低下的人。但是如果你考虑到当时他身处的历史环境，比较过当时他和周围人的行径，再细看他的进退取舍，我甚至可以说他是"冯唐成事学"推崇的道德楷模。

他明白成事之道，也有成事人应该有的品德。从"成事学"的角度看，秦朝末年的刘邦、清晚期的曾国藩在我心目中都是"成事人"的典范。刘邦最后做了皇帝，而且还是一个评分很高的皇帝，曾国藩最后没有做皇帝，但位极人臣。曾国藩留下了很多言论，刘邦留下了很多事迹。曾国藩爱看书，刘邦不爱看书。他们身上具备"成事人"应该有的品德，他们从里到外散发着自己对成事之道的理解，所以他们两人的"成事学"分数值，如果我有权打满分的话，那他们就是满分。

刘邦的创业成功，得益于他的领袖魅力，更得益于他对核心团队的建设。借着这个案例，我想讲讲刘邦究竟有哪些过人之处？以及什么样的人适合创业？创业成功需要具备哪些条件？该如何组建一支能打的团队？

1. 创业者必备的基本素质和条件

九月，沛人刘邦起兵于沛，下相人项梁起兵于吴，狄人田儋起兵于齐。

秦朝末年，刘邦、项梁、田儋这三个主角开始走上历史舞台。特别是起兵于苏北的刘邦，走上了政治舞台，走上了一条从无名到得天下的道路。

刘邦，字季，为人隆准、龙颜，左股有七十二黑子。爱人喜施，意豁如也；常有大度，不事家人生产作业。初为泗上亭长，单父人吕公，好相人，见季状貌，奇之，以女妻之。

刘邦，字季，小名刘三，长相有点奇怪——颧骨特别高，长得和龙一样。另外，司马光在《资治通鉴》里还提示了刘邦的隐私——左大腿上有七十二颗黑痣。他喜欢跟人打交道，喜欢把东西分享给别人。"爱人喜施"看上去轻描淡写，但多数人做不到。少数能做到的人，也并非都是发自真心。因此，能做到这点很不容易。

刘邦很敞亮、很大度，豁得出去，心里不挂那么多事。人心上的一些小疙瘩，如果你处理得好，给它一点时间，用理性多劝劝自己，其实是能过去的。刘邦还很愿意干一些平常的小事。最初他还在当地做亭长，不是什么大官。在一个小地方，没什么钱，有钱就散出去，心胸非常大，估计吃喝嫖赌抽，坑蒙拐骗偷，多多少少也是做过的。但是他心大，稍稍干点坏事，一点儿不会内疚，后来发生的很多事也证明了这一点。

即使这样，还是有人看得上他。有一个很会相面的老人吕公——就是吕后她爸，觉得这个人的气质非常不一般。吕公看到了刘邦的领袖魅力，这种与生俱来、随着岁月流逝变得越来越迷人的领袖气质。吕公立刻做出了他这一辈子最正确的决定，就是把闺女嫁给了刘邦。

所以，我们看创业者能否成功，不是看他的毛病，也不是看他的道德品质——是不是不抽烟、不喝酒，不干坏事。而是看他的领袖魅力。你愿不愿意往这个人身边凑？你愿不愿意有事没事就跟他喝杯酒？你愿不愿意在看似毫无希望的时候还不离他而去，能跟他一直打到底？

继而季以亭长为县送徒骊山，徒多道亡。自度比至皆亡之，到丰西泽中亭，止饮，夜，乃解纵所送徒曰："公等皆去，吾亦从此逝矣！"徒中壮士愿从者十馀人。

刘邦以亭长的身份带着他县里要做苦力的人赶往骊山，很多人在路上就跑了，大家人心涣散，刘邦手上的人也不够维持秩序，他也不想拼命维持秩序，结果跑的人越来越多。

到了其中一个地方，他心中苦闷，估计自己的小命应该也不保了。晚上，他就跟大家说：散了吧。去了也是死，我们就各自逃命。但是，还是有十几个人愿意跟着他。

这一段说明几件事——

第一，刘邦并不是存心要揭竿而起的。他开始只是想过好日子。很多成功的创业者，在问起他们如何创业成功时，好多人也会说，这是偶然，自己开始只是想让交易更简单一点，把货快一点送到顾客手上等。

第二，刘邦很大度。我没有那么大理想，我也不难为各位，我跑了，各位也跑吧。

第三，即使他没有揭竿而起，没有那些大口号，没理想、没前途、没方向，还是有十几个人愿意跟着他，说明刘邦有领袖魅力。

> 刘季被酒，夜径泽中，有大蛇当径，季拔剑斩蛇。有老妪哭曰："吾子，白帝子也，化为蛇，当道；今赤帝子杀之！"因忽不见。刘季亡匿于芒、砀山泽之间，数有奇怪；沛中子弟闻之，多欲附者。

有一天，刘邦喝多了酒，晚上在沼泽地里走，有条大蛇挡路，刘邦拔剑斩蛇。听到有老太太哭着说："我的儿子是白帝的儿子，他化为蛇在路上走。今天却被赤帝的儿子，也就是刘邦给杀了。"说完，老太太就不见了。《资治通鉴》里记录了刘邦在山里落草为寇时，偶尔会出现的这类怪事。他老家沛县的很多人听说了这些事，就慢慢地都来投奔刘邦。

有领袖魅力的人在某种阶段会常有他的段子、言语、产品产生，这些不见得真的是他做的。但不管怎样，这个人有可能快红了。

及陈涉起，沛令欲以沛应之。掾、主吏萧何、曹参曰："君为秦吏，今欲背之，率沛子弟，恐不听。愿君召诸亡在外者，可得数百人，因劫众，众不敢不听。"乃令樊哙召刘季。刘季之众已数十百人矣。

陈胜揭竿而起，各地开始动乱。沛县的县令也想带着沛县去呼应——我也造反，咱们一块干。

这时候，萧何和曹参就劝沛县县令，您是秦朝的命官，您现在背叛秦朝，想带沛县的子弟去造反，大家有可能不听您的，您可以招一些在外落草为寇的人，有数百人之多，他们如果不听，你手上这些人还可以威胁他们，大家被裹挟之后就不敢不听您的。

于是，县令就让樊哙去招刘邦回来，那个时候刘邦身边已经有小几百人了。

沛令后悔，恐其有变，乃闭城城守，欲诛萧、曹。萧、曹恐，逾城保刘季。刘季乃书帛射城上，遗沛父老，为陈利害。父老乃率子弟共杀沛令，开门迎刘季，立以为沛公。萧、曹等为收沛子弟，得三千人，以应诸侯。

后来，沛县县令后悔了，担心刘邦回来后有可能发生内乱，自己小命会不保。于是，他就让人把城门关了，在城墙上守着，而且还想把萧何、曹参杀掉。萧何、曹参害怕了，偷偷翻墙跑出去找刘邦。刘邦把自己要干什么、想干什么、怎么干都简短地写在一片布上，用箭射到城里，让他自己的父老都知道。于是，沛县父老杀掉了县令，开了城门，迎接刘邦，把刘邦立为沛公。这时候，刘邦手下有三千人，这就是刘邦成就霸业的第一桶金。

2. 创业者该如何组建核心团队

刘邦团队的核心成员是萧何、曹参、樊哙，都是他的家乡人、发小。借鉴这个故事，我们可以想想究竟该如何组建核心团队？

第一，刘邦的核心团队，学问大不大、能力强不强不知道，但出发点就是他们之间有信任、有默契。在创业、管理过程中，这很重要。

第二，刘邦属于中年创业，他的核心团队跟他认识的时间很长，大家对彼此的路数、彼此的打法，甚至一个眼神意味着什么，都非常熟悉。这对创业的效率是非常好的保证。

第三，人是有巨大潜能的。刘邦、萧何、曹参和樊哙的水平都不高。如果没有秦朝末年的乱世，他们有可能就是当一辈子小官吏，但是有了机会，他们就能变成天空中最闪亮的星。不要小看自己的潜能，也不要小看周围人的潜能，不世出的英雄、天选之人很有可能就在你身边。

第四，除了核心管理团队之外，你还要有自己核心的队伍。三千沛县子弟就是刘邦成就霸业的根本，是他未来团队最重要的基石。所以，在现代管理里要有核心的业务以及核心的地域，对于刘邦来说就是沛县、是苏北，对于你来说有可能就是北上广了。

3. 什么样的人能创业成功

创业非常难，我认为绝大多数人不适合创业。什么人适合创业？"一把手"该如何组建一个创业团队？从刘邦的案例中，我总结了以下几点。

第一，好的创业者不是通常意义上的好人。他们性格过分强，毛病众多，脾气特别大，早上起不来，晚上不睡，坐不住等，非常让人难以忍受。他们甚至不是常规意义上有道德的人，但是这些人有能够成事的道，有成事人应该有的德行。

那到底什么是成事之德？刘邦是其中一个特别好的代表，另外一个就是曾国藩。他们虽然不见得"仁义智勇"，但是他们心胸很大，能够用人不疑，不善变，愿意跟别人分享钱财、物质甚至权力。

第二，好的创业者和创业团队是英雄不问出处的。不见得上过那些好学校，甚至智商、情商都不高，没有干过什么辉煌的工作，来自很小的地方，看似普通的人，他们身上可能有巨大的能量。与之相对，很多看上去很光鲜的人，实际上是个草包。

第三，最可能创业成功的人身上一定有领袖魅力。就是你打也不走，骂也不走，你愿意跟着他，无论阴晴圆缺，无论风风雨雨，你都愿意跟着他走，这就是有领袖魅力的人。

第四，创业还需要有一个好的团队。好的创业团队最好是跟他摸爬滚打、一起喝过酒、一起扛过枪的好兄弟。非常熟悉，有足够的信任，有时候互相一个眼神就知道该做什么。

除了最核心的成员，还要有自己最核心的业务、最核心的队伍。最核心的"子弟兵"，最有可能来自自己熟悉的地方。你作为一个创业者，要看看自己的家乡父老、校友、之前工作过的公司的小伙伴们能不能用。这些人很有可能比在市场上招来的简历光鲜亮丽的人，对你的帮助更大。

项羽起兵：
团队的组建、维系与管理

成的刘邦，得了江山；败的项羽，自刎乌江。从刘邦、项羽的登场，我们能领悟到什么样的人可能创业成功，一个创始人应该具备什么样的素质。

1. 草根团队与世家团队的对决

下面要登场的项梁、项羽和刘邦有哪些异同？希望大家从一开始就注意这两方创始人和他们的团队之间的不同。哪些不一样决定了他们最后的结果？刘邦和他的几个发小兄弟萧何、曹参、樊哙都是小官吏和街头小混混儿，在一个不起眼的小城，已经人到中年，不得已开始占山为王。

这些看上去普通得不能再普通的人，最开始也没有理想，没有战略，只有一个人和一个团队，但这个核心班底——萧何、曹参、樊哙是能跟刘邦出生入死、配合默契的。另外，萧何、曹参、樊哙收了三千沛县本地的弟子，这就是刘邦未来成就霸业的基础的基础、核心的核心。

再看另一组反秦势力：

项梁者，楚将项燕子也，尝杀人，与兄子籍避仇吴中。吴中贤士大夫皆出其下。籍少时学书，不成，去；学剑，又不成。项梁怒之。籍曰："书，足以记名姓而已！剑，一人敌，不足学；学万人敌！"于是项梁乃交籍兵法，籍大喜；略知其意，又不肯竟学。

项梁、项籍根正苗红，是反秦势力中最有资格的人。因为项梁是项燕的儿子，项燕是楚国最后的大将。六国中最后一个被秦国灭掉的是楚国，在跟秦国最后的抗击中，项燕死在王翦手下。项燕的儿子项梁在天下开始大乱、各地揭竿而起的时候挺身而出，——你干掉了我爸，我现在要干掉你。项梁并非等闲之辈，是名将之后，还亲手杀过人。

项籍就是项羽，是官三代、将三代、军三代。他爸爸和项梁是兄弟。项梁杀人之后就和自己的侄子项籍——也就是后来的项羽，在吴中避仇。吴中有能力的人都拜他为师。

项羽少年时候学读书和书法，但学得不好，就放弃了；又学剑，又放弃了。项梁看到项羽文、武都不行，非常生气。项羽说，读书没大用，能记自己的姓名就可以了。剑是"一人敌"，最多杀一两个人，没意思。自己要学就学"万人敌"，学能够带着上万人去打上万人的本事。项梁听了内心还算有点安慰，就教项羽兵法，项羽特别高兴。但项羽知道了兵书的大意后，就不肯继续学下去，不肯多打深几层了。

项羽跟刘邦的差距在这时候就已经显现，那就是学习能力、学习态度、接纳新知的意愿。刘邦不会打仗，但他学打仗；不会管理，但他学管理。而项羽有很好的师父教他书，不学；教他剑，不学；教他兵法，他却稍稍学学就以为自己懂了，不愿意认真学好。

项羽个人能力是不是很差？不是。他是官三代，从个人能力来讲是刘邦、萧何、曹参、樊哙这组人根本没法比的。《资治通鉴》是这么记载的——

籍长八尺馀，力能扛鼎，才器过人。会稽守殷通闻陈涉起，欲发兵以应涉，使项梁及桓楚将。是时，桓楚亡在泽中。梁曰："桓楚亡，人莫知其处，独籍知之耳。"梁乃出诫籍持剑居外，梁复入，与守坐，曰："请召籍，使受命召桓楚。"守曰："诺。"梁召籍入。须臾，梁眴籍曰："可行矣！"于是籍遂拔剑斩守头。项梁持守头，佩其印绶。

项羽身高八尺余，力能扛鼎。不仅能武，而且才气过人，并且更可怕的是，项羽有非常明快决断的勇气。

当时会稽的"一把手"叫殷通，听闻陈胜揭竿而起，想发兵里应外合地响应陈胜，让项梁和桓楚当他的大将。这时，桓楚在一个不知名的地方占山为王了。项梁说，桓楚跑了，没有人知道他在哪儿，只有项羽知道。之后，项梁让项羽持剑在外守候，自己返回屋内跟殷通坐在一起。他说，你把项羽召过来，让他去找桓楚。殷通应允。项梁就召了项羽入内，稍稍待了一会儿，项梁就给项羽使了个眼色，说可以行动了。于是项羽二话没说，拔起剑就把殷通的头砍了下来。

项梁手里拎着太守的头，佩着他的印，之后会发生什么？

门下大惊，扰乱；籍所击杀数十百人，一府中皆慑伏，莫敢起。梁乃召故所知豪吏，谕以所为起大事，遂举吴中兵，使人收下县，得精兵八千人。梁为会稽守，籍为裨将，徇下县。籍是时年二十四。

项梁出门，门下大乱，项羽一连诛杀了近百人，没人敢再挑衅，都趴着不敢起来了，项梁把他自己的门生以及当地有头有脑、有头有脸、有权有势的人召过来说，咱们起兵吧，把周围拿下来当成我们的据点。就这样，项梁自己作为会稽太守，得精兵八千人，比刘邦多一倍。这个时候项羽只有 24 岁。项羽的确没学好剑，但他靠着天赋好，一杀就毙了近百人。尚未佩妥剑，转眼遍江湖，可惜出走半生后，他没能再回江东。

项梁、项羽的组合跟刘邦不一样的是：第一，身在异乡，没有在楚地起事；第二，他们是官二代、官三代，不是白丁；第三，个人素质非常好，文武兵法，他们都堪称精英；第四，他们最开始的家底也厚，精兵八千，而不是随便凑的三千人；第五，身强力壮，项羽当时只有 24 岁。

但是为什么项羽最后打不过刘邦呢？这是一个管理学上的问题。

2. 失去公心是组织灾难的开始

相比反秦力量，秦朝现在是什么样？秦二世胡亥终于知道天下已经乱了起来，秦朝正遭受巨大的威胁。在这风雨飘摇之际，秦朝该怎么办？秦朝的团队做了什么样的反应？

二世数诮让李斯："居三公位，如何令盗如此！"李斯恐惧，重爵禄，不知所出，乃阿二世意，以书对曰："夫贤主者，必能行督责之术者也。故申子曰'有天下而不恣睢，命之曰"以天下为桎梏"者，无他焉，不能督责，而顾以其身劳于天下之民，若尧、禹然，故谓之桎梏也。'夫不能修申、韩之明术，行督责之道，专以天下自适也；而徒务苦形劳神，以身徇百姓，则是黔首之役，非畜天下者也，何足贵哉！故明主能行督责之术以独断于上，则权不在臣下，然后能灭仁义之涂，绝谏说之辩，荦然行恣睢之心，而莫之敢逆。如此，群臣、百姓救过不给，何变之敢图！"

胡亥好几次嘲讽李斯说，您位极人臣，居三公之位——丞相、太尉、御史大夫，但怎么会让盗贼、反贼如此盛行？

李斯惶恐不安，他看重权势、俸禄，害怕被杀、被贬，不知道该怎么办了。李斯是大文人，也是心机很重的人，他用了一个文人常用的做法，就是借由一个古代大师的言辞来表达自己的意图。按我的定义，这也是权术、权谋的一种。不好意思，我非常不喜欢这类权术和权谋，但是李斯用了，管用。

李斯引用了申子（申不害，法家代表人物）的话，他说，你有了全天下却还不为所欲为的话，那天下就是你的累赘。因为你不能监督别人去干，老撸起袖子自己干，那你就跟那些贱民、草民没啥区别。原来号称贤帝的尧、舜、禹都是这么干的，本来有一个宝贝可以享受，结果这个宝贝让自己成为奴隶。您不要做这种人。

之后，李斯开始添油加醋，精心布局，引导秦二世进入自己的陷阱。他说，您如果不按照申子和韩非子说的去做，不严格督促属下去执行，那您就是一个干苦力的头儿而已，完全不能以天下为资本，尽享荣华富贵。真正统治天下、统治百姓的人不会为万民所累而根本享受不到。您已经拥有天下，反而被天下所奴役，那您就是被奴役者之一，这样的人怎么能证明他贤明呢？

刚刚是反着说的，你不该怎么样，下面李斯进一步从正面的角度说，你该怎么样。李斯说，真正的明主、贤君会做督责之事，权都在自己手上，罪责都是下属的，没人敢逆着您去做。这种状态下，群臣、百姓想不犯罪、想吃口饭都相当困难，他们怎么还会谋反？所以，您在上边独断专行、吃喝玩乐，他们在下边紧张得要死，保命是他们唯一的生活目标,这样才是伟大的战略。

二世说,于是行督责益严,税民深者为明吏,杀人众者为忠臣,刑者相半于道,而死人日成积于市;秦民益骇惧思乱。

秦二世听后,便开始真这么做了,他把已经很严酷的法律变得更严酷,认为能多收税的官吏就是好官吏,能多杀人的官吏就是忠臣,结果就是路上都是犯罪的人,每天都有堆积如山的尸体。秦朝百姓心中的恐惧与日俱增,更加想动乱了。

3. 创业成功要遵从成事之德

秦朝摇摇欲坠,但是依旧有实力,章邯依旧能征惯战,揭竿而起的陈胜不是被秦朝杀死的,而是被自己人杀死的。

腊月,陈王之汝阴,还,至下城父,其御庄贾杀陈王以降。

陈胜去了汝阴,到了下城父,给他驾车的人叫庄贾,杀了陈胜后投降了。

秘书、司机、保姆往往因为他们服务的对象而有了某种特别的权力。这些人的管理也是个大问题。霸道总裁可以搞定自己,搞定自己的核心团队,但搞不定似乎不核心但其实很核心的一些级别不高的人。

初,陈涉既为王,其故人皆往依之。妻之父亦往焉,陈王以众宾待之,长揖不拜。妻之父怒曰:"怙乱僭号,而傲长者,不能久矣!"不辞而去。陈王跪谢,遂不为顾。客出入愈益发舒,言陈王故情。或说陈王曰:"客愚无知,颛妄言,轻威。"陈王斩之。诸故人皆自引去,由是无亲陈王者。陈王以朱防为中正,胡武为司过,主司群臣。诸将徇地至,令之不是,辄系而罪之。以苛察为忠;其所不善者,弗下吏,辄自治之。诸将以其故不亲附,此其所以败也。

司马光这里没有说"臣光曰",而是直接指出陈胜败亡的原因:领袖能力差、团队不齐心。在陈胜刚称王称霸的时候,很多故人都过去祝贺他,也有人想依附他。他的岳父也去了,但是陈胜只是把他当成普通人招待,给他作个揖,并不拜他。他的岳父非常生气,说他以下犯上,对长者也不尊重,这样下去持久不了。

所以,如果你到了一定年岁,面对一个创业者时,我给你一个锦囊妙计——你如果有个闺女,愿不愿意把闺女托付给他?如果答案是肯定的,那你就投资这家创业公司,否则请作罢。

之后,不管陈胜再怎么说,他岳父还是走了。客人来来回回,人多嘴杂,就有人跟陈胜说:有些客人愚昧无知,说一些损害您威严的话。于是,陈胜就把那些客人杀了。结果就是,老人都走了,周围也没有亲信了。陈胜的核心团队就只剩他自己了。

之后,陈胜又学秦朝胡亥那一套,苛查下属、百姓,立法严酷,在外边打胜仗的将军回来基本都会被无端治罪,不得好死。能干的将军不愿意回来了,陈胜就被章邯逼得越来越紧。在章邯杀他之前,先被自己的司机杀掉了,这就是陈胜之死。

陈胜之死印证了组建团队、维系团队、管理团队、使用团队有多么重要,特别是在创业初期。英雄不问出处,草根也能逆袭。好的创业者可以遵从"仁义礼智信"的道德,但更重要的是他要遵从成事的道德——成事者所必备的品德。

刘邦养成：
一个潜在超级 CEO 的必备素养

推翻秦朝暴政的最终赢家刘邦，是中国历史上极其重要的一位皇帝，他的身上闪烁着成事修行者的品德。从"刘邦斩白蛇"的故事可以看出他过人的勇气，我更佩服的是他的学习能力和他认人、识人、包容人、驱动人才的能力。

刘邦在沛县起义之后，召集了一大批家乡人在身边，刘邦后来带着这些人又归附了楚王景驹。这时有个叫张良的年轻人也聚集了一百多人，本打算投奔景驹，但在路上遇到了刘邦，就归顺了刘邦。

张良为什么改变主意？刘邦身上有什么东西吸引了他？从张良与刘邦的故事可以看出，刘邦有非常强的领袖魅力、人格魅力。从现代管理角度来看，什么样的领导是值得跟随的领导？怎样做能让更多的非常能干的下属跟随自己？

没什么人一开始就带着风、带着雨，哪怕他是天选之人，刘邦也一样。当你看到一个人如日中天，更要多花点精力来看他在微弱的时候都做了什么。这里有两层意思。

第一，如果你想成为他，你要看他做对了什么，你好向他学习。第二，如果你想跟对一个人，当他已经如日中天，人家很可能不要你，而且你的投入产出比可能并不高。所以，你还要会判断有潜力的普通人，方便你去跟对真英雄。

1. 英雄最开始未必有远大的理想

楚王景驹在留，沛公往从之。张良亦聚少年百馀人欲往从景驹，道遇沛公，遂属焉；沛公拜良为厩将。良数以太公兵法说沛公；沛公善之，常用其策；良为他人言，皆不省。良曰："沛公殆天授！"故遂留不去。

这段涉及了三个人：一个是楚王景驹，是当时反秦阵营中排在第一位的人；第二个是沛公刘邦；第三个人是张良，一个有心计、有谋略、有胆识的人。

楚王景驹此时似乎已经有了一定的地位，这时沛公去找他，想要跟着景驹干。张良也带了一百多人，想去跟景驹干。

这个时候，无论是沛公还是张良，都没想到自己会称王称霸。很多不世出、最后成就了不起功业的英雄，他们最开始并没有超级宏大的理想。所以，成事路上不要着急，先做个跟随者，而不是做一个开天辟地的领袖。

张良就是个天生的好的跟随者。张良在路上遇上刘邦，跟他聊了聊，发现还是想跟刘邦干。于是，就不再去找楚王景驹了。张良也是一时之俊杰，能人中的能人。

首先，有些人是适合当创业者的，有些人是适合当跟随者的，张良能在乱世之中看到并不知名的刘邦的潜力，这是一种天才。

其次，张良在那样一个环境下，迅速地确认了刘邦就是自己要跟随的人，这个速度令人赞叹。吕老爹愿意把闺女嫁给刘邦，也是经过对刘邦的多次观察才决定的，但是张良能很快相信自己的直觉，这又是一层了不起。有时候直觉比算计更准确，你认定一件事跟着往下走就好。

刘邦在当时做对了什么？张良看上了他什么？其实就是刘邦听懂了张良的话，而且有判断，能够跟着张良的想法去做。作为一个大才，他知道自己说的是对的，但是没有人听，是非常生气的。"士为知己者死，女为悦己者容"，对于一些跟随者，有英雄听得懂他，愿意按照他的建议去做，这是一个巨大的满足。

2. 好领导的第一要素是会倾听

什么样的人值得跟？类似刘邦的人具有什么样的特征？该如何识别他们？

第一，你要看他能不能听、会不会听。好的领导会倾听，他要能认真地听你说话，而不是自我到完全听不进别人的声音，哪怕别人很有创见、智慧和能力。

没有任何人能掌握所有的领域，一个了不起的领导更大的能力是放空自己，然后通过倾听把别人的洞见吸收过来。否则，他最多可能也就做到项羽这个级别，只能把他擅长的领域做得光鲜亮丽，但很可能控不住整个大局。

第二，会不会学习、能不能学以致用是另一个重要的判断标准。刘邦没遇上过良师，不会打仗，但是他有超强的学习能力，遇上了张良，张良会《太公兵法》，那就跟着他学。他还跟樊哙学，跟黥布学，跟吕后学。

第三，你要看有什么样的人跟着他，这是一个取巧的方法。判断一个人是不是好的领导，你可以去看是不是有了不起的人在跟着他。

如果他身边全是一些阿谀奉承的小人，全是一些能说得天花乱坠但没有作品的人，那这个人大概率不值得跟。

3. 成事的基础是多做事，多参与世界

刘邦的养成是需要时间的，是需要"不着急，不害怕，不要脸"的。

沛公与良俱见景驹，欲请兵以攻丰。时章邯司马尼将兵北定楚地，屠相，至砀。东阳宁君、沛公引兵西，与战萧西，不利，还，收兵聚留。二月，攻砀，三日，拔之；收砀兵得六千人，与故合九千人。三月，攻下邑，拔之；还击丰，不下。

张良跟沛公两人都不认为能够马上扬名立万，他们还是一块去拜了码头，见了楚王景驹，想问景驹借点兵去打丰县。刘邦和张良以及东阳宁君他们一起去打砀山，第一次没打下来，第二次打下来了，剩下的兵一共只有九千人。这九千人去打丰县，又没打下来。所以，即使是天选之人，还是会打很多败仗，还是要做好长时间默默无闻的准备。

并且，不是所有人都适合称王称霸的。

陈婴者，故东阳令史，居县中，素信谨，称为长者。东阳少年杀其令，相聚得二万人，欲立婴为王。

举一个陈婴的例子。陈婴，是一个向来很诚信、谨慎的人，被大家称为长者。东阳的少年们把东阳令杀了，想立陈婴为王。

婴母谓婴曰："自我为汝家妇，未尝闻汝先世之有贵者。今暴得大名，不祥；不如有所属。事成，犹得封侯；事败，易以亡，非世所指名也。"婴乃不敢为王，谓其军吏曰："项氏世世将家，有名于楚；今欲举大事，将非其人不可。我倚名族，亡秦必矣！"其众从之，乃以兵属梁。

陈婴的母亲说，我嫁到你们家之后，就没听说你们家祖上有特别显赫的人物。现在你忽然得了天下之大名，不吉祥，还不如去做一个随从。事成了，你能被封侯；事不成，你也能脱身，不会被世人指指点点。所以，陈婴不敢称王，就跟大家说，项氏历代都是楚国的大将，今天欲举大事，我们也要跟着名门望族，秦朝一定会被我们推翻。于是，大家就跟着他一起投奔了项梁。

后来，楚王景驹战死了。刘邦和张良怎么办？刘邦就接着去做跟随者。

沛公从骑百馀往见梁；梁与沛公卒五千人，五大夫将十人。沛公还，引兵攻丰，拔之。雍齿奔魏。

刘邦带着残部也去投奔了项梁。项梁给了刘邦五千士兵、十个武将，刘邦就带着这些人去打他之前没有打下的丰县。这回打下了。这时候刘邦还想做个跟随者，还是跑在一线，还是兵少将寡，还是有一失、有一得；有一成、有一败。

这时候又出来一个人，范增。

居鄛人范增，年七十，素居家，好奇计，往说项梁曰："陈胜败，固当。夫秦灭六国，楚最无罪。自怀王入秦不反，楚人怜之至今。故楚南公曰：'楚虽三户，亡秦必楚。'今陈胜首事，不立楚后而自立，其势不长。今君起江东，楚蠭起之将皆争附君者，以君世世楚将，为能复立楚之后也。"于是项梁然其言，乃求得楚怀王孙心于民间，为人牧羊；夏，六月，立以为楚怀王，从民望也。陈婴为上柱国，封五县，与怀王都盱眙。项梁自号为武信君。

范增是个很重要的人物，他进入历史舞台时，已经70岁了。"素居家，好奇计"，他一直在家待着，没有做过官，没有做过事，一直喜欢"奇计"——权谋和诡计。

范增之后成为项羽军中第一谋士、第一战略家，"素居家，好奇计"这六个字从某种程度上决定了项羽的灭亡、项羽的失败。

希望各位战略家不要好权谋，不要大把的时间在家待着，还是要参与世界，要跟别人接触，要做事，要持续成事。

东门黄犬：
大公司出问题，往往早有败象

秦朝最大的败象深植于内部，来自"一把手"胡亥。

某个权臣专权，某个皇帝离开了"前线"，这个专权的大臣进一步斩除异己，这三点，就是一个大机构、一座大厦将倾的征兆。

1. 最早的败象是"一把手"对公司不了解

郎中令赵高恃恩专恣，以私怨诛杀人众多；恐大臣入朝奏事言之，乃说二世曰："天子之所以贵者，但以闻声，群臣莫得见其面故也。且陛下富于春秋，未必尽通诸事；今坐朝廷，谴举有不当者，则见短于大臣，非所以示神明于天下也。陛下不如深拱禁中，与臣及侍中习法者待事，事来有以揆之。如此，则大臣不敢奏疑事，天下称圣主矣。"

秦朝庙堂之上是如何开始败亡的呢？从权臣赵高开始。

赵高仗着二世的偏爱开始专权，干了很多肮脏事，也因私怨杀了很多人。他害怕大臣入朝跟胡亥报告，便巧言令色地劝说二世，天子之所以贵为天子，是因为群臣接触不到，只能聆听圣命。特别是您还年轻，见识不够多，天天跟这些大臣议事，稍有不慎，他们就会笑话您。

您把管理国家的这些琐事交给我们就好了，如果有我们不能定的大事再跟您禀报，这样大臣就不敢随意上奏，也没有机会说您的不是，天下都会称颂您的圣明。

二世用其计，乃不坐朝廷见大臣，常居禁中；赵高侍中用事，事皆决于赵高。

二世觉得挺好，既省了力气，又有了名声，剩下的时间还可以吃喝玩乐。从此之后，事情就都由赵高定了。

当言路被堵的时候，往往就是问题加速出现的时候。"一把手"见不到人，听不到真话，不知道发生了什么事，这就是危机加速的征兆。

这时的秦朝，"一把手"和大臣之间的言路通畅程度已经远远不如战国之时。因为一家独大了，因为"一把手"太贪玩了，因为"一把手"自尊心太强了，还因为这个"一把手"周围有赵高这样的奸臣。

必须承认，"一把手"身边有奸臣是常态，但是"一把手"听不听、信不信、会不会按着这些奸臣设计的套路一条路走到黑，这是贤主跟庸君之间的差别。

高闻李斯以为言，乃见丞相曰："关东群盗多，今上急益发繇，治阿房宫，聚狗马无用之物。臣欲谏，为位贱，此真君侯之事；君何不谏？"李斯曰："固也，吾欲言之久矣。今时上不坐朝廷，常居深宫。吾所言者，不可传也；欲见，无间。"

赵高找到李斯，跟李斯说，现在反贼越来越多，皇上还在为了大修阿房宫而增加赋税，搞些没用的东西，我非常想劝劝他，但是我赵高地位太低，这事只有您能做到。

赵高话里话外满足了李斯的骄傲。李斯说，我早就想劝谏皇上了，但是皇上现在不上朝，常在深宫里待着，我见不到他，怎么办？

赵高进一步下套——

赵高曰："君诚能谏，请为君候上闲，语君。"于是赵高侍二世方燕乐，妇女居前，使人告丞相："上方闲，可奏事。"丞相至宫门上谒。如此者三。二世怒曰："吾常多闲日，丞相不来；吾方燕私，丞相辄来请事！丞相岂少我哉，且固我哉？"

赵高说，您如果真能劝谏皇上，那等皇上有空的时候，我就跟您讲，您再前去奏报。

赵高挖的坑非常巧妙，他利用了自己对胡亥的了解，特意选了一个非常不合适的时机，在二世跟妇女玩得正开心的时候，让李斯去上奏。

李斯没有别的信息来源，只能信任赵高。胡亥正开心，听到丞相来报，很扫兴，就把妇女打发走，穿上衣服去见丞相。

这样的事情发生几次以后，秦二世非常烦，就说，我平常闲的时候，丞相不来，我刚跟妇女玩乐，他就来请事，他明显是成心的，觉得我年少，看不起我。

赵高因曰："夫沙丘之谋，丞相与焉。今陛下已立为帝，而丞相贵不益，此其意亦望裂地而王矣。且陛下不问臣，臣不敢言。丞相长男李由为三川守，楚盗陈胜等皆丞相傍县之子，以故楚盗公行，过三川城，守不肯击。高闻其文书相往来，未得其审，故未敢以闻。且丞相居外，权重于陛下。"二世以为然，欲案丞相；恐其不审，乃先使人按验三川守与盗通状。

赵高开始扎小针说，您还记得沙丘之谋吗？有您、我和丞相。现在您从皇子变成了皇帝，而丞相还是丞相，他其实是想自己成为一方的王。您不问我也不敢说，但您问了，我就多说一句丞相的大儿子李由。

李由是三川（今河南洛阳地区）的"一把手"，楚地像陈胜、吴广这样的反贼都是丞相李斯家乡附近的人。楚地反贼过三川，李由根本不去打他们。我还听说他们之间有文书往来，我没法审查，所以我也不知道具体内容。但是我非常清楚的是，丞相在外边的权力比陛下您还大。

秦二世本来想就此办了李斯，但是他担心证据不够确凿，所以就先让人去查验李斯的儿子和这些反贼的来往情况。

2. 权臣当道是败亡的关键

李斯也是个猛人，也没闲着。

李斯闻之，因上书言赵高之短曰："高擅利擅害，与陛下无异。昔田常相齐简公，窃其恩威，下得百姓，上得群臣，辛弑简公而取齐国。此天下所明知也。今高有邪佚之志，危反之行，私家之富，若田氏之于齐矣，而又贪欲无厌，求利不止，列势次主，其欲无穷，劫陛下之威信，其志若韩玘为韩安相也。陛下不图，臣恐其必为变也。"

李斯上书状告赵高，说赵高手上的权力非常大，跟陛下您没差别。

159

当年田常做齐简公的国相，就是擅权，上得群臣，下得百姓，最后杀了简公，自己当了齐国的"一把手"。陛下，您要想想前车之鉴啊。现在赵高心怀不轨，贪得无厌，家里富得流油，手上又有权，您现在不收拾他，将来肯定难办。

李斯给赵高下的这剂药不咋地，下得不够狠、不够有说服力。有实锤，二世都不见得信；没实锤，二世更是不信。

二世曰："何哉！夫高，故宦人也；然不为安肆志，不以危易心，洁行修善，自使至此，以忠得进，以信守位，朕实贤之；而君疑之，何也？且朕非属赵君，当谁任哉！且赵君为人，精廉强力，下知人情，上能适朕；君其勿疑！"

二世说，赵高是个太监，你跟太监较什么劲？而且他不因为跟我关系好和身为老臣就放肆，忠于职守，忠于我，也很廉洁，且很行善。我信赖他，而你怀疑他，何必呢？我不倚重赵高又倚重谁呢？赵高能干、精力旺盛，往下知道人情，往上知道如何跟我交流，你就不要对他有所怀疑了。

二世雅爱赵高，恐李斯杀之，乃私告赵高。高曰："丞相所患者独高；高已死，丞相即欲为田常所为。"

二世被赵高伺候得很舒服，觉得赵高既忠心又能干，担心李斯整赵高，就把李斯的话原原本本都告诉了赵高。赵高说，丞相最恨的就是我，如果我死了，他就能做田常做的那些事了。赵高就这样，反咬了李斯一口。

李斯依旧以国为怀，没有忘记他作为丞相的职责和担当。但下边发生的一件事，却让李斯直接下了大狱。

是时，盗贼益多，而关中卒发东击盗者无已。右丞相冯去疾、左丞相李斯、将军冯劫进谏曰"关东群盗并起，秦发兵诛击，所杀亡甚众，然犹不止。盗多，皆以戍、漕、转、作事苦，赋税大也。请且止阿房宫作者，减省四边戍、转。"

反贼越来越多，关中的士兵被派出关向东去围剿的人也越来越多。冯去疾、李斯和将军冯劫三人联名进谏说：关东反贼群起，我们派兵去剿灭，杀了很多人，仍然不能阻止群盗。我们认为，之所以有这么多反贼，都是因为劳役过多、赋税过重，请皇上停止修建阿房宫，让大家缓一缓，有口饭吃。

二世一听就怒了。

二世曰："凡所为贵有天下者，得肆意极欲，主重明法，下不敢为非，以制御四海矣。夫虞、夏之主，贵为天子，亲处穷苦之实以徇百姓，尚何于法！且先帝起诸侯，兼天下，天下已定，外攘四夷以安边境，作宫室以章得意；而君观先帝功业有绪。今朕即位，二年之间，群盗并起，君不能禁，又欲罢先帝之所为，是上无以报先帝，次不为朕尽忠力，何以在位！"下去疾、斯、劫吏，案责他罪。去疾、劫自杀；独李斯就狱。二世以属赵高治之，责斯与子由谋反状，皆收捕宗族、宾客。赵高治斯，榜掠千馀，不胜痛，自诬服。

二世说，贵有天下的天子就应该开心，想干吗干吗，穷奢极欲，人主地位就应该非常崇高，法令就应该非常明确，让下边不敢为非作歹，上面能将四海控制得牢牢的。否则，像虞、夏这种号称贤主的人，虽贵为天子，但实际上干的都是和百姓一样的苦活，那还立法做什么呢？

接着，胡亥气疯了之后，说了狠话：我爸从做诸侯起家，最终一统天下，四海安定，所以兴建阿房宫彰显得意，各位是看着我爸这么做的。现在我即位才两年，到处都是反贼。你们不能帮我平灭反贼就算了，还要停工先帝开启的阿房宫之事。你们上对不起先帝，次不能为我尽忠尽力，要你们干吗？于是下令把冯去疾、冯劫、李斯都扔进了大狱。

冯去疾、冯劫自杀了，李斯没自杀，被关进了监狱。二世就把他交给赵高，赵高关押了李斯的宗族、宾客，开始凌虐他。李斯忍不住这个疼，就屈打成招了。

3. 美好的小事才是生命中的大事

斯所以不死者，自负其辩，有功，实无反心，欲上书自陈，幸二世寤而赦之。乃从狱中上书曰："臣为丞相治民，三十馀年矣。逮秦地之陿隘，不过千里，兵数十万。臣尽薄材，阴行谋臣，资之金玉，使游诸侯；阴脩甲兵，饬政教，官斗士，尊功臣；故终以胁韩，弱魏，破燕、赵，夷齐、楚，卒兼六国，虏其王，立秦为天子。又北逐胡、貉，南定百越，以见秦之强。更克画平斗斛、度量、文章，布之天下，以树秦之名。此皆臣之罪也，臣当死久矣！上幸尽其能力，乃得至今。愿陛下察之！"书上，赵高使吏弃去不奏，曰："囚安得上书！"

李斯之所以不想死，是他自认能说会道，之前立过功，并且真没有反心，希望自己还有机会上书。胡亥一旦醒悟，就会把他放了。

李斯临死前写了一篇相当有文采的雄文，大意就是，我当丞相三十年了，把秦这么一个小地方带到了天下第一。对外，我扩充疆土，除了平六国，还向北打匈奴，向南平百越，让秦的强大无以复加。对内，我统一了度量衡和文字，让秦朝在老百姓心中更加伟大。臣有过错,早就该死了。但我没有功劳,也有苦劳,您好好看一看。

很遗憾,这封信胡亥没有看到,赵高让手下把这封信扔了。

赵高使其客十馀輩诈为御史、谒者、侍中,更往覆讯斯,斯更以其实对,辄使人复榜之。后二世使人验斯,斯以为如前,终不敢更言。辞服,奏当上。二世喜曰:"微赵君,几为丞相所卖!"及二世所使案三川守由者至,则楚兵已击杀之。使者来,会丞相下吏,高皆妄为反辞以相傅会,遂具斯五刑论,腰斩咸阳市。斯出狱,与其中子俱执,顾谓其中子曰:"吾欲与若复牵黄犬,俱出上蔡东门逐狡兔,岂可得乎!"遂父子相哭而夷三族。二世乃以赵高为丞相,事无大小皆决焉。

赵高太坏了,使了一个阴招。赵高让他的宾客装成御史、谒者,装成皇帝身边的人,去反复审问李斯。李斯一旦说实话,就痛打他。就这样,李斯又被打了好多遍。

后来秦二世胡亥让身边人去审问李斯的时候,李斯不敢再说实话了,就认了罪。二世一看,李斯果然就是坏人,如果没有赵高,自己就被丞相给卖了。

二世派人去抓李斯的儿子——三川守李由,但那个时候,楚地的叛军已经把李由干掉了。使者回来后,赵高又编造了一些李斯儿子的罪行,一并把罪责加在了李斯身上。最终李斯被判腰斩。

李斯和他的二儿子绑在一块儿,被拉去问斩。李斯对他的二儿子说,我想跟你一起牵黄犬,从上蔡的东门出去打兔子,还能吗?随后父子相拥哭泣,李斯的三族最后都被杀了。自那以后,二世就以赵高为丞相,所有的事都由赵高定。

秦朝到了此时已经没有回头路了。李斯骨子里还是个文人,可惜,他被权力冲昏了头,忘掉了其实人间还有很多细小的、扎实的快乐,比权谋要有意义得多。以国为怀,没错,但一辈子以国为怀,就有可能失去牵着黄犬出上蔡东门逐狡兔的乐趣,万事有度。

4.要打造心理强健的二代

我也经历过败亡,我只总结一下我认为的败亡的原因。

第一,败亡的最大原因就是"一把手"。"一把手"不能贪玩,不能放纵自己,不能对细节没兴趣。

第二,败亡的节奏、败亡的顺序、败亡的步骤都是有规律的。会有"一把手"不爱工作,只爱吃喝玩乐,会有一个权臣拿捏住"一把手"的想法,帮他把各种事都干了,"一把手"也开始失去对下边情况的了解,这个权臣用手上的权收拾周围有威胁的人,并且"一把手"对这个权臣越来越信任。这是秦朝败亡的步骤,这是现代企业管理中常见的败亡规律。

第三,二代容易有自卑心理。其实,赵高也是利用了胡亥浓重的自卑心理而成功的。老爸太强势,儿子偏弱,这几乎是一种常态。保护二代的心理健康,让他内心能够强大到浑蛋,这是企业长盛不衰的一个必要条件。

项梁之死：
打了胜仗，也要有危机意识

秦末起义有两个最知名的人，一个是刘邦，另一个就是项羽，而项羽的叔父项梁，也很值得好好讲一讲。

在陈胜、吴广之后，项梁取代了陈胜的位子，成为反秦同盟里最厉害的人，但是项梁也没有善终。

项梁、项羽都是狠人。招募各地人马到麾下，成了起义军中非常厉害的一支队伍。

陈胜死后，项梁自封为武信君，拥立熊心登位为楚怀王，想光复楚国社稷。就在反秦形势一片大好之时，项梁有些飘了。这时候，有人劝项梁骄兵必败，不能轻视秦军啊。但是项梁完全听不进去，依旧我行我素。我们常说要居安思危，哪怕你在最安乐的时候，都要为危急时刻做准备，悲观是底色，项梁就在这个问题上犯了错误。本身还未能平定天下，就过早地轻视强敌，结果身死沙场。其实，危机意识不仅在打仗时至关重要，在平时的工作、管理甚至生活上也要时刻保持。

那么，我们为什么要建立危机意识？如何建立危机意识？建立危机意识的前后应该注意些什么？

1. 失败往往会有先兆迹象

项梁已破章邯于东阿，引兵西，北至定陶，再破秦军。项羽、沛公又与秦军战于雍丘，大破之，斩李由。项梁益轻秦，有骄色。宋义谏曰："战胜而将骄卒惰者，败。今卒少惰矣，秦兵日益，臣为君畏之！"项梁弗听。

项梁又一次打败了邯郸，在山东东阿附近，引兵向西，到了定陶，在定陶又一次打败了秦军。项梁和沛公又跟秦军在雍丘大战，又是大胜。连续三个大战役都胜了，项梁就更看不起秦朝了。

宋义在项梁团队里是高级幕僚，他跟项梁说了一个非常简单的道理：打了胜仗之后，如果将军骄傲、士卒懒惰，必然引发失败。现在咱们的士卒已显露出些许懒散，而秦兵越聚越多，并且知道我们是领头羊，杀向咱们的秦兵会不断增多，我很为您担心。

项梁不听，反而认为他过分忧虑。宋义也是个明白人，没再多说，再多说有可能招致杀身之祸。

乃使宋义使于齐，道遇齐使者高陵君显，曰："公将见武信君乎？"曰："然。"曰："臣论武信君必败；公徐行即免死，疾行则及祸。"二世悉起兵益章邯击楚军，大破之定陶，项梁死。

司马光在描写后面这段的时候非常干净利落。宋义劝项梁要戒骄戒躁，但是项梁不仅不听宋义的劝谏，还把宋义派到齐国去了，在去的路上遇到了齐国的使者高陵君显。

宋义和高陵君显说，您是要去见武信君项梁吗？高陵君显回应说正是。宋义说，我判断武信君项梁一定会失败，您慢点走，慢点走就会免于死亡。如果走得快，可能正好赶上灾祸，这时候，秦二世胡亥把自己能征的兵都征集起来，给章邯增加了力量。章邯在定陶大胜项梁，项梁真的战死了。

2. 危机意识是管理者的必修课

项梁死了，反秦大业进入了变化莫测的阶段。刘邦、项羽争霸，其实跟秦朝关系已经不大了。秦朝必然要亡，只不过是亡在谁手上还不清楚。

在项梁死之前，陈胜、吴广揭竿而起的时候，两个人是把脑袋别在裤腰带上，基本上是抱着"等死，死国可乎"的信念，但还怀揣一丝一毫能赢的希望，这是早期。从这个角度来看，刘邦、项羽之争是后期，项梁之死是中期。中盘是非常重要的，能决定后期的走向，决定这事还能不能往下走。

时连雨，自七月至九月。项羽、沛公攻外黄未下，去，攻陈留；闻武信君死，士卒恐，乃与将军吕臣引兵而东，徙怀王自盱眙都彭城。吕臣军彭城东；项羽军彭城西；沛公军砀。魏豹下魏二十馀城；楚怀王立豹为魏王。后九月，楚怀王并吕臣、项羽军，自将之；以沛公为砀郡长，封武安侯，将砀郡兵；封项羽为长安侯，号为鲁公；吕臣为司徒，其父吕青为令尹。

下了好几个月的雨，沛公和项羽打外黄（古代县名，在今河南省商丘市民权县西北）没打下来，这时，又听说武信君死了，士卒们很惶恐。吕臣、项羽、沛公把怀王接到了彭城，这三位所剩的大将就在附近驻兵。

这时，反秦联盟中的另外一组势力魏豹打下了魏国二十余城。楚怀王将魏豹封为魏王之后，把吕臣、项羽的军队合并了，自己去当大将，让沛公作为某地的"一把手"，封为武安侯；把项羽封为长安侯，号为鲁公；把吕臣封为司徒。

章邯已破项梁，以为楚地兵不足忧，乃渡河，北击赵，大破之；引兵至邯郸，皆徙其民河内，夷其城郭。张耳与赵王歇走入巨鹿城，王离围之。陈馀北收常山兵，得数万人，军巨鹿北；章邯军巨鹿南棘原。赵数请救于楚。

章邯是秦朝末期的"战神"，他战胜了项梁的主力军队，项梁也战死了。但是在我看来，他出现了好几个重大的战略失误。

比如，他跟项梁犯了类似的错误——轻敌，他认为楚地兵已经不多了，就往北渡河去打赵国，胜了。此时，他又犯了一个错误，就是引兵到邯郸，把邯郸的人都收归了河内，在咸阳附近集结，并把邯郸城夷为平地。

他在这两件事上犯的错误显而易见：一、他想保持守态，守住咸阳；二、他轻敌，轻视楚兵。

他没有想清楚他最大的敌人是谁，结果就是被曾轻视的楚兵大败，被刘邦和项羽要了秦朝的命，要了自己的命。找准主要矛盾，找准主要敌人，也是不容易的事。

章邯在中场的早期，赢得了很多重大的胜利，几乎是连战连胜的状态。

高陵君显在楚，见楚王曰："宋义论武信君之军必败；居数日，军果败。兵未战而先见败征，此可谓知兵矣！"王召宋义与计事而大说之，因置以为上将军，项羽为次将，范增为末将，以救赵。诸别将皆属宋义，号为"卿子冠军"。

高陵君显跟楚王说，军队还没开始打仗，宋义就跟我讲过武信君项梁一定会被打败。宋义能看到失败的先兆，说明宋义是非常了解如何打仗的人才。

于是，楚怀王就把宋义召来，想跟他聊聊如何打仗，如何用兵，如何用将等。聊完后楚怀王非常开心，就把宋义定为上将军，项羽做他的副手，范增做他副手的副手，三个人带兵去救赵。其他所有的将军都向宋义汇报，宋义号为"卿子冠军"。这是一个很了不起的称号，一人之下，万人之上。

3. 用跑马拉松的心态去做管理

从现代管理的角度来评论这个案例。

第一，戒骄戒躁。如果你有选择，无论你是霸道总裁，还是"一把手"，还是任何机构的创始人，记住宁可悲观，不要乐观。特别是在天下还没有拿到、还没有坐稳的时候，特别是刚刚有几个大胜利、有点成绩的时候，千千万万戒骄戒躁。

我见过很多成功的企业家、管理者，他们眼睛里、脑门上都写着有事，他们总是在担忧。偶尔成功容易，持续成功、笑到最后很难。甚至你都走到九十九步了，最后一步仍然可能产生颠覆性的结果。

治病救人也是一样，太多因素能够让你失败——战略的、战术的、身体的、心灵的、团队的、自身的、家属的、司机的、保姆的等，任何一件小事都有可能产生巨大的颠覆性的结果。所以绝不能轻敌。

第二，个别战役的结果不重要。偶尔打个胜仗当然可喜，但真正的战士会一直战斗到死。我写作如此，投资医疗如此，创业做公司也如此，到了生命尽头，盖上棺材，才能定论。

第三，充分尊重对手，特别是已经取得过辉煌成就的对手。哪怕他有明显的弱点、非常多的软肋，但是请了解你的对手，请放下身段，要看到对手有什么样的残存实力。

早期我们容易高估困难；中期我们容易低估困难。请你多用信息渠道了解对手在做什么，有什么实力。思考假设你手上拿着对手的牌，你还能做什么。

比如，项梁尽管连胜三局，但他应该意识到，反秦联盟也好，他自己的子弟兵也好，其实都是非正规军，都是游寇。而秦朝的章邯的部队是正规军，是经过千锤百炼的队伍，如果他当时能意识到这一点，就不会将骄卒惰。

人生也好，企业也好，都要用一种跑马拉松的心态去应对。开始跑得快并不能说明什么，持续跑，跑到最后才是胜利。这一切都跟人性不相符，真正的强者是在了解人性的基础上尊重人性，但是在某些关键点上违反人性。

所以，用平常心态，一场仗一场仗往下打，直至达到你最后想要的效果。同时，你也要时刻想着之后可能遭遇的重大危机，以及你、你的团队、你的企业要如何防范风险，哪怕你的企业已经占据了市场的最大份额。

现在的企业跟过去的军队、王朝都类似，"一把手"起到的作用太大了。在竞争中、在战争中，如果"一把手"没有绝对的权威，这个组织、这个机构很难胜出，因为效率太低，钩心斗角会造成效率减损。但是如果让"一把手"有无上的权力，他要是不能控制自己的心魔，也会出问题。

所以，对于"一把手"来说，当出现一些不能犯的错误、不应有的心态、战胜不了的心魔时，应该像宋义一样，看到苗头，就果断离开。

关中之约:
与其考验人性,不如明确规则

什么是成事者的"道"?什么是成事者的"德"?刘邦就是"德人",项羽就是"能人",在成事领域,"德人"胜"能人"。

当你同时面对两个候选人,一个能力特别强,但协作能力及同僚关系相对差;另一个能力并不突出,但是很善于协调、口碑好,你会选哪一个?这是管理者必须思考的问题。

1. 成事路上,"德人"胜过"能人"

初,楚怀王与诸将约:"先入定关中者王之。"当是时,秦兵强,常乘胜逐北,诸将莫利先入关;独项羽怨秦之杀项梁,奋愿与沛公西入关。

最初,楚怀王和将军们说,谁先打入关中,占了咸阳,就封他为王。虽然如此,但是秦兵太强,多数将军还是不愿意先入关,只有项羽例外。因为秦兵杀了他的叔父项梁,他要报仇。

曾国藩曾说,成大事有两类动机:一类是有所逼,有外力的逼迫。一类是有所贪,贪图名、权、利、色。

项羽拼命往西打入关中,这两方面的动机都有:有所逼,是被心中的怨恨所逼;有所贪,也是希望能够打入关中得王位。不管怎样,在那时确实只有项羽愿意跟刘邦一起西入关中。

怀王诸老将皆曰:"项羽为人,剽悍猾贼,尝攻襄城,襄城无遗类,皆坑之;诸所过无不残灭。且楚数进取,前陈王、项梁皆败,不如更遣长者,扶义而西,告谕秦父兄。秦父兄苦其主久矣,今诚得长者往,无侵暴,宜可下。项羽不可遣;独沛公素宽大长者,可遣。"怀王乃不许项羽,而遣沛公西略地,收陈王、项梁散卒以伐秦。沛公道砀,至阳城与杠里,攻秦壁,破其二军。

怀王手下的很多老将说,项羽为人不行。能打能杀,但是狡猾又鸡贼。项羽是一个非常狠的人,能置之死地而后生,但是不好惹、不好用,不好做他的上级,不好做他的下级,不好做他的同事。

这些老将军还举了例子,说项羽曾经攻襄城,把所有人都埋了,打下的其他地方,基本上也没剩什么人了。而且楚军曾经多次进取,结果陈胜、项梁都败了。

不如找一个宽厚长者"扶义而西"。带着仁义和宽厚去关中,跟秦地的父老乡亲说,我们来解救你们于水火了。

秦朝的百姓已经恨胡亥、恨赵高、恨秦朝的统治很久了,如果真能有一个宽厚长者到关中,不欺负他们,应该很容易打下来。项羽太狠了,而沛公一向是宽厚的长者,可以让沛公去。楚怀王听进去了,不让项羽向西进关,而改让沛公向西去收拾残局,同时伐秦,打入关内。结果就是沛公进关中，打了两次胜仗。

2. 考验人性不如明确规则

从管理的角度看这个例子，其实并不复杂。无非是楚怀王和一些老将一起聊聊派谁先去打关中。项羽想去，但是大家不让他去，"得道多助，失道寡助"，刘邦身上闪烁的，而项羽身上黯淡的，甚至没有的，就是我反复强调的成事之"道德"。

楚怀王最开始就跟各个大将明确了战略激励——谁把关中打下来，谁就是王。

设定好制胜的战略目标，下一步就要制定战略激励。身为将军，我冒着枪林弹雨、身先士卒，事做成了跟我个人有什么样的关系？一个好的 CEO，一定要讲清这种关联，说得越具体、越扎实越好。清晰目标，赏罚分明，奖勤罚懒、奖优罚劣，这就是业绩管理的精髓。当着大家面说，甚至把它落在纸面上，形成某种有法律约束的文件，大家才放心。

这么简单的事，能做到的管理者寥寥无几，多数的领导通常会说：不要谈那么多条件了，你先去干，干好了不会亏待你的，你还不相信我吗？往往就是这样的人，不值得相信。就是这样的人，不会跟别人正常地、合理地、公平地分利。

个别真正的"宽厚长者"，的确也画了"大饼"，的确也兑现了"大饼"，但是在分"大饼"的前后，他其实也是非常挣扎的。切出去的都是真金白银，他也在跟人性作斗争。

在画"大饼"的时候，你就老老实实把如何切这个"大饼"定好了。等"大饼"真的有了，你作为一个要切"大饼"的人，就没什么退路，就不会因私欲所摇摆了，做一个堂堂正正的人，何乐而不为呢？所以，我是赞成楚怀王约定好"先入定关中者王之"这种做法的。

3. 无德狠人不要用

职场上不要用项羽这样的人，哪怕他再能干也不行。因为他会害你，他越能干，他取得的业绩越多，他得的"大饼"越大，你的危险就越大。

养虎为患，养狼成灾，项羽是个狠人，刘邦是个德人。狠人越能干，对周围的人威胁越大，特别是对他的上级威胁越大。

你可能会问：我作为"一把手"，现在需要业绩，为什么不能用项羽这样的人呢？防着他点不就行了吗？即使这样，我依然不建议你用项羽这样的狠人。因为防人很累，也防不过来，你不可能天天看着他吧？另外，在你有了防人之心、防范别人成习惯之后，你也会变成一个不可爱的人，会变成一个没有领导魅力的人。

如果你是下属，我想劝你不要跟项羽这样的人。不要做他的上级，也不要做他的下级，不要做他团队的一员，甚至不要做他的朋友，这样的人请躲着走，因为这样的人只能自己做老大，永远只想着自己如何闪烁，不能有一瞬间让别人闪烁。

有些一定要闪烁但能力不行的人，其实危害性还不大。最可怕的是遇上项羽这样特别想闪烁、能力又特别强的人，他一旦闪烁起来，别人连睡觉的自由都没有了，连不看他闪烁的自由都没有了，这样的人不要跟。

4. 能赢的人往往是不想打仗的人

打起仗、做起生意来都有点像带兵的项羽和刘邦,要靠各种制度来约束。制度约束性强,打胜仗的概率反而小,但制度放松,又容易形成霸道总裁独大的局面。所以挑这个"一把手"非常重要。

楚怀王和各个老将聊过之后,还是决定找沛公刘邦这样的宽厚长者,让他带着仁义、善良,温和地走向咸阳。真正想胜的人,骨子里往往是不想打的人。

止兵,兵是凶器,不得已而用之,用的目的也是和平,而不是为了多杀。如果你一味地爱打仗,会发现最后的胜利一定不是属于你的。

最后我想强调,哪怕你有超人的能力,也还是要做德人,不要做狠人。简单地说,就是不要独占,别吃独食,要跟别人分好处,要真心实意地跟大家共享。

古话说:"道德传家,十代以上,耕读传家次之,诗书传家又次之,富贵传家,不过三代。""立德"是一切"立言"和"立功"的基础。"立德"是立智慧、立慈悲、立美感。智慧是成事之道和成事者的品德,是三观和方法论的分寸,是对灵肉包括情绪的管理、对利益的克制等。慈悲是善良、是底线、是同理心,是有所不为和有所必为。美感是对于眼、耳、鼻、舌、身、意综合愉悦的感知力和鉴赏力,很难说清楚。

"天下第一件好事还是读书,世上数百年旧家无非积德。"希望你我都能好好积德,好好读书。在"立德、立言、立功"的路上多两步。

宋义之死：
好的战略，是不打不必要之仗

如果拉长时间维度，增加样本量，把有情商、有智商、有天赋、有老天赏饭的人聚到一起，他们身上共同的特征和规律就会一清二楚。我讲《资治通鉴》，也是希望能通过这些例子和样本，让普通人也能获得智慧。

这个故事，我来说说狠人项羽。他狠在什么地方？致命的短板又在哪里？

项羽跟上司宋义一同带兵打仗，两人在定战术的时候产生了分歧。从严格意义上说，项羽要向宋义汇报，他只能遵从宋义的想法。

随后，宋义的儿子要去齐国为相，此时楚国的士兵饥寒交加，宋义却大摆宴席。项羽大为不满，认为宋义生活奢靡，不体恤士兵，是不忠于国家的表现。于是，项羽作为一个狠人用了狠招，在进见宋义的时候直接杀了他，并宣布宋义与齐合谋反楚，楚王密令杀了他。众将领都因畏惧而屈服，无人敢抗争，就立项羽成了代理上将军。

1. 战略家不要贪不必要之胜

宋义知道项梁一定会因为自己的过分骄傲而败亡。宋义后来也被楚怀王重用，成为上将军，被封为"卿子冠军"。然后，他就带着副手项羽到了赵国，去了解秦国和赵国的战况。

宋义行至安阳，留四十六日不进。项羽曰："秦围赵急，宜疾引兵渡河；楚击其外，赵应其内，破秦军必矣！"宋义曰："不然。夫搏牛之虻，不可以破虮虱。今秦攻赵，战胜则兵疲，我承其敝；不胜，则我引兵鼓行而西，必举秦矣。故不如先斗秦、赵。夫被坚执锐，义不如公；坐运筹策，公不如义。"因下令军中曰："有猛如虎，狠如羊，贪如狼，强不可使者，皆斩之！"

宋义带着大军到了安阳，就地驻扎，在营里吃喝了一个半月没有再往前一步。项羽坐不住了，跟宋义说，秦国现在把赵国围得很急，我们应尽快引兵渡河，与赵国里应外合，这样就一定能破秦军。从项羽的角度看，他这么说是有道理的。

宋义回答说，如果你想干掉牛背上的大牛虻，就不能因为贪小胜利，选择去干掉牛背上的虮子和虱子，因为你要保存实力，

宋义对项羽的评价直切要害。项羽之后没有打败刘邦，除了他的成事之德不足，也有宋义说的这个原因。

项羽不是一个好的战略家，该打的不打，不该打的偏打，贪胜怕败，好的战略家不打不必要之仗、不贪不必要之胜。在战略方向的指引下，打呆仗，一仗一仗赢该胜之仗。

宋义解释说，现在秦国攻打赵国，即使胜了，也一定会很累。到时候，我们就趁它累占它便宜。如果秦国败了，我们就敲锣打鼓向咸阳攻去，一定能灭掉秦朝，所以我们不如先让秦国和赵国打着。你项

羽披坚执锐，一个人抵一百个人，我宋义确实不如你。但论运筹帷幄，做战略考量，你不如我。

宋义作为"一把手"，认可了项羽的能力，并且跟项羽讲了他的战略、战术，算是相当客气了。宋义最后跟军中说，如果有人像老虎一样凶猛、像狼一样贪婪，特别强硬、擅自拿主意、不听命令的，格杀勿论。可惜宋义只是口头上说说而已，最后他没有杀掉这个猛如虎、贪如狼的人，自己反而被项羽杀掉了。

2. 把握时机，占据舆论优势

宋义把战略想得很清楚，也没有大问题——稳扎稳打、集中优势兵力，一举灭掉秦朝。他跟项羽说得也很清楚：你给我老实点，如果不听命令、贪功贪胜，逢战必打，那我就要你的人头。

那么，宋义究竟犯了什么错误？

第一，他并没有自己嘴上说的那么狠。

第二，他自己屁股也不干净，贪吃、贪玩、贪享受。将士们在打仗，他却跟儿子在吃喝玩乐。

乃遣其子宋襄相齐，身送之至无盐，饮酒高会。天寒，大雨，士卒冻饥。项羽曰："将戮力而攻秦，久留不行。今岁饥民贫，士卒食半菽，军无见粮，乃饮酒高会。不引兵渡河，因赵食，与赵并力攻秦，乃曰'承其敝'。夫以秦之强，攻新造之赵，其势必举。赵举秦强，何敝之承！且国兵新破，王坐不安席，扫境内而专属于将军，国家安危，在此一举。今不恤士卒而徇其私，非社稷之臣也！"

宋义派他的儿子宋襄去辅助齐国，临行前大宴宾朋，为儿子送行。

作为父亲，为儿子千里送行当然没问题，但那是在乱世、在军中，这么做就有很大的问题了。

相反，吴起、项羽这类狠人没有成事之"德"，但"能"是他们的特点。他们能跟士卒共生死、共患难：你没的吃我也没的吃，你饿我也饿着，你冷我也冻着。当时天非常冷，下着大雨，士卒们又饿又冷。项羽号召大家说，宋义该死！大家明明应该去打秦国，宋义却让大家在这里留了一个半月。如今收成也不好，老百姓都没东西吃，将士吃的一半都是菽粮。作为一军主帅，他不思进取，又不与民同苦，只会自己饮酒聚会。还说要等秦赵打出个结果后，去找软柿子捏。

秦国那么强，打一个刚成立的赵国能损失多少？哪有什么软柿子可以捏？而我们楚国刚被秦国打败，楚怀王信任宋义，把境内所有军队都给了宋义，国家安危就在此一举。他倒好，不抚恤士卒，还送自己的儿子去齐国为相，这是对楚怀王不忠，对社稷安危不顾。

项羽敢这么说，就意味着他要跟宋义对着干了。可惜，宋义在项羽动手之前，竟然都没有什么反应。

3. 狠人杀伐果断，直奔目的

十一月，项羽晨朝上将军宋义，即其帐中斩宋义头。出令军中曰："宋义与齐谋反楚，楚王阴令籍诛之！"当是时，诸将皆慑服，莫敢枝梧，皆曰："首立楚者，将军家也；今将军诛乱。"乃相与共立羽为假上将军。使人追宋义子，及之齐，杀之。使桓楚报命于怀王。怀王因使羽为上将军。

十一月，项羽有天早朝见到上将军宋义，拔刀就把宋义的脑袋砍掉了。

这种事项羽不是第一次干了。以前，项梁带着项羽在吴中避仇，秦国刚开始大乱，收留他们的会稽太守殷通来问项梁和项羽，该怎么办？应该怎么起兵？

结果项梁给项羽使了一个眼色，项羽拿着剑就把殷通给杀了。这是逞凶斗狠的做派。

人，尤其是成年人，很难改变自己，更别提因别人而改变了。项羽一直都没变，所以拎起剑就把他的顶头上司宋义的脑袋砍了下来。

项羽出来之后，脸不红心不跳地跟大家说，宋义跟齐国联合，想要谋反，是楚王暗中让我杀了他。这句话真不真已经不重要了。项羽一只手拎着宋义的人头，另一只手持着宝剑，在给大家一个能接受的说法。你接受，我不找你麻烦，你不接受就放马过来，没准儿下一颗人头就是你的。

这时候，诸将都不敢再说什么，且都迎合项羽说，最开始立楚王的时候，就是您家支持的，您是妥妥的后代。今天又是您消灭了叛乱，斩除了祸根，大家就一块把您立为代理"上将军"吧。

随后，项羽又让人去追杀宋义的儿子，最终追到齐国把他给杀了，并且让桓楚把这件事跟怀王汇报了。怀王不是什么狠角色，不仅没敢责备项羽，还就坡下驴，正式任命项羽为上将军。

宋义不狠，诸将不狠，怀王也不狠，那就该着项羽成事。狠人干掉几个不狠的俗人，完全没有问题。

破釜沉舟：
如何打赢一场关键战役

破釜沉舟大家都知道，但是估计90%的人没有考虑过它跟战略有什么关系？

战略学有个词叫"战略姿态"，用北方话说就是"吃相"。你是拿牙签一点点挑着吃，你还是托起碗、狼吞虎咽地吃？同样在一个地方竞争，"战略姿态"对战略最后的执行效果有相当的影响。

项羽杀了宋义，过渡到了上将军，位子还没坐稳，还在事业上升期，需要证明自己。就在这个过程中，留下了一场流传千古的战役——巨鹿之战，也留下了一个成语——破釜沉舟。借着破釜沉舟的故事，我来讲讲"战略姿态"对结果的影响。

1. 破釜沉舟是一种项目管理能力

章邯筑甬道属河，饷王离。王离兵食多，急攻巨鹿。巨鹿城中食尽、兵少,张耳数使人召前陈馀。陈馀度兵少,不敌秦,不敢前。

王离在前线打仗,王离的上级章邯是秦朝军中的"一把手",他知道战争在很大程度上拼的是给养,是吃喝和弹药。于是,就沿黄河构建了运输通道,用来保证粮草和军需物资的供应。加上王离手上的兵多,所以在拼命打巨鹿。

巨鹿城中快没有吃的了,张耳就派人去向陈馀求救。陈馀衡量了一下,觉得自己打不过秦兵,不敢往前去。

数月,张耳大怒,怨陈馀,使张黡、陈泽往让陈馀曰:"始吾与公为刎颈交,今王与耳旦暮且死,而公拥兵数万,不肯相救,安在其相为死!苟必信,胡不赴秦军俱死;且有十一二相全。"陈馀曰:"吾度前终不能救赵,徒尽亡军。且馀所以不俱死,欲为赵王、张君报秦。今必俱死,如以肉委饿虎,何益!"

过了几个月,张耳实在撑不住了,对陈馀充满了怨恨,让张黡和陈泽去数落陈馀。我跟你是刎颈之交,现在赵王跟我都不见得能活过明天,你拥兵数万,却不愿意救我们。如果你真是一个有信用、念旧情的人,为什么要这样?如果我们跟秦军决一死战,或许还有一线赢的机会。

陈馀并没有被张耳的这番话打动,他说,我出兵也救不了你,救不了赵国,只是让我的军队白白牺牲掉。我只是为了保存实力,将来为你和赵王报仇啊。现在我去和你们一块死,就像拿块肥肉去喂饿虎,有什么用呢?

张黡、陈泽要以俱死。馀乃使黡、泽将五千人先尝秦军,至,皆没。当是时,齐师、燕师皆来救赵,张敖亦北收代兵,得万馀人,来,皆壁馀旁，未敢击秦。

张耳、陈馀从小就认识，陈馀团队里很多人看不下去了，想去尝试一下能不能救出张耳和赵王，其中就包括张黡和陈泽。陈馀也并不是完全绝情之人，他给了张黡、陈泽五千人，让他们去尝试攻打秦军。结果，这五千人刚到就全军覆没了。

这时候，齐国、燕国以及张敖的军队都已经来了，在旁边安营扎寨，但不敢和秦军打。

一座死城、一支似乎不可战胜的秦军、一群作壁上观的看客，这时候，项羽是怎么做的？

项羽已杀卿子冠军，威震楚国，乃遣当阳君、蒲将军将卒二万渡河救巨鹿。战少利，陈馀复请兵。项羽乃悉引兵渡河，皆沈船，破釜、甑，烧庐舍，持三日粮，以示士卒必死，无一还心。于是至则围王离，与秦军遇，九战，大破之；章邯引兵却。诸侯兵乃敢进击秦军，遂杀苏角，虏王离；涉间不降，自烧杀。

项羽杀掉了"卿子冠军"宋义，威震楚国，派手下大将带了两万军队渡河，去救巨鹿之围。

战争拼的是实力，拼的是供给。项羽的军队上来就打秦军的供给线，断绝了章邯的甬道，王离的军队没吃的了，秦军也没吃的了。陈馀又跟项羽说，再多加点兵救救我。

项羽盘算之后，率军渡河。他不仅渡河，还把船都沉掉，把军营、房舍都烧了。这次，不赢我就不回来了。告诉大家说，我们只带了三天的粮食，咱们就是去拼死一战的。只有胜利一条活路，除了胜利之外，全是死路。

项羽到了后就把王离的军队围住，跟秦军鏖战九次，大破秦军，章邯带着兵撤了。这时候，各国军队才敢放手打秦军，杀了苏角，俘虏了王离，不降的将领都被迫自杀了。

当是时，楚兵冠诸侯；军救巨鹿者十馀壁，莫敢纵兵。及楚击秦，诸侯将从壁上观。楚战士无不一当十，呼声动天地，诸侯军无不人人惴恐。于是已破秦军，项羽召见诸侯将；诸侯将入辕门，无不膝行而前，莫敢仰视。项羽由是始为诸侯上将军，诸侯皆属焉。

反秦联盟的军队不少于十支，但都不敢放手一搏，当楚军破釜沉舟、背水一战的时候，各国的将士都在高处作壁上观。

楚军破秦之后，项羽召见反秦联盟的各个诸侯将领，诸侯将从辕门入，不敢用脚走，都是拿膝盖往前跪着挪动，不敢抬头看项羽。

自巨鹿之战破釜沉舟后，项羽扬名天下，成为所有诸侯的上将军。

2. 做管理，不临绝境，不要轻易涉险

说回破釜沉舟的故事，给我们带来了很多启示。

第一，"战神"要靠打硬仗才能成为"战神"。以少胜多，以不可胜胜可胜，做似乎不可能的事，这几乎是条规律。

第二，只有"战神"、CEO、霸道总裁自己才能做"我要破釜沉舟的决策"，没有其他人能够帮他。他只能自己鼓舞自己，带着团队去干这件事。

从这个角度看，创业者只能被自己鼓舞。我不能逼着你创业，只能你跟我说，你要创业，希望我在什么地方帮你。

并且，尽量不要背水一战。不是所有仗都要这么打，仗还是要扎扎实实地打，能不死的时候，就不要冒死。破釜沉舟是险招，一般情

况下不要用。

不涉险，不要倚仗权谋，这是我一直奉劝大家的话。

当然，项羽在特定时机选择破釜沉舟，应该是个好选项。他虽然天下无敌，但那时候还不能服众。有这样一个机会让他有一定的概率扬名立万，他挺身而出，打这必死的一场战斗是没问题的。

但这种事只会发生在极少数人身上。对于这极少数人，也是一生中极少的情况。它是传奇，是个别案例，并不能当成所谓的常规战法，切记。

刘邦招降：
企业并购要善用"不战之法"

打仗的目的是和平，最好的仗是不战而胜的仗。如果不打也能取得打胜了的目的，那不打就是最好的打法。

怎样才能不打仗，又取得打了胜仗一样的效果？

在这个问题上，刘邦做得非常好。"楚汉相争"就是他用高明的外交手段达成不战而胜目的的体现。

现代经营管理中，也经常会面对同样性质的问题，比如公司在扩张、争夺市场份额时，到底应该走哪条路？是打还是招降？招降之后怎么办？招降过程中，要注意哪些问题？借着这个故事，我来讲讲"不战之法"。

1. 刘邦中年创业的三板斧：人宽厚、善学习、不要脸

刘邦似乎油腻、猥琐，但从管理学的角度讲，刘邦的做法对普通

人而言更有借鉴意义。因为刘邦身上有三板斧：人宽厚、善学习、不要脸。

第一，人宽厚。知人善任，用人不疑、疑人不用，不嗜杀。知人善任，能够信任下属，是很重要的一步。第二步，该分利的时候，大方给名、给权、给利。

宽厚长者，不是不打不骂，而是该给活给活、该给机会给机会、该给钱给钱、该给荣誉给荣誉、该给权力给权力、该给位置给位置。

第二，善学习。刘邦中年之后起兵，就在不停地学习，学兵法、学用人、学怎么跟别人沟通和打仗。一路成长，一路走到最后。

第三，不要脸。这是刘邦最大的特点，这一点非常难做到。他把成事放在了仁义道德之前，所以刘邦在后世被很多人非议。

虽然十个刘邦也不是项羽的对手，但刘邦却是能笑到最后的那个人。因为刘邦知道怎么利用自己宽厚长者的特点，让它产生最大的效益。

昌邑未下，沛公引兵西过高阳。高阳人郦食其，家贫落魄，为里监间，沛公麾下骑士适食其里中人，食其见，谓曰："诸侯将过高阳者数十人，吾问其将皆握龊，好苛礼，自用，不能听大度之言。吾闻沛公慢而易人，多大略，此真吾所愿从游，莫为我先。若见沛公，谓曰：'臣里中有郦生，年六十馀，长八尺，人皆谓之狂生。生自"谓我非狂生"。'"

刘邦打昌邑没打下来，于是引兵向西，过了高阳。高阳有个人叫郦食其，就是后来的楚汉第一名嘴。

郦食其家贫落魄，在当地做小官吏。刘邦军队里有个骑兵去郦食其的家乡看望朋友，郦食其就跟他说，我看到诸侯将领有数十人经过高阳，这些将领都很没有战略眼光，也听不进去建议，但我听说沛公跟他们不一样，沛公待人不论俗理，有雄才大略，我愿意跟着沛公去打天下，但是苦于没有人引荐。如果壮士你见到沛公，请帮忙引荐，就跟他讲，有个姓郦的先生想要见他。

骑士曰："沛公不好儒，诸客冠儒冠来者，沛公辄解其冠，溲溺其中，与人言，常大骂；未可以儒生说也。"郦生曰："弟言之。"骑士从容言，如郦生所诫者。

这个人就跟郦食其说，沛公不太喜欢儒生。如果有人戴着儒生帽来见他，沛公就会把他的帽子摘了，往里边撒尿。他跟别人聊天，经常破口大骂，所以您不该说自己是儒生。但郦生跟这个人说，你就按我的话说就好。骑士就这样跟沛公推荐了郦生。

2. 懂用人之长处，事半功倍

沛公至高阳传舍，使人召郦生。郦生至，入谒。沛公方倨床，使两女子洗足而见郦生。郦生入，则长揖不拜，曰："足下欲助秦攻诸侯乎，且欲率诸侯破秦也？"沛公骂曰："竖儒！天下同共苦秦久矣，故诸侯相率而攻秦，何谓助秦攻诸侯乎！"郦生曰："必聚徒、合义兵诛无道秦，不宜倨见长者！"于是沛公辍洗，起，摄衣，延郦生上坐，谢之。

刘邦还真到了高阳，住在客店时，就让人去把郦生叫了过来。

郦生到了，给刘邦作了一个揖。刘邦坐在床上，两个侍女在给他洗脚。他一边洗脚，一边跟郦生聊天。

郦生说，您是想帮助秦打其他诸侯呢，还是率其他诸侯来破秦国呢？刘邦骂道，你这个臭儒生，天下苦秦久矣，当然是诸侯相互帮扶着去打秦国，从何而谈助秦国打诸侯呢？

郦生说，如果您要聚人合兵，去打不合人道、不合天理的暴秦，您就不应该这么傲慢地见一个长者。刘邦一听，没有再坚持自己的做派，这就是刘邦宽厚长者的地方。刘邦立刻把脚抬起来，不洗了，穿好衣服，请郦生上座，并且赔了不是。

郦生因言六国从横时。沛公喜，赐郦生食，问曰："计将安出？"郦生曰："足下起纠合之众，收散乱之兵，不满万人；欲以径入强秦，此所谓探虎口者也。夫陈留，天下之冲，四通五达之郊也；今其城中又多积粟。臣善其令，请得使之令下足下；即不听，足下引兵攻之，臣为内应。"于是遣郦生行，沛公引兵随之，遂下陈留；号郦食其为广野君。郦生言其弟商。时商聚少年得四千人，来属沛公，沛公以为将，将陈留兵以从，郦生常为说客，使诸侯。

郦生跟刘邦讲了战国时期，纵横家是怎样安排反秦联盟的。刘邦听后便问，应该采取什么样的战略？

郦生一针见血地指出，您的兵是乌合之众，不到万人就想进关，去跟强大的秦国硬打，这是把脑袋探入虎口。

说完了大方向，郦生说，那咱就做一个具体的项目。陈留是一个很重要的地方，四通八达，城里又有很多粮草。我跟陈留的"一把手"关系很好，如果他能被我说服，那固然好；如果他不听，您就带兵打他，我和您里应外合，帮您从内部起事。

刘邦听从了郦生的建议，陈留就这样被兵不血刃地拿下了。之后，刘邦给郦生封了官，给了名、权、利。

后来，郦食其还跟刘邦说，我弟弟郦商也很能干，他希望也能跟着您。

刘邦同意了。这时候，郦商已经聚了四千名壮丁，他就带着这四千人前来追随刘邦。刘邦把他封为将军，让他带着陈留的兵跟随自己。从此之后，郦食其就常常作为说客，来往于诸侯之间了。

3. 企业并购前，先沟通不战之法

夏，四月，沛公南攻颍川，屠之。因张良，遂略韩地。时赵别将司马卬方欲渡河入关，沛公乃北攻平阴，绝河津南，战洛阳东。军不利，南出轘辕，张良引兵从沛公；沛公令韩王成留守阳翟，与良俱南。

四月，刘邦向南打颍州，屠了城，所以"兵，凶器"，刘邦也杀了很多人。但后来因为郦食其和其他一些人的建议，开始"兵以不杀为美，兵以不动兵为美"。

六月，与南阳守齮战犨东，破之，略南阳郡；南阳守走保城，守宛。沛公引兵过宛，西。

到了六月，刘邦和南阳太守齮在犨东打了一仗，大胜，南阳多数地方被扫荡了。

但南阳郡守并没有投降，而是在南阳找了一个叫宛的地方作为据点坚守。刘邦知道太守齮在宛还有一部分势力，因此他过宛不打，直接往关中去了。

张良作为第一战略官，觉得这样做很有风险。

张良谏曰："沛公虽欲急入关，秦兵尚众，距险；今不下宛，宛从后击，强秦在前，此危道也！"于是沛公乃夜引军从他道还，偃旗帜，迟明，围宛城三匝。

南阳守欲自刭，其舍人陈恢曰："死未晚也。"乃逾城见沛公曰："臣闻足下约先入咸阳者王之。今足下留守宛，宛郡县连城数十，其吏民自以为降必死，故皆坚守乘城。今足下尽日止攻，士死伤者必多。引兵去宛，宛必随足下后。足下前则失咸阳之约，后有强宛之患。为足下计，莫若约降封其守；因使止守，引其甲卒与之西。诸城未下者，闻声争开门而待足下，足下通行无所累。"沛公曰："善！"

秋，七月，南阳守齮降，封为殷侯；封陈恢千户。引兵西，无不下者。至丹水，高武侯鳃、襄侯王陵降。还攻胡阳，遇番君别将梅鋗，与偕攻析、郦，皆降。所过亡得卤掠，秦民皆喜。

张良劝刘邦说，这么做风险非常大。您急着想进关中，但前方秦兵实力很强，地势上又有天险可踞。现在您不打下宛，到时候宛就会从后边打您，腹背受敌，会很危险。

刘邦稍作思考，立刻就采取了张良的建议，悄悄地从其他的小道杀回宛城。第二天早上，宛城已经被围了三圈，刘邦兵多、将广、力量大，南阳太守一度想要自杀。但有个叫陈恢的人上前去说，您先别急，我先去跟他们聊一聊，没准儿可以不打。

陈恢转而去劝刘邦说，您着急进咸阳称王称霸，但是现在宛城官吏和百姓都认为，如果降了刘邦就是死路一条，所以大家都坚守这几十个城池。您现在如果狂打宛城，士兵会死伤很多。如果您现在离开宛城，宛城的士兵就会跟在后边找机会去打您。所以，我不建议您不打宛城，也不建议您死打宛城。

您不如劝说宛城的地方官投降。然后，您带着投降的士卒往西去打咸阳，留下一小部分守在宛城。这样，那些还没有投降的秦国都城，都会争相开门等您来。刘邦同意了。

到了七月，南阳太守齮投降，被封为殷侯，陈恢被封为千户。之后"劝降不杀、并购,大家一起往前"这种思路就成了刘邦的一个习惯性打法。刘邦带着兵往西入咸阳,几乎没有人硬扛,劝劝就投降了。这一路没有遇到坚决的抵抗,刘邦的军队也没有杀烧抢掠,秦国的人民都很欢喜,民心自然已经到了刘邦这边。

这就是所谓的兵不血刃,能不打就不打。

4. 强弱联合往往效果更好

现代管理中,对于收购、兼并也是一样的,沟通非常重要。先聊聊,不要设限,实在不行了再打。

另外,强弱联合要好于弱弱联合,比以强欺弱,以弱抗强要好太多。

刘邦和南阳太守齮就是强弱联合,刘邦占绝对的优势,是一强带众弱。这种联合对于强者是有用的,减少了不必要的损失和伤害。对于弱者也是好事,他们有了更好的生存方式。

现代管理环境中,也同样不必竞争到牙齿碰牙齿,不行的话就强弱联合,谈谈责、权、利,大家一起开心往前去。

指鹿为马：
常用权谋终会被权谋反噬

在《资治通鉴》里，指鹿为马有可能是我心中最悲伤的一个故事。这种悲伤甚至触及人类最根本的东西，听上去像个笑话，如此荒唐，似乎不可能发生。但它却是血淋淋的真实历史，甚至是一段在不断被重复的历史。

指鹿为马，到底是一个怎样千古悲哀的故事？到底涉及什么样的人性？它跟管理又有着怎样的关系？

1. 指鹿为马并非长期的管理方式

刘邦不费一兵一卒就兼并了很多秦国的军队和土地，并且推功揽过，大方跟别人分利。他并没有因为下属是秦国的军队和将领，就不让其参加价值创造，参加分田地。刘邦心胸够大，底气够足，不战而胜后，势力越来越大。项羽和刘邦的势力都在不断扩张，追随他们的人也越来越多。

那么秦二世和赵高在做什么呢？他们知道局势已经到了如此紧张的程度了吗？

赵高杀死了李斯，成功地独揽大权。但是他并不是没有担心了，因为朝中并不只有一个李斯，还有其他群臣。你不能像干掉李斯一样把群臣都杀掉，他不行，胡亥不行，谁也不行，官僚机构还是必须要有的。

于是，赵高作为一个古今中外都能排得上名、顶尖的权谋高手，他破天荒地、非常有创意地搞了一个服从性测试。看你服不服？听不听他的？能不能让他翻手为云，覆手为雨？能不能让他有上帝般的能力？

他这么做的道理很简单，就是希望能控制一切。

初，中丞相赵高欲专秦权，恐群臣不听，乃先设验，持鹿献于二世曰："马也。"二世笑曰："丞相误邪，谓鹿为马？"问左右，或默，或言马以阿顺赵高，或言鹿者。高因阴中诸言鹿者以法。后群臣皆畏高，莫敢言其过。

赵高杀掉李斯之后还不满足，还想继续再走一步——不是皇帝胜似皇帝，他的下一个障碍，就是群臣。群臣如果听他的，那秦二世就是个摆设。

赵高是使用权谋的杰出代表、反面典型。他为了能够做到专权，想出了一个服从测试，也是一个缺德测试。这个德是道德的"德"，是成事的"道德"，也是仁义的"道德"。

这个测试用非常简洁明了、有效的方式进行。他拿一只鹿献给二世胡亥，跟二世说，我献给您一匹良马。秦二世乐了，说丞相啊，您跟我开什么玩笑啊？这不是马，这是鹿。画面感非常强。

赵高环顾左右，当着所有大臣的面说，你们觉得是鹿还是马？这是一道送命题，这是一道灵魂拷问题，这是一道缺德冒烟的题。周围大多数人都沉默了，有些人跟赵高说，您说得对，这是一匹马。也有人说，这分明是一只鹿。之后，赵高就暗暗地把那些不顾自己颜面和暗示，依旧指鹿为鹿、说真话的人都干掉了。从此，群臣都很害怕赵高，没有人敢再说他有任何错误了。

赵高怎么能错呢？赵高对得不能再对了，他不可能犯错。他犯错了，一定是你把事情想错了。他指鹿为马，杀了那些反驳的人，剩下的人只要还怕死，也就只能他说什么就是什么。赵高变得无比正确，从那以后就再也没犯过任何错误，错误在赵高那里再也不存在了。

赵高大权独揽到都可以指鹿为马了，是不是从此就高枕无忧了？很可惜，指鹿为马并没有给赵高带来长久的安宁，因为世界从来不是这样运转的。

哪怕你在一个大国，哪怕你一个人能说了都算，你也不可能一直这样下去。在你能够颠倒黑白、指鹿为马的时候，也必定是你要开始走下坡路的时候。因为真的就是真的，假的就是假的。你可以让一些人一直服你，一直毫无廉耻地服你，把鹿一直说成马。你也可以让所有人在一段时间内把鹿说成马，只要你指着鹿说那是马，所有人就跟着你说那是马。然后你把敢不说那是马、敢指鹿为鹿的那些人统统杀掉就好了。但是无论你有多强大，无论有多少人跟你异口同声，你会发现你不可能让所有人长时间都陪着你玩，因为鹿就是鹿，马就是马。

进一步说，哪怕你在一个特别厉害的公司，你是特别厉害的公司里特别厉害的人，哪怕你在这个厉害的公司里已经可以指鹿为马、颠倒黑白、混淆是非了，你也不会长久，反而更要警惕。因为往往在你具备了指鹿为马的能力的时候，也是你大厦将倾之时，劈你的雷已经加速在路上了，而且这种加速不会减弱，只会越来越快。

那些迫于你的淫威而不得不按照你的意思指鹿为马的人，在心里有一个共同的想法，就是希望劈你的雷快些来吧。虽然他们没有交流，虽然他们没有大声说出口，但他们想说的你应该知道。

赵高面对的情况也是一样，很快，反秦大军就兵临城下了。

2. 常用权谋终会被权谋反噬

高前数言"关东盗无能为也"；及项羽虏王离等，而章邯等军数败，上书请益助。自关以东，大抵尽畔秦吏，应诸侯……八月，沛公将数万攻武关，屠之。高恐二世怒，诛及其身，乃谢病，不朝见。

之前赵高多次说，这些起义军干不成啥事。等项羽抓了王离，秦国末代"战神"章邯连败数次，赵高才上书，但这个时候关东已经都反了，各路诸侯都开始向西打，争取入关，整个形势已经注定秦国必亡了。

八月，刘邦带数万人灭掉了武关。赵高担心秦二世大发雷霆，杀了自己，于是称病不上朝。之后赵高又谋划了一次宫廷政变，用一个莫须有的罪名，把这个在秦国唯一能威胁到他的人——胡亥干掉了，然后立子婴为秦王。

但子婴不是等闲之辈，他知道赵高的残忍，所以决定先下手为强。

子婴遂刺杀高于斋宫，三族高家以徇。

子婴趁赵高上门来找他的时候，让人立刻杀掉了赵高三族，以平民愤。子婴如果生在合适的时候，以他的手段、能力、见识和果敢，没准儿能干出一些事。但是可惜太晚了，秦国大势已去。

遣将兵距峣关，沛公欲击之。张良曰："秦兵尚强，未可轻。愿先遣人益张旗帜于山上为疑兵，使郦食其、陆贾往说秦将，啖以利。"秦将果欲连和；沛公欲许之。张良曰："此独其将欲叛，恐其士卒不从；不如因其懈怠击之。"沛公引兵绕峣关，逾蒉山，击秦军，大破之蓝田南。遂至蓝田，又战其北，秦兵大败。

张良跟刘邦说，秦兵的力量虽然已经被极大地削弱了，但是仍然不能轻视。您先别着急打，先让人到山头上竖立各种旗帜，布些疑兵，让秦国人看到我们的阵势很大，然后找几个能说会道的外交家去劝说秦将，晓以利害，许他们以好处，估计可以少死点人，少消耗一点我们的力量。

果然，秦将一看大势已去，刘邦想来招安，就说行，那咱就一块干。

沛公刘邦到今天，讲的是仁义，讲的是联合，讲的是并购，讲的是大家有福同享，有难同当，讲的不是屠城，不是打打杀杀。但其中有一个前提，就是刘邦在做这些事的时候其实还相对弱小，实力还处于快速增长期，经不起太大的风浪。张良非常清楚，那个时候如果一路硬打，绝打不到咸阳。但现在不同了。

慈不掌兵，张良也不是纯良之辈，他在综合考虑了投入产出、风险和回报后，跟刘邦建议说，不行，虽然这个将领愿意跟咱们走，但是这些秦兵不一定，还不如趁他们懈怠的时候干他们，我们失败的概率很小。

事情发展的结果就是刘邦大破秦军。至此，刘邦先入咸阳，已经没有任何悬念。

3. 用谎言推测真相，与"成事学"第一公理相悖

指鹿为马的故事为什么是我认为最悲伤的故事？我讲三点。

第一，"真"。从谎言去猜测真相，就意味着会有很多浪费，耽误很多时间，伤害很多人，消耗很多没有必要消耗的资源。

我在医疗培训、管理培训的经历，都让我深深体会到"真"有多重要。从长期来看，没有"真"就没有效率，没有"真"就没有价值，不建立在"真"的基础上的善是伪善，不建立在"真"的基础上的美，也不是真美。

指鹿为马是求真的对立面，它混淆是非、颠倒黑白，阻止大家去追求真相，使最简单的真相变得不简单，一切扑朔迷离、黑白颠倒。

第二，指鹿为马放大了人性之恶、破坏了企业文化。一个企业、一个组织能够鼓励有价值的反对意见，能让 CEO 听到这些不同的声音是很不容易的事。但因为有赵高这类人，有指鹿为马这类事情，企业里想听到真话就更难了。

它还挑战人性、玩弄人性。赵高用指鹿为马做人性测试，把人性之恶放到了最大，把人性之善压到了最低。我认为，指鹿为马是个很悲哀的故事，是个变态的、激发人性恶的故事。如果非要用这种方式来选出"自己人"，我觉得宁可不做；如果非要用这种方式获得某些利益，哪怕利益再大，我觉得宁可不要。

那为什么还会一而再地出现这样的故事？因为利用人性之恶，对统治者来说是条捷径。杀掉所有的公鸡，似乎天就不亮了，至少统治者可以在短暂时间内得到一定的宁静，得到一定的心安。所以，指鹿为马不是一个笑话，而是一个在反复发生的悲伤的故事。它非常好用，但是极为恶劣。

第三，面对指鹿为马的情况怎么办？要么跑，要么混。如果你是赵高，我绝不建议你用指鹿为马这种测验。但如果你是群臣，一旦出

现了指鹿为马，这个机构、公司哪怕再厉害，哪怕市场份额再大，哪怕技术再领先，哪怕商业模式再好，它都已经在快速走下坡路，离崩溃已经不远了。

如果我是群臣之一，我有两个选择：一个选择是混，装聋作哑，支支吾吾。另一个选择是跑，降低生活欲望，抛下对权、钱、色的眷恋，"三十六计走为上"。

如果混和跑这两者我有的选，那我就选跑。我不在指鹿为马的地方待着，不在弘扬人性恶的地方待着，不在经常被迫要进行忠诚测试、人性测试、服从测试的地方待着。

最后的最后，我想说，指鹿为马给始作俑者赵高带来的也仅仅是片刻的安稳，这种方式不是长期的管理方式。我和司马光都是长期主义者，我们要看长期。从长期来看，真正能成功的并不是那些没有任何反对声音的团队，而是能够实事求是、踏实成事的团队。

判断一个CEO是不是真强大的诀窍，就是不要看有多少人围着他点头哈腰，有多少人听他的，有多少人跟他讲你太对了，而是要看他是否有很强的左膀右臂，有很强的核心团队，是否有人能够说一些他不想听的话，而且他还能听进去，还能被说服。

一旦出现指鹿为马的情况，那就是一个必败的局。至于败得有多快，那要看命、看运。但无论怎样，必败的结果是确凿无疑的。一旦出现这种情况，不要眷恋，如果可能的话，尽快离开。如果实在走不掉，就混吧，但不要同流合污，至少不要做指鹿为马的赵高。

汉纪一

公元前 206 年

公元前 205 年

约法三章：
得人心者才能长久成事

秦朝大势已去，剩下的就是谁会最终坐拥江山。刘邦已经先入咸阳，但此时的项羽比刘邦势力更大，其他各国的势力也在扩张，纷纷朝咸阳观望。

刘邦攻入咸阳后，众将士也都是人，也难免被人性中的贪婪所驱使，都争先恐后地想瓜分秦朝的财宝。历史上的一些情境里，只有极少数人能战胜人性的阴暗面，闪烁出立德、成事的道德光芒。

这些人都在特定的情境里做了什么？人在取得大胜利后，该怎么做才能持续胜利？借着这个故事，我来讲讲。

1. 杀降的核心是"一把手"不自信

冬，十月，沛公至霸上；秦王子婴素车、白马，系颈以组，封皇帝玺、符、节，降轵道旁。诸将或言诛秦王。沛公曰："始怀王遗我，固以能宽容。且人已降，杀之不祥。"乃以属吏。

刘邦在咸阳城边的霸上驻扎下来。秦王子婴带着家伙什儿——素车、白马和象征皇权的印、符、节来投降了。刘邦在约法三章之前还干了两件事：一件就是受降；另外一件是入咸阳。受降，刘邦是怎么做的？之后咱们再比较项羽又是怎么做的。

刘邦军队里的诸将都跟刘邦说，把秦王杀了吧，大家都恨秦王。但刘邦没有听，原因有两个：第一，楚怀王让我进咸阳就是因为我宽容，不是让我见人杀人的，我跟项羽不一样。所以，我不能违背怀王给我的初心和战略方向。

第二，杀降不祥。人家已经投降了，你再把人杀了，不仅对不起这个人，其他想投降的人看到后可能也不愿意再来投降了。

第三，我想是刘邦心里没有说出去的——我不想杀秦王，不想昭示天下我要取而代之，不想现在就过早地把旗帜竖起来。刘邦非常清楚，项羽这支比他更强大的力量就在不远处，他知道自己无法应对项羽的进攻。所以他不能杀秦王，而是把秦王交给了相关的官员，让他们去处理。这一套举动既俘获了秦国旧部的人心，又得了楚怀王的人心，而且没有激怒项羽和其他诸侯。

杀降不祥，但是为什么历来都有杀降的举动？核心的核心、根本的根本还是"一把手"的不自信。害怕这些降了的人会再反叛。他如果有足够的自信，知道自己能够以德服人，能够让降了的人有更好的前程，很显然是没必要杀降的。以什么德服人？以成事之德。

这些降兵降将也会考虑自己的身家性命和未来。如果你能给给他们这些，如果你足够兵强马壮，你足够有成事道德，就没必要杀降兵。

一个是你的成事道德，一个是你的兵强马壮，这两点但凡缺其一，很多人就会选择杀降。

2. 攻和守阶段不同,要及时调整战略

贾谊有过慨叹,这么强大的秦朝到此就亡了。

贾谊论曰:秦以区区之地致万乘之权,招八州而朝同列,百有馀年,然后以六合为家,殽、函为宫;一夫作难而七庙堕,身死人手,为天下笑者,何也?仁谊不施而攻守之势异也。

贾谊说,秦国用那么小的一块地就能称霸天下,百年之后又吞并了六国,统一天下。而且有崤山和函谷关作为它的宫殿,似乎可以长治久安。然而随着陈胜、吴广揭竿而起,很快天下就不再是秦国的了,原因只有一个——不行仁义,而且攻守发生了转换。

从现代的管理角度看,其实就是乱世、宁世的治法不一样,得天下和坐天下的方式不一样。

商鞅变法是以法家为主要治国方针,推行非常严酷的律法、非常泯灭人性的措施。这在乱世、在打仗的时候,是对的,但在得天下之后再用就不合时宜了。

秦始皇,特别是后来的秦二世、赵高、李斯不仅没改变先军政策,而且在绝大多数时候,还变本加厉地把商鞅的政策推向极端。在自己胜利的基础上不能自拔、不能调整、不能优化。因为他们不做战略调整,不明白乱世、宁世治法不同,导致强大的秦国迅速败亡。

再说一点,上层太重人治、太重权力的集中。几个人,甚至一个人,希望通过严酷的律法管理一个广大的国家,最终只能走向恶性循环。权力越集中在一个人手上,这个人就会越担心管不过来、不能自洽,就越把法律变得严苛,成为压死骆驼的最后一根稻草。

人毕竟是人,稍稍犯法就是死。那"等死,死国可乎",同样是死,我为什么不去抗争?也正是基于此,有了陈胜、吴广的大泽乡揭

竿而起。

自那之后，秦朝的灭亡就是一个加速的过程。鹿死谁手是个问题，但"鹿死"已经不是问题了。

在这个故事里，有一个话题还是蛮有意思的，就是暴富之后、大胜利之后，应该秉持什么样的态度？当然你可以说，人有人性、兽性、神性。我能理解在这种时候人心里的兽性和人性，但是要意识到，就是所有人都想做时，你不该做。所有人一定要做时，你不一定做，甚至一定不做。这时就是所谓的"神性"、反人性的作用体现，甚至你可以说这是成事之道、成事之德的顶点。

反之，也同理。在你至暗之时，在你名声、运气都一塌糊涂的时候，什么东西不该做，其实都是共通的。无限光明和无限黑暗，两者隔得并不远，底层都是一个根基。

沛公西入咸阳，诸将皆争走金帛财物之府分之；萧何独先入收秦丞相府图籍藏之，以此沛公得具知天下阨塞、户口多少、强弱之处。

再往西打入咸阳时，刘邦胜了。这个时候并不是没有反对势力，在刘邦之外还有一个强大的项羽，甚至还有一些逞凶斗狠的诸侯。刘邦的将士们已经提着脑袋打了几年仗，风餐露宿，刀头舔血，终于迎来了看似最终的胜利，所以各个大将争先恐后地去那些有金银财宝的地方去抢、去分，这非常符合人性，但对不对就要两说。

在这组人中，有一个特立独行的人，他的名字叫萧何，原本是穷苦出身，在打天下的过程中，也没什么钱。萧何也是人，但是他没去抢，他先找的是信息——图籍、数据。有了这些信息，就能知道各地大致的财力状况、人口分布、社会形势。这是个人才啊。

3. 听劝是霸道总裁的重要能力

人性贪图享受，刘邦也不例外。

沛公见秦宫室、帷帐、狗马、重宝、妇女以千数，意欲留居之。

司马光写《资治通鉴》时用词精确、画面感非常强。刘邦攻入咸阳，踏足秦朝的宫殿，他用了一个动词是"见"。刘邦看到宫殿里这些丝织物、养的这些狗和马、这些青铜器、这些玉器、这些美貌如花的妇女，数以千计。刘邦就说，这地儿真好，我也想住这儿。刘邦也是一个小地方长大的人，终于赢到这一天，非常能理解他的心态。

没想到，刘邦的老团队里有个叫樊哙的人，同样没见过太多世面，也是拎着脑袋辛苦了好几年，而且不是文官，是个打仗的人，竟是这么说的：

樊哙谏曰："沛公欲有天下耶，将为富家翁耶？凡此奢丽之物，皆秦所以亡也，沛公何用焉！愿急还霸上，无留宫中！"沛公不听。

樊哙作为一个武将，没有多少文化，话说得非常直接，您是想成为天下之主，还是只想做个富翁？樊哙的思路跟现在的管理也很像，因为这是立志的问题。你到底立什么志？这些奢华美丽的物品都是秦朝灭亡的根本。您现在还在打天下，您要这些东西干什么？赶快回到霸上，回到军营，不要留在宫中。

刘邦不听。

后来又有人跳出来说刘邦了，这个人叫张良。

张良曰："秦为无道，故沛公得至此。夫为天下除残贼，宜缟素为资。今始入秦，即安其乐，此所谓'助桀所虐'。且忠言逆耳利于行，毒药苦口利于病，愿沛公听樊哙言！"沛公乃还军霸上。

张良说，秦朝荒淫无道、管理失序，所以您今天才能占领这个地方。这是客气的说法，转回来说就是，如果秦朝没有乱来，您到不了这个地方，您没有今天。下边这句更狠，天下还没定，您要替天下除掉残贼，应该朴素、务实，用好时间，用好资源。现在您刚进咸阳就想贪图安逸享乐，相当于除掉了一个坏人，您自己又成了坏人本人，这样是不对的。

张良的第三句是这么说的，对您好的话，非常不好听，但是利于行动、利于结果、利于价值创造，就像能治您病的药，您肯定觉得不好喝，但不好喝的东西利于您的病，利于打消您的妄念，利于帮助您克服身体里的"大毛怪"，希望您听从樊哙的话。

刘邦没想到的是张良能够跟着樊哙一块说这些。张良是刘邦的第一谋臣、第一战略官，竟然有这个胸襟和胆识去认同樊哙的话。更可贵的是刘邦听进去了。

如何听取建议，对"一把手"来说，从古至今都是非常艰难的事。大家都是人，都有各种各样的毛病，如何让人能够愿意说领导不想听的话？如何让领导能够听进去他不想听的话？特别是领导初次拒听之后，还能让他在第二次时听进去，这太重要了。也非常难。

谏难，纳谏难，纳谏难，谏更难，此事古难全。但刘邦做到了不杀降，得人心、能纳谏，得到内部团队的支持。这两步都非常艰难，也都非常重要。

4. 得人心者才能长久成事

刘邦接受了秦国的投降,把军队撤回到霸上。并约法三章,继续收买民心。虽然光有民心不一定能取得胜利,但是没有民心就无法取得长久的胜利。

十一月,沛公悉召诸县父老、豪杰,谓曰:"父老苦秦苛法久矣!吾与诸侯约,先入关者王之;吾当王关中。与父老约,法三章耳:杀人者死,伤人及盗抵罪。馀悉除去秦法,诸吏民皆案堵如故。凡吾所以来,为父老除害,非有所侵暴;无恐!且吾所以还军霸上,待诸侯至而定约束耳。"

在冬十一月,天挺冷,胜利者刘邦并没有在宫殿里享乐,同时命令自己的军队不准大肆烧杀抢掠。他召集了一批人,宣布了自己的想法。这批人中有两类:一类是父老,老干部、老领导,各处、各乡、各地有智慧、有威望的人;另外一类人是豪杰,手上有武器、有田地、有财产、有团队的人。一类有人心,一类有资源。

他说,各位乡亲父老,秦朝不得人心,各位忍受秦朝的统治已经很长时间了,大家觉得秦朝不好,是因为苛法,犯个小错都要死,那活着还有啥劲呢?

所以,我和各个诸侯约定,谁先入关,大家就认他为王。从这个约定来看,我就该当关中之主。如果大家认同我刚才说的,我就跟各位父老豪杰继续约法三章:你杀人,你也要死;你把人弄伤了,你该论罪就论罪;你偷东西,也是要被法律惩罚。

其实说的就是两点:第一是人身安全。第二是财产安全,非常简单直给。

大家要学刘邦的就是一生二,二生三,到三就止了,不说三点之外的事情。如果能讲一点就一点，一点讲不清楚就三点，不要超过三点。

刘邦怕各位不懂，接着又宣布废除秦国的苛法。但是所有的官吏以及老百姓，该干吗干吗，暂时先保持现在的状态。咱们该过日子过日子，该摒弃原来不好的事情就摒弃。对于各位，只有美好的未来，没有过去的阴影。为了让大家相信这一点，我和军队都退回霸上，等待其他的诸侯前来，共同商议如何治理天下。

乃使人与秦吏行县、乡、邑，告谕之。秦民大喜，争持牛、羊、酒食献飨军士。沛公又让不受，曰："仓粟多，非乏，不欲费民。"民又益喜，唯恐沛公不为秦王。

刘邦不仅在现场约法三章，而且派人去各地宣传这些规章。关中的人民非常开心，把剩下不多的牛羊和酒都拿来犒劳刘邦的将士。但是刘邦说，我不要，不希望大家破费。关内的人民更加开心，希望刘邦能做秦王，至此，人心基础、民意基础已经打得牢牢的。借着这个故事，我讲三点看法：

第一，民心重要。人心都是肉长的，哪怕你可以指鹿为马，但是你无法阻止人心之向背。没有人心你可以成一时，但不可能成一世。

第二，信息重要。信息是第一位的，看萧何是怎么做的就懂了。

第三，听劝重要。能够有人劝你，要珍惜，特别是你有一定的权、有一定的威、有一定的能力时。那个时候，如果有人劝你，一定要说谢谢。能有人劝，你才有机会听劝。听劝也是霸道总裁的一个重要管理能力，听人劝，吃好饭。

鸿门宴：
留住团队里的能人是 CEO 的必修课

刘邦进入咸阳后，和项羽的关系升级到白热化阶段，两人不再是大哥和小弟，似乎可以平起平坐了，所以更加刀光剑影。两人各有各的优势，项羽拥兵百万，刘邦虽然军事实力不如项羽，但是深得人心。

更深一层的原因是，即使是最大的 CEO、最霸道的总裁，他也不是一个人在战斗，而是一个核心团队在运转。再强的人单打独斗，如果遇上有强劲核心团队的对手，时间长了，还是会输掉的。

刘邦的另外一个优势，就是有这么一个强劲的核心团队。其中一部分是和他一起长大的发小，彼此了如指掌。还有一部分人是在反秦过程中，从各个地方投奔而来的强人，他们逐渐和刘邦建立了深厚的信任，成为刘邦的核心圈层。

我想跟各位说的是，兵多不足倚仗，将广不足倚仗，人心值得倚仗，核心团队值得倚仗。在这样的力量对比之下，刘邦和项羽进行了正面交锋，史称鸿门宴。鸿门宴有很多值得称道、非常有画面感和戏剧感的细节，非常好看。但是我想讲给各位的是另一个视角下，怎么看待这段历史,也希望可以帮助各位更全面、更深刻地了解鸿门宴。

1. 能不杀降,需要非常强大的内核

在鸿门宴之前,刘邦先入关中,受降之后又还军霸上,跟关中父老约法三章。这时候,项羽在做什么?

项羽既定河北,率诸侯兵欲西入关。先是,诸侯吏卒、繇使、屯戍过秦中者,秦中吏卒遇之多无状。及章邯以秦军降诸侯,诸侯吏卒乘胜多奴虏使之,轻折辱秦吏卒。秦吏卒多怨,窃言曰:"章将军等诈吾属降诸侯。今能入关破秦,大善;即不能,诸侯虏吾属而东,秦又尽诛吾父母妻子,奈何?"诸将微闻其计,以告项羽。项羽召黥布、蒲将军计曰:"秦吏卒尚众,其心不服;至关不听,事必危。不如击杀之,而独与章邯、长史欣、都尉翳入秦。"于是楚军夜击坑秦卒二十馀万人新安城南。

项羽已经把黄河以北都搞定了,正带着各路诸侯,也想到关中来。秦国之外的这些诸侯,无论是小官、小吏、当兵的还是曾经到过关中的,秦兵对他们都很不好。后来秦朝大势已去,秦朝最后一名名将章邯带着部队归降。归降之后,诸侯和官兵就开始虐待秦国的官兵。

秦吏卒就有很多怨言,悄悄地说,章邯将军号召我们去降诸侯,现在他们这么虐待我们,如果我们能够入关中破秦也就罢了,我们的亲人又都在秦都,可怎么办啊?

诸侯将领把秦国降兵的怨言告诉了项羽。他思前想后,就把黥布、蒲将军叫来说,秦朝降兵人多,但心不服。如果产生兵变,那我们就危险了。不如现在把他们都杀了,只带着这几个将领——章邯、长史

欣、都尉翳入关中。诸侯将领也没有说什么。

于是楚军趁夜杀掉并且埋了这二十万秦兵。这就是项羽跟刘邦不一样的地方,他杀降,大规模杀降,很残忍地杀降。

不杀降需要非常强的内核——知道自己可以以德服人,有成事的道、成事者的德。项羽在这一点上,跟刘邦的做法很不一样。

或说沛公曰:"秦富十倍天下,地形强。闻项羽号章邯为雍王,王关中,今则来,沛公恐不得有此。可急使兵守函谷关,无内诸侯军;稍征关中兵以自益,距之。"沛公然其计,从之。

有人跟刘邦说,您本来跟项羽就是平级,都是向楚怀王汇报,又先进了关中,可以说您是打败秦朝的第一人。

秦地形非常强,易守难攻,如果项羽封章邯为关中王,他们进了关中,您刘邦就拿不到秦这块地方了。您应该马上让人守住函谷关,虽然您兵少,但是您征一征关中的兵,还是能够抵抗他们的。

刘邦觉得说得对,决定就这么干。不得不说,这时候项羽的实力绝对是天下第一。

已而项羽至关,关门闭;闻沛公已定关中,大怒,使黥布等攻破函谷关。十二月,项羽进至戏。沛公左司马曹无伤使人言项羽曰:"沛公欲王关中,令子婴为相,珍宝尽有之。"欲以求封。项羽大怒,飨士卒,期旦日击沛公军。当是时,项羽兵四十万,号百万,在新丰鸿门;沛公兵十万,号二十万,在霸上。

项羽到了函谷关,看到关门紧闭,又听说刘邦已经定了关中,大怒,就让黥布攻破了函谷关。刘邦兵不如人,败了。

这时,刘邦团队内部出现了一个叫曹无伤的奸细,他让人告诉项羽，刘邦想当关中之王，让子婴当丞相，所有珍宝都归他。曹无伤想让项羽因此给他封地。项羽大怒，让士兵吃饱，让马吃饱，摩拳擦掌，就要去打刘邦。这时，项羽有四十万兵，号称百万，驻扎在新丰鸿门。刘邦只有兵十万，号称二十万，驻扎在霸上。

2. 核心团队在竞争中很重要

项羽兵四十万，刘邦兵十万，而且项羽长得这么帅，这么能打，这么有威望，是背水一战时的爽文大男主。这时候，项羽的第一智囊范增，又加了一把火。

范增说项羽曰："沛公居山东时，贪财，好色；今入关，财物无所取，妇女无所幸，此其志不在小。吾令人望其气，皆为龙虎，成五采，此天子气也。急击勿失！"

范增在杀刘邦这件事上一直非常笃定。他说，刘邦在山东时贪财好色，可他来到关中财物不取。秦朝留下那么好看的宫娥、妃子，他一个也没有动。这并不是说明他不贪财、不好色，而是因为他不想因贪财好色影响他实现更大的志向。范增看得很明白。

他说让别人看了刘邦的气，都是五彩的龙虎之气，这是天子之气，所以要赶快进军，打他。

这时候还没到鸿门宴，又出了一件事。就是项羽的亲戚，泄密了。

楚左尹项伯者，项羽季父也，素善张良，乃夜驰之沛公军，私见张良，具告以事，欲呼与俱去，曰："毋俱死也！"张良曰："臣为韩王送沛公；沛公今有急，亡去，不义，不可不语。"良乃入，具告沛公。

沛公大惊。良曰："料公士卒足以当项羽乎？"沛公默然曰："固不如也。且为之奈何？"张良曰："请往谓项伯，言沛公之不敢叛也。"沛公曰："君安与项伯有故？"张良曰："秦时与臣游，尝杀人，臣活之。今事有急，故幸来告良。"沛公曰："孰与君少长？"良曰："长于臣。"沛公曰："君为我呼入，吾得兄事之。"

张良出，固要项伯；项伯即入见沛公。沛公奉卮酒为寿，约为婚姻，曰："吾入关，秋毫不敢有所近，籍吏民，封府库而待将军。所以遣将守关者，备他盗之出入与非常也。日夜望将军至，岂敢反乎！愿伯具言臣之不敢倍德也。"

我之前反复说过，核心团队的表现在战略竞争、商业竞争过程中，往往起到相当大的作用。这些竞争不只是看"一把手"个人，核心团队也有重要的影响力。

项伯是项羽的叔父，跟张良关系一直很好，他知道项羽要打刘邦，就偷偷跑到刘邦的军队里招呼张良赶快走。相较于项羽的叔父，作为刘邦核心团队成员的张良是怎么说的？

张良说，我答应了韩王送刘邦到关中，现在他有危机，我就这样跑了不义气。并且张良把这件事告诉了刘邦。张良问刘邦说，您觉得将士们挡得过项羽的大军吗？刘邦小声说，肯定不行，那能怎么办？张良说，那就伏低做小，你去和项伯说，自己不敢背叛项羽。

刘邦就问张良，你跟项伯是怎么认识的？张良说，在秦国的时候，他曾经杀了人，我救了他。现在情况紧急，他偷偷跑过来告诉了我这件事。刘邦接着问，他和你谁大啊？张良说，项伯比我大。

下面这段话充分体现了刘邦身段之软、脑子之好使。刘邦说你把项伯叫来，我把他当成老哥，好好唠唠。张良出帐外把项伯拉了进来。刘邦见了项伯，举酒祝项伯万寿无疆，接着"约为婚姻"，大家亲上加亲。有了这层亲,你再杀我就不对了,大家形成了利益共同体。

刘邦又把自己的行为重新包装,说,我虽然到了关中,但秋毫不敢有所近,别说妇女了,一般百姓我也没碰。别说金银财宝了,仓库我都没动。都是为了等项羽过来接收。

我坚守函谷关是因为战争年代,秦朝残余的势力还很强大,我怕有一些不法之徒非正常出入。我天天盼、夜夜盼,盼项羽将军赶快到。我哪里敢反他,请您跟项羽好好说明一下。

项伯许诺,谓沛公曰:"旦日不可不蚤自来谢。"沛公曰:"诺。"于是项伯复夜去,至军中,具以沛公言报项羽;因言曰:"沛公不先破关中,公岂敢入乎!今人有大功而击之,不义也;不如因善遇之。"项羽许诺。

项伯答应了刘邦,说我去替你说,但是明天你必须早点来谢罪。刘邦说好。于是项伯回去把刘邦的言论告诉了项羽,并说刘邦先破了关中,有大功,你去打他就是不仁不义。背了不仁不义的名声,之后如何管理天下?

项羽竟然答应了。如果纯从成事之道、成事人之德的角度看,项羽第一反应应该是把项伯杀掉——泄露军机,你怎么还敢回来跟我聊,还好意思劝我?

3. 核心成员配合协作,方能成功脱险

之后,就发生了历史上著名的鸿门宴。

沛公旦日从百馀骑来见项羽鸿门,谢曰:"臣与将军戮力而攻秦,

将军战河北，臣战河南；不自意能先入关破秦，得复见将军于此。今者有小人之言，令将军与臣有郤。"项羽曰："此沛公左司马曹无伤言之；不然，籍何以生此！"项羽因留沛公与饮。范增数目项羽，举所佩玉玦以示之者三，项羽默然不应。

第二天一早，刘邦带着一百多个随从骑着马来到鸿门见项羽。刘邦聪明，语言上有智慧，说，我俩一起攻秦，一个战河北，一个战河南，我一不小心先进了关中，我在这儿终于等到了您。现在是因为有小人挑拨离间，让我们产生了矛盾。

这话说得滴水不漏，如果你是项羽，你都不好意思说刘邦什么，因为他说的都是实情。

项羽在犯了一系列错误之后，继续犯错误。在刘邦一番话让他下不来台的时候，他的第一反应是把对他有功劳的人推到了前面，他说，是你团队里一个叫曹无伤的人来跟我说你要弄我，不然的话，我们怎么会是现在这个样子呢。

接着就是留下来喝酒，范增作为项羽的第一谋士给项羽使了好几个眼色，项羽都假装没看见。范增又从腰带上拿下一块玉玦，暗示项羽要明快。范增拿出这块玉玦在项羽面前晃了三次，项羽还是假装看不见，不回应。

范增起，出，召项庄，谓曰："君王为人不忍。若入前为寿，寿毕，请以剑舞，因击沛公于坐，杀之。不者，若属皆且为所虏！"庄则入为寿，寿毕，曰："军中无以为乐，请以剑舞。"项羽曰："诺。"项庄拔剑起舞。项伯亦拔剑起舞，常以身翼蔽沛公，庄不得击。

范增只能出来找帮手，他找到一个叫项庄的人，说你进去，咱们的君王为人不忍。你上去祝个寿，跟长者鞠个躬，然后舞剑，在舞剑的过程中把刘邦杀了。否则，你们这帮人将来都会变成刘邦的俘虏、阶下囚。

项庄进去贺寿，然后给大家表演挥剑起舞，这个时候，项伯也拔剑起舞，经常拿身子挡住刘邦。我不得不说，在项羽最开始知道项伯走漏了风声时，就应该杀了他。不杀他，至少也不能留他在宴会上。有可能项羽没有足够的理由，又有所忌讳，自己不能亲自杀了刘邦，但是如果项庄舞剑失手，杀了刘邦，天下人又能说什么呢？

之后，张良让樊哙进去想办法把项羽及其周围人都给震慑住，让刘邦趁机先跑了。刘邦回去后第一件事就是把曹无伤杀了。虽然刘邦不杀降，但是面对泄密者，他绝不手软。

4. 留住团队里的能人是 CEO 的必修课

关于鸿门宴的故事，讲讲我的思考，

第一，范增不是一个好的战略家。他太短视，催促项羽杀死刘邦，但并没有督促项羽变成一个更好的领导者，没有催促项羽把军队变成一支更有效率、更有战斗力的军队。

第二，不能忽视团队的作用。如果项伯不去给刘邦通风报信，没有站出来跟项庄一块舞剑，那么刘邦很有可能已经被干掉了。团队里有特别能干的人，你能留住他、用他，这是 CEO 的必修课。

第三，刘邦是个极其聪明的人，为什么要冒这么大的风险去赴鸿门宴？刘邦在那时已经有了争天下之心，这个决定刘邦也一定跟他的核心团队探讨过。

首先，他不能给项羽开打的借口。刘邦只有十万人，项羽有四十万人，这个时候不去鸿门宴，基本上就是死。

其次，他认准项羽不敢动手，不愿意动手。项羽并非一个不能动手的人，但是刘邦认定项羽是个太要脸的人。他占着强势的位置，害怕自己失去正义感。他的团队里集结着各国诸侯的力量，如果没理由地杀掉刘邦，相当于在这些诸侯面前丢了脸面，少了仁义，会让其他诸侯及其团队、军队分崩离析，离他而去，甚至以他为敌，让他非常不好管。

最后，他吃定了项羽没这么大的智慧。刘邦判定，项羽不会把刘邦看成自己未来最大的对手，而只是把他当成那些诸侯中的一个。群雄还在，楚怀王还在，项羽认为还没到最关键的决胜时刻。

其实，鸿门宴之后，项羽做的一系列举措、一系列战略决策，犯的一系列错误，都跟刚才所说的心态有很大关系。项羽不认为自己要开创一个新的、大一统的中国，他还认为自己是要占一块地方，成为几个国家中最强的一方。哪怕项羽看上去是非常强悍的霸道总裁，但是他自己的愿景、使命，他的核心团队的能力都在很大程度上限制了他的成就，可惜啊。

分封诸侯:
不重视战略,就会尝到苦果

重读鸿门宴的故事,我发现它远没有我之前想象的那么重要,戏剧性有,画面感有,但是战略重要性不高。甚至项羽杀不杀刘邦都不那么重要,因为最终的结果,其实是双方更深层的战略决定的。《孙子兵法》说,"先为不可胜,以待敌之可胜",对于个人、组织、公司而言,这个道理同样适用。

你有多大成就,不一定是你自己或者你的组织所能决定的,但是你不犯错误、不犯特别明显的战略错误是你自己可以修炼的。你的组织、你的公司也是可以修炼的,这是战略重要。也就是说,占赛道重要,占根据地重要,选关键的人重要,确定在何时何地如何竞争同样重要。

战略在什么时候最重要?我直接把答案给你:战略在你身处巅峰和谷底的时候最重要。你已经到了顶峰、已经在山尖上,任何一步都有可能是下坡路。那如何不往下坡走,如何能保证自己在山顶上的时间长一点?这对战略的要求太高了。你在上山的时候,你在增长期的时候，战略也重要。但是为什么没有那么重要？走点弯路就走点弯路，接着往山上爬喽，稍稍错了一点，错就错了，纠正了就好。但是当你在山顶上的时候，如果错，就很有可能是质的错，一旦做点什么，都会被相当程度地放大——你会加速黯淡，加速下滑，加速坠落。

在谷底时也一样。你的资源、能量、得到的帮助都非常有限，这个时候你想往上走，机会不可能特别多，所以更要珍视战略。身处谷底，做什么、不做什么的重要性远比你在半山腰时要大很多。简而言之，当你一统天下的时候，当你彻底失败的时候，就是你最该认真思考战略的时候。

1. 做战略要立足长远发展

鸿门宴之后，到底发生了什么？

> 亚父受玉斗，置之地，拔剑撞而破之，曰："唉，竖子不足与谋！夺将军天下者，必沛公也；吾属今为之虏矣！"

首先，项羽的第一谋士范增已经被气糊涂了，摔了玉斗，还直接拔起剑把玉斗敲碎了，大叹道：你这个小子，不足以谋大事，将来夺你天下的人一定是刘邦，我们都会是他的俘虏。

范增在识人这点上比项羽高明，但是他不该当着大家的面这么说项羽，并且他已经明白了这点，却还不走，也是有问题的。他有严重的路径依赖。

他只劝诫项羽在鸿门宴上把刘邦杀死，但没有告诉项羽怎么做重要的战略决策——包括之后项羽退出咸阳，让刘邦进入汉中做汉中王。这些更重要的事，范增并没有告诉项羽，范增对长期的事情想得太少。

所谓战略眼光、战略能力看的不是短期,其胜算取决于长期。范增、项羽以及项羽核心团队的其他人,输就输在没有长期眼光。

居数日,项羽引兵西,屠咸阳,杀秦降王子婴,烧秦宫室,火三月不灭;收其货宝、妇女而东。秦民大失望。

项羽在鸿门宴之后做的第二件事是这样的。

项羽带兵向西进了咸阳,开始屠杀,从已经投降的秦王子婴杀起。因为他已经决定要衣锦还乡,所以放火烧了阿房宫,大火烧了三个月,并让人收集了各种金银财宝还有漂亮女人,全部带走。秦国的人民非常失望。项羽做了一个任何人都可能做的事,但没做一个王者该做的事。

韩生说项羽曰:"关中阻山带河,四塞之地,地肥饶,可都以霸。"项羽见秦宫室皆已烧残破,又心思东归,曰:"富贵不归故乡,如衣绣夜行,谁知之者!"韩生退曰:"人言楚人沐猴而冠耳,果然!"项羽闻之,烹韩生。

有个姓韩的先生对项羽说,关中是个好地方,有山有河,四边都是要塞,土地肥沃,可以当成都城。当时秦国在这里建朝立都,你也应该在这里称王称霸。

但是项羽没有看到关中之重,只想衣锦还乡。他觉得秦朝宫室都已经被烧,又残又破,怎么待呢?另外,富贵不归故乡,就像穿了好看的衣服,却晚上在街上晃荡,谁能知道呢?"我终于富了,必须衣锦还乡。"项羽的内心还是不够强大,他想要的还是别人的认可和吹捧。

韩生嘴欠,回去之后就跟别人说楚国人就是大马猴,冲个澡,戴上人的帽子,就以为自己是个人了。韩生暗指项羽的智商是硬伤,实在扶不起。项羽听到之后，不是找韩生问你为什么觉得我是大马猴，你给我点建议，而是直接把韩生抓回来，支了口大锅，点上火，把韩生清蒸了。

这是项羽在鸿门宴后做的第三件事。

2. 身处顶峰和谷底，更要重视战略

项羽使人致命怀王；怀王曰："如约。"项羽怒曰："怀王者，吾家所立耳，非有功伐，何以得专主约！天下初发难时，假立诸侯后以伐秦。然身被坚执锐首事，暴露于野三年，灭秦定天下者，皆将相诸君与籍之力也。怀王虽无功，固当分其地而王之。"诸将皆曰："善！"春，正月，羽阳尊怀王为义帝，曰："古之帝者，地方千里，必居上游。"乃徙义帝于江南，都郴。

项羽在鸿门宴之后做的第四件事，是跟怀王谈分地。

怀王说，就按原来定的办。项羽怒问，怀王啊，是我们家扶持立你的，你并没有功劳，凭什么由你定该怎么分？

最先反秦的、真正打仗的是我，三年之后灭秦定天下的也是我。你虽然没有功劳，我也还是要立你为王。虽然我们之前约定过一些事，但是不好意思，事是我带着兄弟们干的，你没有话语权。

项羽这么说，其他人也没什么好说的。到了正月，项羽尊楚怀王为义帝，让他去江南，定都郴。

二月，羽分天下王诸将。羽自立为西楚霸王，王梁、楚地九郡，都彭城。羽与范增疑沛公，而业已讲解，又恶负约，乃阴谋曰："巴、蜀道险，秦之迁人皆居之。"乃曰："巴、蜀亦关中地也。"故立沛公为

汉王，王巴、蜀、汉中，都南郑。

二月，项羽把天下分给了各个诸侯，把自己定为西楚霸王，定都彭城。项羽跟范增不放心刘邦，但是因为已经讲和了，也觉得不该背信弃义，就找了一块特别偏的地儿给了刘邦。

当时巴、蜀道路艰险，秦国把罪人都发配到此地。但巴、蜀也是关中的一部分，所以项羽跟范增商议后，就让刘邦去占关中，立他为汉王，在南郑定都。

项羽把关中分成了三部分，让三个秦朝的降将分别管理，然后依照功劳的大小以及各个王主要的关系、人民基础和资源，来安排在什么地方分封各路诸侯。

汉王怒，欲攻项羽；周勃、灌婴、樊哙皆劝之。萧何谏曰："虽王汉中之恶，不犹愈于死乎？"汉王曰："何为乃死也？"何曰："今众弗如，百战百败，不死何为！夫能诎于一人之下而信于万乘之上者，汤、武是也。臣愿大王王汉中，养其民以致贤人，收用巴、蜀，还定三秦，天下可图也。"汉王曰："善！"乃遂就国，以何为丞相。

汉王赐张良金百镒，珠二斗；良具以献项伯。汉王亦因令良厚遗项伯，使尽请汉中地，项王许之。

问题来了，刘邦打下了咸阳，却被扔到一个鸟不拉屎的地方当王，非常生气，想放手跟项羽打一架。

这时候再次体现出刘邦核心团队成员明白事理的能力，能够劝刘邦以及刘邦能听进去。周勃、灌婴、樊哙、萧何都说不能打，这仗打起来，我们必输。

萧何说，在汉中当王，虽然憋屈，但是总比死强。您带着十万兵去打项羽四十万兵，必输无疑。不如先忍了这口气，我们不打，接受任命，起码还可以有一个根据地。这是汤、武等明君都做过的事。

大王您踏踏实实地做汉中王，养汉中的人民，同时集结能干的人。只要有足够数量的人，其中一定有特别能干的、特别能成事的。把巴、蜀之地利用好，就有可能拓展到三秦，定了三秦，天下就可以慢慢图之。

刘邦说，好，然后就去巴、蜀当了汉中王，并把萧何封为丞相。

刘邦让张良给了项伯很多钱财、好东西，让项伯劝项羽尽快把汉中分封给汉王。项羽果真这么干了。

3. 创业者更重要的是能听劝

鸿门宴之后，项羽拥有所有决策权，他几乎可以干一切他想干的事，结果他在所有可选的方案里挑了一个最差的。从战略素养来看，是差中之差；从人性来看，普通人如你我都可能干项羽干的事情。如果你想当霸道总裁，就不能用普通人的逻辑来做事，不能由着性子做一个俗人，只能用成事之道、成事者之品德去考虑该干什么、不该干什么。

天下这么大，惦记天下的人这么多，如果你不是按照一个成事人的做法去分天下，基本上就败了，项羽就是这样。

在所有方案里，项羽选了最差的一个，那么到底都有哪些方案？

方案一：我可以按韩生的建议留在关中，甚至可以告诉大家，秦朝灭亡了，我要建立新的朝代，我做皇帝，你们做诸侯王。

方案二：我不是皇帝，但我还是"王"，是比你们高半级的"王"。关中有这么好的天险，有这么好的沃土，我来占关中，我是关中王。你们需要向我朝拜，否则就会像秦国一样，你不服，我就去灭你。

方案三：我回到彭城当西楚霸王，定都彭城，让家乡父老都看到我衣锦还乡。我把刘邦放在距我较远的地方，不让他对我产生重大威胁。

方案四：我衣锦还乡，定都彭城，自号"西楚霸王"。彭城是自古以来的征战之地，无险可守，四处可以打仗。我把刘邦放到汉中，看上去是一个偏僻之地，但也是一个可以自给自足、易守难攻、自成天下的地方。

方案四是项羽真正实施的方案，也是这四个方案里最差的一个。不仅如此，他还把关中一分为三，给了秦朝的三个降将。因为项羽已经杀了二十万秦朝的降兵，秦国的老百姓多多少少都有儿子死在项羽手上。他们没法埋怨项羽，但秦人至少是恨这些降将的。鸿门宴不是最重要的战略决策点，更为重要的是如何分封诸王、分封天下。

项羽把自己搁在一个难守易攻之地，把自己最凶悍的潜在对手放到了一个易守难攻的角落。这说明项羽目光短浅，中长期战略眼光极差，时间不可能成为他的朋友。另外，周围的人也没能劝他，或者劝了，但他没听。

项羽不占关中，却给了刘邦汉中这个很好的根据地，他这样安排其实就已奠定了之后的败局。刘邦本人也是徐州附近起家的"土老帽"，但他跟项羽的区别是不仅身边有人能劝他，他还能听劝。这个四十多岁创业的中年男人，最终成了古今第一逆袭者。

所以，创业者除了自己能干之外，更重要的是能有人劝，且能听劝。

可惜项羽把自己看得太高，在他眼里没人比他强。项羽认为刘邦不行，且除了自己之外的人都不行，这就是极端自恋。战术再强、再能打仗，但是战略太差、自视太高，终究也只会走向败亡。从这个角度看，项羽管自己、管团队、管项目，管得都非常差。只有局部胜利，不可能有长期的、总体的胜利。

反观刘邦，他完美体现了成事原则。在他可选的方案里，的确没有最完美的，但是有最佳的——与其去打项羽，被人灭掉，不如带着主要人马退守汉中，养精蓄锐，等待机会。

刘邦避开了人性中常犯的错误，选择了当时可选的最佳方案，为未来的胜利奠定了一切基础。所以战略很重要。

战略就是一件非常残酷的事。你不重视它，它一定会让你尝到不重视它的苦处，一定会让你尝到不重视它的痛处。

国士无双：
能留住顶尖人才，是团队之力

在以刘邦为核心的团队中，有谋士，有文臣；有能务后勤的，有能做情报工作的；有能单打独斗的，也有外交家。但在刘邦当了汉中王之后，缺少一个核心人物，一个真正能运筹帷幄、决胜千里的帅才，一个能带领很多将士取得一个又一个重要战役胜利的人。

后来，这个人出现了——他就是韩信。

1. 组织里的良性纠错机制很必要

初，淮阴人韩信，家贫，无行，不得推择为吏，又不能治生商贾，常从人寄食饮，人多厌之。信钓于城下，有漂母见信饥，饭信。信喜，谓漂母曰："吾必有以重报母。"母怒曰："大丈夫不能自食；吾哀王孙而进食，岂望报乎！"

淮阴人韩信家里很穷，自己也没有什么明确的道德标准，因为不被推荐去做官，他自己又不是做生意的料，所以只能跟在别人屁股后头混，有口吃的就吃一口，饿两天也是常见的，周围人都挺讨厌他。

韩信喜欢钓鱼。有一次他在城下钓鱼，有个洗衣服的老妇人看到韩信很饿，就给了他一顿饭吃。韩信很高兴，跟老妇人说，我一定会好好报答您的。老太太生气地说，你堂堂一个男人，不能养活自己，我是可怜你才给你口饭吃，没指望你回报。

淮阴屠中少年有侮信者曰："若虽长大，好带刀剑，中情怯耳。"因众辱之曰："信能死，刺我；不能死，出我袴下！"于是信孰视之，俛出袴下，蒲伏。一市人皆笑信，以为怯。

除了韩信，在淮阴还有不少浪荡儿。其中有个屠夫，年岁不大，跟韩信说，别看你长得高高大大，带把刀整天在街上晃，实际上你是一个懦弱的人。这个少年当着大家的面侮辱韩信，说你真能逞凶斗狠，就杀我呀，否则你就是一个厌人，就从我胯下钻过去。

韩信的反应，绝非一般街头混混儿能及。韩信能忍，心里明白跟这样的人斗狠没有任何意义，于是从他胯下匍匐而过。周围的俗人都嘲笑韩信。

后来项梁起兵，韩信仗剑去投靠，此时的他还寂寂无名。后来项梁败了，韩信又跟着项羽，在项羽军中做郎中，好几次向项羽提出关于战略的建议。但项羽不是一个能够轻易听人话的人，虽然有韩信这样了不起的属下，但项羽对他的计策总是不予采纳。

提建议和采纳建议的良性互动机制是非常难得的，这在现代管理中也尤为珍贵。如果能有一个良性的提建议、采纳建议、根据建议修改战略战术的机制，这个组织的纠错能力将显著提升。有了这种强悍的纠错能力，那这个组织在市场上就不容易出现致命错误，哪怕局部出现暂时的错误，也能够较快地纠正。

刘邦和他的团队就做到了这点，谏和纳谏，提意见和接受意见，项羽和他的团队就没做到。项羽唱独角戏，其他人只是作为棋子，或者作为叫好的工具，只是"气氛组"。项羽自带气氛。他对的时候没问题，不对的时候，风险就被无限放大，因为风险遇不到任何纠错机制，错误就会被一路放大。

2. 破格留住顶尖人才是种能力

韩信很想出人头地，也一直记着那个给他一碗饭的洗衣老妇人。刘邦后来进入蜀地当了汉王，韩信就从项羽那里跑出来，投身汉王的队伍，但依旧是一个无名之辈。

韩信曾经犯过死罪，就要被杀头。在法场，前面十三个人已经都被斩了，到了韩信，他依然神情自若，仰着头正好看到夏侯婴。夏侯婴也是跟刘邦一起起家的人，最初是滕县的县令，号滕公。

韩信看马上就轮到自己被杀头了，看到滕公，张口就说，你们不是想得天下吗？得天下正是需要人的时候，为什么还斩壮士？

滕公觉得他说得挺有道理，就把他放了。这么做对不对暂且不论，毕竟法律法规在战乱时期没那么健全，也是可以理解的。总之，韩信因此保住了性命。

滕公觉得韩信是个人才，就把他推荐给了刘邦，但是刘邦也没太重用他，而是把他安置为一个小官治粟都尉。虽然刘邦很信任滕公，既然滕公开口，刘邦就安排了一个职位，但他当时也没有觉得韩信是什么不世出的人才。

接着，是萧何月下追韩信。这个故事大家都听过，但其背后隐藏的如何用人这个从古至今非常重要的议题，再怎么多说都不为过。

韩信在这之后又遇上另外一个贵人——萧何。韩信跟萧何聊过几次,萧何也觉得韩信是个人才,有战略眼光,有实操能力,有成事之道,有成事之德。

刘邦到了南郑后,部队里的很多将士想回家乡,盼东归,他们看不到在汉中待下去的希望。很多人开始逃跑,韩信也是其中之一。他逃跑的原因,是萧何已经跟刘邦推荐了自己好几次,但刘邦依旧没有重用他。用则留,不用则去,这是有点风骨的人才基本的态度。

萧何听到韩信跑了,来不及跟刘邦汇报,直接骑上马就去追了。这时候有人跟刘邦汇报说丞相跑了,刘邦大怒。过了一两天,萧何回来了,去见刘邦。刘邦又喜又怒。萧何说,我没跑,我是去追跑了的韩信。刘邦又开始骂他,将军跑了几十个,你不去追,却去追韩信,这是瞎扯!

萧何说,我没瞎扯,我的确是追韩信去了。

"诸将易得耳;至如信者,国士无双。王必欲长王汉中,无所事信;必欲争天下,非信无可与计事者。顾王策安所决耳!"

萧何说,能带几百兵的将军不难找,但是像韩信这样的人才,您找不到第二个了。您如果只想在汉中待着,那确实不需要用韩信,但是如果您想争天下,除了韩信,没有第二个可以商量如此大事的人。也就是说,只有韩信能帮您得天下。所以看你的理想、你的欲望、你的目标是什么。

其实战略的起点就是"一把手"及其核心团队的志向。你到底要干吗?你是想做一个"百年老店",还是想做门生意?是想挣钱,还是想让世界变得更美好?你要想明白,立志之后,才能知道如何设计战略、安排战略,去实现这个志向。萧何问刘邦,您到底只想做汉中王,还是想做天下的王?萧何知道刘邦的志向是天下,这个志向是刘邦之后一切战略的起点。

萧何说，如果您想打回东边老家去，能重用韩信，他就会留下；您不能重用他，他早晚会跑。刘邦说，好，我把韩信任命为将。萧何说，给他一个将，是留不住他的。刘邦说，那我破格拜他为大将。

破格不是一件容易的事，并且在多数情况下是不对的。业绩不向辛苦妥协，价值观不向业绩妥协。刚来的新人，没有业绩，没有战功，就越级提拔，很难服众。但刘邦就是刘邦，根据他自己当下所处的情况，选择信任夏侯婴和萧何的判断，不拘一格用人才，坚决地重用韩信，这就是刘邦了不起的地方。如果每个人他都破格任用，行不通；如果任何人，包括国士，他都不破格使用，他也不能一统天下。但是刘邦能够在夏侯婴和萧何的推荐下，认可两个老臣的判断，做出破格之举，这是刘邦成事之道、成事之德的体现。

萧何说，您向来不拘小节，现在拜大将，像招呼一个小孩过来是不行的。韩信是要面子的人，要让他感觉到受重视。您挑个良辰吉日，进行斋戒，开场大会，把仪式感做足。

刘邦这个一向散漫、不讲礼数的人，竟然同意了。到了拜大将的时候，大家发现拜的大将是韩信，"一军皆惊"，刘邦的整个军队都惊呆了。

没有感觉到自己被重用、被重视，人才会走。如果想留住一个人，就让他感觉到被重视、被信任、被珍惜。其实好多仪式感，包括节前的拜访、互赠小礼物、按时的问候，都是作为一个CEO该做的事情。以这些非钱财的方式，让你想留住的人感觉到被重视和珍惜，是很重要的事。

3. 什么样的领导，适合用顶尖人才

通过这个故事，我来说说该如何对待无双国士，在现代管理中，如何看待外来的人才。

第一，从霸道总裁刘邦的视角来看，如果你想用无双国士，前提是你要有夺天下的志向。如果你不想做第一，不想做第二，甚至不想做第三，你只想做个混子，你不需要用国士，这件事跟你没关系。你作为一个霸道总裁，有鸿鹄之志，才有必要去用国士。否则别给自己添麻烦，也别给国士添麻烦。国士无双，国士没多少，省着点用，你没必要用的时候，给别人去用。

第二，你身边要有两三个像夏侯婴、萧何这样的人。也就是说，核心团队里要有人敢于推荐人，而且这几个人要跟你是利益共同体，他们愿意为你们共同的事业无私地推荐。而且你也能够信任他们，包括信任他们的善良、人品、对你的忠诚，更重要的是信任他们的判断。所以一个能取天下的人身边一定有几个跟他一路走来的人。而且这几个人，哪怕学历一般、智商一般，但是要有智慧、有判断、懂市场，也知庙堂，而且每个人拎出来都是一等一的人物，都是非常能干的人。

转个角度，怎么才能知道一个霸道总裁值不值得跟？除了你对这个人的直觉，再看两点。

第一点，人。他身边有没有两三个跟了他十年以上且你也认可的人。如果有，这个人要跟紧。

第二点，信息来源。这个霸道总裁身边的女性怎么样？做人、做事、管自己、管团队、管周围环境怎么样？经历大风大浪，她的表现怎样？如果你也认可这名女性，那这个男人也很有可能是你应该跟的人。

回到刘邦。第一，他有王天下的志向，即"做天下之王"。第二，他身边有这么两三个跟了他很久、充满常识和智慧的老伙伴。第三，

他有勇气破除规则，破格提拔人才，能够对一个外人、一个"空降兵"有足够的心胸。这是从刘邦的角度去思考。

4. 什么样的下属能给领导推荐顶尖人才？

那么从夏侯婴、萧何的角度，如果想推荐人才，有几个条件？

第一，他们要有足够的安全感。来一个比他们能力更强的新人，他们不怕。因为他们跟刘邦很长时间了，他们知道刘邦是一个什么样的人，知道自己的位置不太容易被撼动。

第二，他们要有足够的常识和智慧。能在一个新人还没有做出业绩时，只是通过谈吐、仪表、思考，以及一些小事，就能判定这个人是无双国士。这是一种智慧。

第三，他们有足够的渴望和执着去推荐无双国士。夏侯婴是在刑场救下了韩信，而萧何是看韩信已经跑了，骑上马去把他追了回来。这两个人有爱才如命的品性。

所以从夏侯婴和萧何的角度，他们要有足够的安全感，要有足够的任人智慧，以及要有足够的"贪婪"，有对不世出的人才的渴望和拥有感。哪怕他们不是"一把手"，却比"一把手"更明白人才之难得。

5. 顶尖人才如何避免被埋没

最后，从韩信的角度，如何才能崭露头角，成就一番事业？

第一，能忍胯下之辱，不打没必要之仗。

第二，一直相信自己。他内心是强大的，认定自己是一个了不起的人才，只是机会还没到；从来没有怀疑过自己，一直在等待机会。

第三,一直在主动积极地接触最高层。如果能接触到刘邦、项羽,那就直接行动;如果接触不到,那就找机会去接触跟"一把手"关系非常近的人。

最后,我想跟大家强调的是团队、人才的重要。有了战略,重要的就是能够把战略执行下去的团队。

同时,战略是个相对活的东西,光在某个时间点有个好战略,还远远不够。好战略是需要一个团队制订出来的、符合这个团队能力的行动计划。在战略执行中,市场会变化,团队会有新的想法,只有好团队才能在战略实施过程中,不断地、灵活地、主动地修正战略,确保战略实施完成。

所以到底是战略重要,还是团队重要?我会选团队。我想夏侯婴、萧何、刘邦等人一定反反复复聊过如何打败项羽、如何夺取天下,一定反反复复聊过他们还缺什么样的人,团队里还缺什么样的模块。

在这时候,刘邦团队缺的是帅才,缺的是"战神"。当夏侯婴、萧何发现"战神"韩信就在眼前时,他们愿意舍去一切,去争取把韩信留下来,把他用好,让他帮助这个团队夺取天下。再苦,再累,再没有时间,也要月下追韩信。

至此,项羽最强劲、最可怕的敌人——韩信,出现了。

楚汉之争：
竞争最关键的是找对人，定好战略

楚汉相争是一个很有意思的历史大事件，它是怎么开始，怎么发展，怎么结束的？交手双方的力量如何此消彼长？其实底层逻辑是个竞争战略的问题。在商业环境里，没有太多戏剧成分的时候才是决定性的瞬间。好的战略专家基本上能算出来在某个竞争战略之下，鹿死谁手。

借着楚汉相争，我给大家讲透几点：什么是竞争战略？如何提升胜算？楚汉相争的竞争战略如何布局？战略又是如何调整的？这些也都是我们在日常管理工作、公司经营中免不了要遇到的问题。

1. 个人能力再强，也需要核心团队

萧何月下追回了韩信，刘邦拜韩信为大将。

之后他们探讨了一下竞争势态、竞争战略，也正是这些话奠定了

楚汉相争的大方向。虽然争斗的结局在几年之后才能看到，但这一席话已经把结局判断得清清楚楚。

信拜礼毕，上坐。王曰："丞相数言将军；将军何以教寡人计策？"信辞谢，因问王曰："今东乡争权天下，岂非项王耶？"汉王曰："然。"曰："大王自料，勇悍仁强孰与项王？"汉王默然良久，曰："不如也。"信再拜贺曰："惟信亦以为大王不如也。然臣尝事之，请言项王之为人也：项王暗噁叱咤，千人皆废，然不能任属贤将；此特匹夫之勇耳。项王见人，恭敬慈爱，言语呕呕，人有疾病，涕泣分食饮；至使人，有功当封爵者，印刓敝，忍不能予；此所谓妇人之仁也。"

授韩信为大将军的仪式结束后，汉王就座。刘邦问，萧丞相跟我说过好几次您能掐会算，能写会画，请跟我说说您有什么旷世奇谋？

韩信谦让了一番，问刘邦，如今向东争夺天下的霸权，不就是跟项羽去打吗？这是一个重要的、高级的咨询技巧。不要在一开始，别人一问，你就打开话匣子，你先别着急，能问个好问题比能说更重要，特别是在高阶的时候。

刘邦说，是的。韩信在没有得到满意答案之后，不是马上去做长篇大论，而是又问了一个问题：大王您觉得，在勇敢、彪悍、仁慈、坚强这四方面，您跟项羽比怎么样？刘邦沉默思索了半天，说我不如他。

司马光写得好，画面感很强，而且里边有些悲伤和无奈。刘邦一没有马上说我比他强，二做了认真的思考，三知道自己不如人家，四还承认了。能"真"是大英雄的基础。

韩信拜了拜刘邦，说恭贺大王，我也觉得您在"勇悍仁强"这些方面不如项羽。下面韩信开始了正式论述。韩信是这么讲的：我跟项羽工作过,我跟您说说项羽是一个什么样的人。韩信的描述方式非常引人入胜,并且有说服力。一百个霸道总裁里一定是一百个都会竖起耳朵来听的,毕竟都想知道自己最大的竞争对手是什么样。而且,韩信强调自己跟对手工作过,有发言权,这点更有说服力。

韩信说,虽然项羽发起怒来周围人都很害怕,是自带"气氛组"、凶神恶煞的霸道总裁,但是项羽不会用人才,这种只有自己强的人是没有团队的,是匹夫之勇。

有核心团队这件事太重要了。一个创业企业能不能成,一个强大的公司会不会继续强大,重中之重就是看领导者有没有左膀右臂,有没有能干的团队。

伟大的企业除了有霸道总裁,往往还会有个小十人左右的非常能干的团队,这几个人合在一起,比单打独斗产生的能量要大出几倍,甚至几十倍,这样的团队才能带着企业、公司基业长青。

除了项羽的这种"勇"不是夺天下之勇,而是匹夫之勇外,他的"仁"也不是成事之仁,而是妇人之仁。项羽待人接物非常客气,下属生了病,他会把自己的吃喝跟下属分享。但是人家立了功,忠心耿耿、尽心尽力,项羽却不愿意封官分名、权、利。控制欲太强,舍不得权,这就是所谓的妇人之仁。

2. 好战略才是最佳捷径

刘邦长,项羽消。楚汉相争此消彼长。可以说,源头是韩信和刘邦聊了竞争战略。韩信充分论证了项羽的匹夫之勇、妇人之仁。接下来,我来说说我认为项羽错在什么地方,战略决策有哪些不妥之处。

首先,韩信点出了项羽犯的战略错误,特别是打败了秦朝之后犯的战略错误。

"项王虽霸天下而臣诸侯，不居关中而都彭城；背义帝之约，而以亲爱王诸侯，不平；逐其故主而王其将相，又迁逐义帝置江南，所过无不残灭；百姓不亲附，特劫于威强耳。名虽为霸，实失天下心，故其强易弱。今大王诚能反其道，任天下武勇，何所不诛；以天下城邑封功臣，何所不服；以义兵从思东归之士，何所不散！"

韩信说得非常明白，项羽虽称霸天下，使诸侯臣服，但他做错了几点。

第一错，不居关中，而都彭城。

第二错，背信弃义。背义帝之约，不让刘邦王关中而王汉中，并且依照他自己的喜好程度而非业绩分封诸王，不公平。我们说过业绩不向辛苦妥协，价值观不向业绩妥协。项羽做的明显跟业绩管理的基本原则相悖。

并且，他把原来诸侯的后代都赶走，让原来的将相做诸侯，把义帝强迁至江南。手下军队烧杀抢掠，不得民心，之所以民众还没有造反，只不过是因为他依旧强大，韩信又补了一句：虽然项羽号称"西楚霸王"，实际上他已经失去了他的统治基础——天下人心。所以他的强、他的威是容易变弱、容易被风吹散的。

说完了项羽，韩信话锋一转，说回刘邦本人。

您现在如果能反其道而行之，避免项羽犯的重大战略错误，能人尽其用，把好的将领安置在合适的位置，您就能够战胜任何人。如果您攻下了城、打下了地，该封赏就封赏，人家自然会心服口服，接着替您去卖命。另外，继续集结愿意跟您的士兵，用思东归之兵击敌，敌人一定会溃败。

"且三秦王为秦将，将秦子弟数岁矣，所杀亡不可胜计；又欺其众，降诸侯，至新安，项王诈坑秦降卒二十馀万，唯独邯、欣、翳得脱。秦父兄怨此三人，痛入骨髓。今楚强以威王此三人，秦民莫爱也。大王之入武关，秋毫无所害；除秦苛法，与秦民约法三章；秦民无不欲得大王王秦者。于诸侯之约，大王当王关中，关中民咸知之；大王失职入汉中，秦民无不恨者。今大王举而东，三秦可传檄而定也。"

之后韩信说得都相当简洁明了：现在您面临的直接对手是三个秦国的降将。他们带着秦国的子弟打了好多年仗，死伤不可计数，又骗大家去降了项羽。项羽却杀了二十多万秦国降兵，只有这三个降将逃脱了。秦人都对这三个人恨入骨髓。

大王您进入武关之后秋毫无犯，还废除了秦朝的酷法，保证大家的人身、财产安全，这是破天荒的义举。秦朝的百姓都希望您来当秦国的大王。怀王和诸侯的约定大家也都知道，您先入关中，先受降了秦王子婴，您就应该当关中之王。您没当关中之王，被项羽安排去了汉中，秦国的百姓也都很怨恨。现在如果您举反旗杀向东边，用一纸檄文告诉秦国的百姓，说我刘邦回来了，秦国就可平定了。

于是汉王大喜，自以为得信晚，遂听信计，部署诸将所击；留萧何收巴、蜀租，给军粮食。

刘邦听了非常开心，觉得自己得到韩信这个人才晚了，用韩信用晚了。刘邦立刻按照韩信的战略部署开始往东打，留下萧何收取巴、蜀的租税，为军队供给粮食。

在韩信和刘邦聊完了竞争战略之后，《资治通鉴》是这样记载的：

八月，汉王引兵从故道出，袭雍；雍王章邯迎击汉陈仓。雍兵败，还走；止，战好畤，又败，走废丘。汉王遂定雍地，东至咸阳；引兵围雍王于废丘，而遣诸将略地。塞王欣、翟王翳皆降，以其地为渭南、河上、上郡。令将军薛欧、王吸出武关，因王陵兵以迎太公、吕后。项王闻之，发兵距之阳夏，不得前。

在讨论战略三四个月之后，刘邦用人不疑，听韩信的，执行力非常强，坐言起行。简单地说，这三个原来能征善战的秦国旧将就如摧枯拉朽一般。很快，刘邦就占了关中，这是人心所向，体现了一个好战略的作用。

3. 管理学的三个思维框架

其实，任何流行的思维框架都是可以用的。一根金线解万难，关键是怎么把它们用起来。我就拿刘邦和韩信聊楚汉相争的故事举例，把它放在三个思维框架里，跟大家讲讲。

第一个框架，天时、地利、人和。天时不如地利，地利不如人和。韩信说的这番话里，已经把人和、地利说得很清楚了。他给刘邦的结论就是人和、地利已在，缺的是一个争王争霸的天时。你现在不动，还要等到什么时候？

第二个框架，"三 C 模式"。第一个 C，Customer，顾客——你的利益基础，你的力量源泉，谁是你的衣食父母，谁买你的产品，谁买你的服务？第二个 C，Competitor，你的竞争对手。第三个 C，Company，公司，你自己。从三个"C"入手，你也能分析清楚好的商业状态是什么样的。

以韩信论楚汉相争为例。

第一个 C，所谓顾客就是人民、官吏。人民的心在哪里？军队将领的心、利益在哪里？他们支持谁，以及原因是什么？

第二个 C，竞争者项羽。项羽是个能人，但不是一个德人，他有妇人之仁、匹夫之勇，他犯了一系列战略错误，看似强大，实际上很虚弱。

第三个 C，Company，公司，你自己。刘邦本来也可以像项羽那样烧杀抢掠，但是他没这么做。他可以不分利、不分权给别人，但是他没这么做。他可以在汉中躺平，但是他心怀天下，还是想打过江东去。这就是刘邦——看上去油腻，实际上有鸿鹄之志。

所以，"三 C"也是一个分析方法——顾客是谁？竞争者是谁？你是谁？

第三个框架，"成功五要素"分析法。选好"一把手"，配备核心团队，定好战略，设定激励方案，建立核心竞争力。

韩信那个时候很有可能不知道"三 C"，不知道"成功五要素"，甚至不知道"天时、地利、人和"，但是韩信是成事之人，是天选之人，他说出来的这番话符合"三 C 模式"，符合"成功五要素"，也符合"天时、地利、人和"三因素的分析。

彭城之战：
能与企业共患难的，都是什么样的人

确定战略之后，最重要的就是人。从"一把手"、核心团队，扩展到一个坚实的中层，这个组织就会非常有战斗力。但是在组队过程中往往充满了各种问题、各种坑，稍不留意就会掉进去。

一般人都认为手下的人越多越好，但从用人的角度来说，未必如此。用人和带兵一样，并不是多多益善。我认为，世界上应该有更多的霸道总裁、更多的 CEO 向刘邦学习。终其一生，如果能长期用好七八个人，就足够成就霸业，成就他在某个领域第一或第二的市场地位。

借着彭城之战的案例，我来讲讲团队在危难的时候该如何抱团、血战到底，如何培养可以长期与共的团队人才。

1. 成大事者，能不要脸、会表演

三老董公遮说王曰："臣闻'顺德者昌，逆德者亡'；'兵出无名，事故不成'。故曰：'明其为贼，敌乃可服。'项羽为无道，放杀其主，天下之贼也。夫仁不以勇，义不以力，大王宜率三军之众为之素服，以告诸侯而伐之，则四海之内莫不仰德，此三王之举也。"

有人劝刘邦说，"顺德者昌，逆德者亡"，要把德行立起来。站在道德的制高点去压制对手，这样更容易得民心。民心向背对中长期战争的全局起着至关重要的作用。

你想成事，兵出无名不行，一定要出得名有据。因为你干了坏事，所以我要打你。因为你人神共愤，所以我不得不打你。要有这种效果、这种气势。虽然兵不如项羽多，将不如项羽广，但这种气势要展现出来。

你要让大家都知道这个敌人是个坏人，让他自己、周围的人以及相关的所有人，甚至无关的第三方都知道他是个坏人，只有这样敌人才容易被打倒。项羽一身缺点，干了无数坏事，像杀主这种事他不是第一次干了，他是天下的坏人。

施行仁义不能只讲武力，还要表现在仪式感上。您让三军穿一身素，告诉诸侯是大家在替义帝穿素，并且我现在就要来攻打那个杀了义帝的项羽了。这样四海之内都会仰视站在道德制高点上的您，这是尧、舜、禹才能做出的事。

于是汉王为义帝发丧，袒而大哭，哀临三日，发使告诸侯曰："天下共立义帝，北面事之。今项羽放杀义帝江南，大逆无道！寡人悉发关中兵，收三河士，南浮江、汉以下，愿从诸侯王击楚之杀义帝者！"

咱们说过刘邦有三大能力：第一，宽厚长者，能容。第二，能学习，虽然油腻，但是好学。第三，不要脸。他是不要脸的典型，他是成事之道、成事之德的典型。把事情搁在自己面子之前，事第一，面子第二。非常听劝，别人有个好建议，他就跟着去做。

于是，刘邦为义帝发丧，脱光上衣大哭了三天。然后跟各路诸侯说，我们把义帝当成我们的头领，现在项羽把义帝杀了，实在是大逆不道。我现在占了关中，集结了所有兵马，沿着长江、汉水往下走，愿意跟着各位诸侯王，一块儿去打不仁义的项羽。

说得非常好，这里就展现了刘邦那三点著名能力之外的另一个长处，其实这个长处很多领袖型人物、CEO都有，就是会表演。

使者至赵，陈馀曰："汉杀张耳，乃从。"于是汉王求人类张耳者斩之，持其头遗陈馀；馀乃遣兵助汉。

使者到了赵国，跟陈馀说一块儿去打项羽。陈馀说，汉王，请您先帮我杀了我的宿仇张耳，我就跟着您一块儿去打项羽。

这时候，刘邦既没有放弃，也没有去找张耳，杀掉张耳太麻烦。刘邦杀了一个长得很像张耳的倒霉人，把脑袋献给陈馀。陈馀就这样被蒙骗，派兵帮刘邦去打项羽了。

"慈不掌兵，情不立事"，太考虑儿女私情，在危急关头确实成不了事。但在现代商业环境里，我不建议大家学习这种极端做法，犯法的事不要做。

2. 居安思危，如履薄冰

战局到了彭城，一个叫田横的人，把他哥哥田荣的兵收拢了一下，有数万人,并且把田荣的儿子立为齐王,去跟楚国打,吸引了楚国的兵力。

项羽跟他连续打了好几仗,都没能结束战斗。项羽听说刘邦往东边杀来了,不想两面受敌,就想先干掉齐国,再去跟刘邦决战。

此时刘邦已经用收买人心、为义帝报仇等各种表演技巧,聚集了五十六万兵马。

这时,一个叫彭越的人叛变了。他趁着项羽打齐国的时候,让刘邦轻轻松松地入了彭城,拿下了西楚霸王项羽的都城。刘邦拿下彭城之后,干了和项羽进咸阳一样的事,美女、金银财宝统统拿走,然后正得意、开心的时候,项羽回来了。

项王闻之,令诸将击齐,而自以精兵三万人南,从鲁出胡陵至萧。晨,击汉军而东至彭城,日中,大破汉军。汉军皆走,相随入榖、泗水,死者十馀万人。汉卒皆南走山,楚又追击至灵璧东睢水上;汉军却,为楚所挤,卒十馀万人皆入睢水,水为之不流。围汉王三匝。会大风从西北起,折木,发屋,扬沙石,窈冥昼晦,逢迎楚军,大乱坏散,而汉王乃得与数十骑遁去。欲过沛收家室,而楚亦使人之沛取汉王家;家皆亡,不与汉王相见。

项羽听说刘邦入了彭城,带了三万精兵就往回赶。这时候刘邦和他的队伍已经被财宝、美人、美酒软化了。

项羽还是"战神",杀了汉军十余万人,剩下的汉军逃往了山上。楚兵乘胜追击,到了灵璧,十万余人被赶下了睢水,死伤无数。

楚兵将刘邦足足围了三层,刘邦命大,这时候天又帮了他。大风从西北吹起,竟然把楚国的大军都吹散了。

刘邦侥幸和几十个随从骑马逃走了。刘邦想回老家沛县,把老婆孩子、父亲母亲接上,但楚军先下手为强,已经把刘邦的家小统统抓走了。

刘邦从几十万人到几十个人,仅仅一战而已。这就是著名的彭城之战。

古往今来,有太多所谓的能人原来靠运气挣的财富、资源,凭本事一次就全输掉了。所以,各位谨记:如临深渊、如履薄冰的确不如你天天喝大酒、天天吹牛爽,但除此之外,没有捷径。想做"百年老店",就要经常想着自己未来会在什么地方面临危险,什么事故有可能把你的公司瓦解。

3. 慈不掌兵,情不立事

此时的刘邦,已经到了至暗时刻。接下来出现的事又揭示了"慈不掌兵,情不立事"这一战略心理的精髓。

> 汉王道逢孝惠、鲁元公主,载以行。楚骑追之,汉王急,推堕二子车下。滕公为太仆,常下收载之;如是者三,曰:"今虽急,不可以驱,奈何弃之!"故徐行。汉王怒,欲斩之者十馀;滕公卒保护,脱二子。审食其从太公、吕后间行求汉王,不相遇,反遇楚军;楚军与归,项王常置军中为质。

刘邦在逃跑途中遇上自己的大儿子和大闺女——孝惠、鲁元,就把他们放在自己的车上带着跑。这时,楚军即将追上,刘邦很着急,直接把儿子闺女都推下了车。从技术角度来讲,减少负重,车有可能跑得更快一点,但是从情感角度看,这种禽兽不如的行为,绝不是一般人能做得出来的。

这时候,滕公夏侯婴把刘邦的儿子闺女拉回了车上。刘邦把这俩孩子推下来三次，夏侯婴都把他们捡起来了。刘邦不仅把孩子推下去，还对夏侯婴起了杀心十余次。幸好孩子被夏侯婴保住了。

夏侯婴跟刘邦说，现在虽然紧急，但是车马就这速度，把孩子推下去也没用。毕竟您是孩子父亲，您这么做，以后不好相见。审食其带着太公和吕后想找到刘邦，没想到反而遇上了楚军，被扣为人质。楚军把他们几个直系亲属都带了回去。

刘邦、项羽这类人手太黑、心太狠。可能不世出的霸道总裁真的要有这样的心理素质。这类非常渣、非常无妇人之仁、非常狠心的所谓"霸道总裁中的霸道总裁""狠人中的狠人"，他们有没有心理阴影？我非常确定地说，有的。杀人无数，干过太多狠事的人，往往到了一定年龄，总会疑神疑鬼，睡不好，吃不香，酒色帮不上忙。这也是为什么一等一打天下的人，往往不是一等一能坐天下的人，打天下要狠，坐天下要稳。

有意思的是，狠人反而可以与共。因为在战乱之时，在竞争最激烈之际，往往是这种"狠人中的狠人"能笑到最后。

4. 哪些人可以与企业休戚与共

刘邦沉到谷底之后，哪些人最后跟了他，和他一起扭亏为盈，转败为胜，重新从失败走向胜利，从胜利走向更大的胜利？

第一类人，是刘邦的利益共同体，他的发小——像夏侯婴、萧何这样的人。他们没地儿可去，即使他们愿意去投奔项羽，项羽也不信任，因为他们跟刘邦太久了。所以跟随自己很久又有能力的人，"一把手"千万要珍惜。

第二类人，不出三代的亲属。他们跟你是血亲，如果这些人把你放弃了，去投靠项羽，项羽也不会信任。

第三类人，是有所贪的人。这类人在项羽那边拿不到任何实质性的好处，而跟着刘邦可以有足够的自主权。如果打赢了，可以分封天下。这样的人很有可能是在看清项羽和刘邦的为人处事之后，做出了选择。哪怕项羽势头更盛，也不会跟着他，韩信就属于这样的人。

　　几乎就是这三类人，会在危难之时不离不弃。如果你确定想当个霸道总裁，面对有可能的失败，有可能的大起大落，还是要注意培养这三类人。特别是在现代经济社会，去培养你的发小，培养那些真正认可你，你也愿意跟对方分大利的人。

盗嫂受金：
管理中最能依靠的还是人

人才的选、用、育、留，自古以来都是大事。如何选，如何用，如何培育，如何留住？这么大的事，第一责任人得是"一把手"，特别是如何选一些最关键的人，以及留住这些最关键的人。当然还有定制度，这些都是用人最重要的几件事。抓住关键，抓住帅才，同时定好制度，剩下的就可以让万物自然生长。

刘邦在这方面是个好手，是个顶尖高手。刘邦选人、用人、激励人的方法原则中有两点非常重要：第一是包容，能够包容各种人才。包容自己的发小，有可能他们不那么聪明、脾气挺大、不太尊重自己；包容像韩信这样从其他团队来的"空降兵"。第二就是与人分利，与人分天下。不是分一个钱、两个钱，而是大片大片的土地，大把大把的权力，敢于承诺，敢于兑现。在这两方面，刘邦远胜于项羽。这也是我反反复复强调的成事之道、成事之德的重要组成部分。项羽再强，因为成事之道、成事之德不如刘邦，在此消彼长的过程中，一步一步被刘邦赶上并反超，最后江山易主。

大家经常会抱怨天下无人，没才可用，很大原因就是你太挑了。没有完美的人才，就像没有完美的解决方案一样。在不完美的人选中，如何找到最合适的人才？我借着陈平的例子给大家展开讲讲，如何包容不完美，选、用、留住最合适的人才。

1. 不要小看基层，不要小看小事

初，阳武人陈平，家贫，好读书。里中社，平为宰，分肉甚均。父老曰："善，陈孺子之为宰！"平曰："嗟乎，使平得宰天下，亦如是肉矣！"及诸侯叛秦，平事魏王咎于临济，为太仆，说魏王，不听。人或谗之，平亡去。后事项羽，赐爵为卿。殷王反，项羽使平击降之；还，拜为都尉，赐金二十镒。

陈平小时候家里很穷，但是他好读书。后来，他在当地基层的街道当官，逢年过节负责分肉。这其实不是件容易的事，但是陈平就能把肉分配得非常合理，让大家都满意。

我想说的是，不要小看基层，不要小看小事。能做好小事的人，才有可能做大事；能管理好基层的，才有可能管理好天下；能管理好小团队的，才有可能管理好大团队。

是不是有人所有小事都做不好，但能做好大事？也有，如韩信。但我只是告诉你，从大局看，小事能做好的人，做好大事的概率更大。所以，不要一开始就想开疆拓土、逐鹿中原、攻城略地、杀伐占取，从手边能做的事开始，从烹小鲜开始。

先谋小再谋大。成事，先成小事，持续成小事，你就有了成大事的资本，你就有了成大事的能力，你或许能等来成大事的机会，这就是大和小之间的关系。所以，不要看不起小事，不要等到自己到了某个年岁之后再去做事。

父老们说,陈平,你肉分得不错。陈平说,如果我能够有机会在更大的盘子上做事,到时候我分天下也能像分肉一样公平,让所有人都心满意足。之后,诸侯叛秦,各路反王打秦朝,陈平先跟随魏王,但魏王不听他的,还有人在魏王耳边说他的坏话,陈平就跑了。后来他又跟随了项羽,项羽给他的官也不算太低。殷王反项羽的时候,他受命去攻打殷王,并成功打跑了对方。项羽就拜陈平为都尉,赐给了他二十镒黄金。

2. 管理中有噪声,未必是坏事

居无何,汉王攻下殷。项王怒,将诛定殷将吏。平惧,乃封其金与印,使使归项王;而挺身间行,杖剑亡,渡河,归汉王于修武,因魏无知求见汉王。汉王召入,赐食,遣罢就舍。平曰:"臣为事来,所言不可以过今日。"于是汉王与语而说之,问曰:"子之居楚何官?"曰:"为都尉。"是日,即拜平为都尉,使为参乘,典护军。诸将尽讙曰:"大王一日得楚之亡卒,未知其高下,而即与同载,反使监护长者!"汉王闻之,愈益幸平。

过了没多久,刘邦攻下了殷。项羽怒了,想把那些打下殷地的人都杀了。陈平是其中最重要的一个,他害怕了,把印和金子一封,退回给项羽,自己跑了。渡了黄河,去见汉王刘邦。

他托好朋友魏无知帮他求见刘邦,刘邦把他招进来,给他吃喝,然后让他回去休息。陈平却说,我是为事来的,我想说的话不能过今日。之后,陈平就跟刘邦好好聊了聊。刘邦问陈平,你在楚国当什么官?陈平说,我是都尉,刘邦就也任命陈平为都尉,不仅让他当都尉,还给了他一个非常重要的官职——护军，让他看着自己这些武官。

文人管武将本就不容易，更何况陈平是个降官，刚从楚军过来，当天就平级任命，还给他一个重要的职责——看着汉军的将领。汉军的将领不服，闹了起来。

刘邦跟项羽在这点上有天壤之别，项羽杀降将、杀降卒，刘邦用降将、用降卒。刘邦敢用，刘邦会用，刘邦不怕，对于这些自己内部老人的"噪声"，刘邦听到了。听到之后，更信任陈平了。你想想，如果你是陈平，受到了这种待遇，会不会把自己的全部力量都投入到为刘邦管理好争天下的任务中？

用人不容易，敢用人，敢用降将更难。在现代商业社会里，别说用竞争对手的人了，在关键岗位不提拔老人，任用"空降兵"，任用社会上的专业人士，都不是一件容易事。

但是，真想做"百年老店"的霸道总裁，在一些关键的、对于专业能力要求非常高的职位上，一定要大胆起用社会上的专业人士，不能只从自己的队伍里挑选、提拔。比如说审计、财务，比如说战略管理专家、人事管理专家。

与其让老人去念MBA，去听冯唐讲《资治通鉴》，去让他们再学习再进步，那还不如花合适的价钱从市场上招到顶尖的专业人才。刘邦就是用这种方式选拔并留用了陈平，让他来看住自己的这些军头，让他们稍稍老实一点。这事做得漂亮。

人才其实到处都有，人的潜力无穷，人力是一个组织的核能。如何用，就要看"一把手"能不能容，能不能赏，能不能奖，能不能罚，能不能立规矩。

陈平去监军，但是那些手握重兵、手握大量资源的地方大员非常难管。哪里有管理，哪里就会产生"噪声"。但是，在管理上有"噪声"、有矛盾、有危机，都是再正常不过的事，甚至是再好不过的事。如果一个大企业、大公司完全没有矛盾和"噪声"，完全没有危机，恭喜霸道总裁，你已经被蒙蔽了，而且被蒙蔽得不轻。你太得意，而且过分得意了。

3. 人品和能力是两码事

周勃、灌婴等言于汉王曰："陈平虽美如冠玉，其中未必有也。臣闻平居家时盗其嫂；事魏不容，亡归楚；不中，又亡归汉。今日大王尊官之，令护军。臣闻平受诸将金，金多者得善处，金少者得恶处。平，反覆乱臣也，愿王察之！"汉王疑之，召让魏无知。无知曰："臣所言者能也，陛下所问者行也。今有尾生、孝己之行，而无益胜负之数，陛下何暇用之乎！楚、汉相距，臣进奇谋之士，顾其计诚足以利国家不耳。盗嫂、受金，又何足疑乎！"

周勃、灌婴都是手握重兵的大将军，在刘邦面前很有分量，给陈平"扎小针"也扎得非常到位。他们说陈平长得非常好看，但是可能没啥本事。他私德不好，听说他在小地方的时候，和嫂子不清白；后来他去魏国当官，魏国容不下他，他又跑去楚国。一臣事二主，跑去楚国还不行，现在又跑来咱们这儿。大王，您想这个人能好吗？

现在您任命他为都尉，让他看着我们。我已经听说他受贿了，各个大将都给他送钱，送得多的，他就让人家好过一些；送得少的，他就让人家难过。果然，哪怕智慧如刘邦，哪怕有成事之道、成事之德的刘邦也"二乎"了，把推荐陈平的魏无知叫来一顿数落：你怎么给我推荐这么一个人？你也没告诉我他还有这些行径啊。

魏无知说得也非常简单、坦诚：我推荐这个人是因为他有能力，您说的这个人的好坏指的是德行。您现在身处乱世，在争天下，用那些世俗封建道德水准非常高的人，您能得天下吗？

刘邦还没完，把陈平也叫来了，坦诚、阳光地跟他讲了下面的话。

汉王召让平曰："先生事魏不中，事楚而去，今又从吾游，信者固多心乎？"平曰："臣事魏王，魏王不能用臣说，故去事项王。项王不能信人，其所任爱，非诸项，即妻之昆弟，虽有奇士不能用。闻汉王能用人，故归大王。臣裸身来，不受金无以为资。诚臣计画有可采者，愿大王用之；使无可用者，金具在，请封输官，得其骸骨。"汉王乃谢，厚赐，拜为护军中尉，尽护诸将。诸将乃不敢复言。

刘邦跟陈平说，你在魏国没做好，在楚国也没做好，现在到我这儿了，守信用的人会这么三心二意吗？

陈平是明白人，回答得也很坦诚：魏王不用我的建议，所以我离开魏王，去项王那里。项王不能信任我，他只信任他喜欢的人，基本上都是他的亲戚，我再有本事也不能被用。我听说汉王您是能够用人的，我希望发挥自己的作用，所以我来归属您，加入您的队伍。

我是个裸官过来的，没钱、没车、没房，什么都没有。我不收受贿赂，就没法生活，甚至没法开展我的工作。如果您觉得我的计策是有用的，您就把我留下来。如果您觉得我没用，您就跟我明说，我就走。我收受的那些贿赂，多数我还没用，都在我家里放着。

刘邦彻底明白了，魏无知说得没错，陈平说得也有道理。刘邦重重奖赏了陈平，让他监控所有的将领，这些将领终于不敢再说话了。

4. 管理中最能依靠的还是人

战略确定之后，人才、团队就是最重要的事。再好的战略，没有好的团队执行，也没办法成事落地。再差的战略，放手让好的团队去做，在做的过程中不断修订，就真的有可能会成，这是最重要的一点——人才重要。

有时候，天时不能倚仗，地利不能倚仗。已经构建好的所谓的"护城河"，所谓的市场份额优势、产品服务、能力看上去强大无比，都是不可倚仗的，最可倚仗的反而是人，是能干事、能成事、能持续成事的人。有七八个这样的人，很多事就能办成。如果有几十个这样的人，很大的事也能办成。这看上去像个悖论，最不可靠的是人，但是最可以依靠的、最可以仰仗的也是人。

管理人才也有战略。作为"一把手"周围的核心骨干，也要不停地去想，人才梯队还缺什么样的人？

刘邦和他的核心团队其实一直在想：我们想得天下，还缺什么样的人？我这个人才拼图上还有哪些缺口？其中一种就是能够独当一面、能征善战的人。他们找到了韩信。还有一种是能够很公平、周全地做行政管理、纪检监察的人才，他们找到了陈平。韩信、陈平都是后来加入的，都在楚汉相争取得最后胜利的过程中起到了重大作用。刘邦的核心团队基本配齐了，项羽的末日也就要到了。

最后再说一点，在激烈竞争、战乱之时，明君不怕贪官，反而怕你不贪。稍稍贪一些，只要不过分，只要不抢钱，就不是一个坏官，不是一个坏的组织成员。乱世和宁世不一样。如果一个公司、一个团队的主要目的是守成，有可能你会对私德、公德要求得更严。但是在竞争时期，在快速增长期，你可以说能力比德重要。但我一再强调，德和能是成事之德、成事之能，不是所谓的世俗的道德。如果有成事之道、成事之德，这些人也是会知进退、知分寸的，不会莫名其妙地去抢钱。

汉纪二

公元前 204 年

公元前 203 年

背水一战：
重视战略是成事的关键

公元前 204 年，韩信奉刘邦之命攻打赵国。谋士李左车（广武君）建议时任赵国将军的陈馀"坚壁清野"，不要跟韩信正面交战，耗着他。陈馀不听。结果韩信运用"陷之死地而后生"的独特战法，大破赵军，活捉赵王歇，杀了陈馀。

"陷之死地而后生"这种大俗话，是如何被韩信灵活、巧妙地运用在战争中的？在今天的管理实践中，我们又该如何运用？对于李左车这样的人才，我们为什么要重视？该如何收服他们，为我们所用？

1. 成事在前，脸面在后

楚汉相争已经进入到僵持阶段——你丢的就是我得的，我丢的就是你得的。刘邦在战场跟项羽展开正面厮杀，同时派出汉军阵营里唯一能打的韩信去攻城略地、开疆拓土、杀伐占取、逐鹿中原。

冬十月，韩信、张耳以兵数万东击赵。赵王及成安君陈馀闻之，聚兵井陉口，号二十万。

那年冬天，十月，韩信和张耳带着几万兵，向东去打赵国。赵王和成安君听到他们带着数万兵打了过来，就在井陉口的位置安营扎寨，摆出架势要迎击韩信、张耳，号称有二十万大军。

井陉口在中国历史上特别重要，它在黄土高坡北方地势相对高一点的地方，是外族、蛮族进入中原的必经之路。进了井陉口，就是沃野千里。赵国大臣李左车试图说服成安君陈馀。他说，韩信、张耳从远地到我们这里来打仗，他们是乘胜而来的，士气正高、锐不可当，我们最好别直面他们的锋芒，并指出了韩信、张耳这支部队的最大弱点——千里送粮，前线的士兵一定吃不饱。

在古代，从千里之外往前线运粮草，十斤粮草能有两三斤到前线就不容易了。士兵如果吃不饱，仗就会非常难打。从古至今所谓打仗，与其说是正面交锋，不如说百分之六七十的工作在于后勤保障、武器提供。吃啥、用啥、穿啥，骑的什么马、用的什么刀，在很大程度上决定了战争的胜败，而往往不是这个将军有多强。所以为什么历朝历代的皇帝如此重视粮草，如此重视马匹，这跟国家的安全息息相关。

李左车接着说，井陉是条小道，车不能并轨，骑兵不能并排，需要走绵延数百里，粮草的供应一定会出问题。您借我三万精兵，我绕小道掐掉他的补给线，您深沟高垒，不要跟他打。到时候，他向前没法跟您打，我又抄了他的后路，让他退无可退。慢慢地，他们的士兵就没有东西可以吃了。不到十天，我就可以把韩信、张耳的脑袋拎到您帐下。如果您非要跟他正面交锋，我们就会成为他的阶下囚。

陈馀否定了李左车的战略计划，说，我们是义兵，我们不用诈谋奇计。韩信兵少，远道而来会很累，我们如果还不打，其他的诸侯就会认为我们厌，厌就要挨打，其他诸侯以后有事没事就会来打我们。

说到这里,从历史看管理,我想讲四个方面。

第一,人性。人性是什么?我们自己、我们带的队伍,说到底都是人。

第二,兴衰。王朝之兴衰,企业之兴衰,团队之兴衰。

第三,借《资治通鉴》讲道德,但我强调过多次,这不是传统的仁义道德,而是成事之道、成事之德。不着急,不害怕,不要脸,把成事、做成事、持续做成事放在自己的脸面之前,成事第一。

第四,权谋。我不喜欢权谋,不建议大家用权谋。权谋是短期的、暂时的。你用太多权谋,时间就不是你的朋友,世界就不会因为你做的事而变得美好。但是你需要知道权谋,别人给你挖一个坑,你要知道他在坑里埋了什么,但是,我仍然不劝你用权谋。

成安君陈馀,虽然他不用权谋,但他所谓的义兵、仁义道德,恰恰是我强调的成事之道、成事之德的反面。太要自己这张脸,太要自己这个名,把成事放在了自我之后,那成事很有可能要离你远去。要成事,就要有成事之道、成事之德,不要有虚情假意,要不着急,不害怕,不要脸。

2. 换位思考,可出奇兵

说完了陈馀,韩信那边是什么情形?韩信是"战神"级别的人,用奇计的天才,如果陈馀真用了广武君的策略,韩信肯定是不敢大踏步进兵的。此时前方的间谍告诉他,广武君的策略没有得到采用,并没有奇兵抄咱们的后路。这时,韩信才敢引兵下来。

未至井陉口三十里,止舍。夜半,传发,选轻骑二千人,人持一赤帜,从间道草山而望赵军。诫曰:"赵见我走,必空壁逐我;若疾入赵壁，拔赵帜，立汉赤帜。"令其裨将传飧，曰："今日破赵会食！"诸将皆莫信，佯应曰："诺。"

广武君的奇策不被用，韩信反而开始用奇策。还未到井陉口三十里的时候，韩信就停下来安营扎寨。晚上，韩信挑选了两千轻骑兵，每个人带上汉军的旗子，抄小道上山，躲到山里偷偷看着赵军。韩信跟这两千骑兵说，赵军看到我们大军败走，一定倾巢来追。敌人一旦倾巢出动，你们就乘虚而入，占他们的营寨，拔他们的旗子，立我们的旗子。

然后韩信让他的副将给大家传送食物。跟大家说，今天我们将战胜赵军，吃好的、喝好的。大家都不相信，韩信接着做换位思考：赵军已经先占据了好的位置，他们是守方，现在他们没看到我们大举前进，还不敢打我们的先头部队。他们担心一旦打了我们的先头部队，我们掉头就跑，他们就消灭不了我们的有生力量。那我们就反常理，你不是嫌我先头部队少吗，我就先派出去几万人，背水设阵，如果敌军把我们冲散，我们就必死无疑。

"赵军望见而大笑"，赵军一看，这都是什么？基本兵法都不懂！

平旦，信建大将旗鼓，鼓行出井陉口；赵开壁击之，大战良久。

天亮了，开战，两边大战良久。韩信和张耳按照计划好的策略全盘部署，先是假装打不过，退到了背水设阵的阵营里。赵军一看，决战的时机来了，果然倾巢出动，整个赵军的军营很快就空了，而韩信和张耳的军队退无可退，只能殊死一战，这就是韩信要实现的效果。

韩信派出的那支奇兵按照部署，等赵军营寨空了，就把赵军的军旗全拔了，换上汉军的红色旗帜。韩信背水一战，军队已经处于不可被战胜的状态。赵军打了一阵儿，发现打不下来，就想回军营，这时候才看到军营里全是汉军的旗帜,大惊失色,以为汉军已经出奇兵把赵王抓住了。

军心乱了,士兵们开始逃跑,赵军将领杀掉带头逃跑的人,也无法稳住大军。这时候汉军开始两面夹击已经溃散的赵军。最终,赵军大败,陈馀被斩,赵王歇被抓。

诸将晚上真的聚餐了,聚餐的时候大家都很开心,都恭喜韩信,同时也好奇,兵法没有教我们可以背水扎阵的,您是怎么做的判断呢?

韩信回答:兵法不是这么说吗,"陷之死地而后生,置之亡地而后存"。我的做法其实在兵法里是有的,只是你们没有注意、没有留心而已。我们认识时间不长,我也知道你们并不是打心底里愿意听我的。我让你们按照常规兵法安营扎寨去打仗,你们很有可能是散的,拧不成一股绳。我们必须置之死地而后生,让每个人都清楚,后边是死,只有前边是一线生机。为了生存,我们也要打下去。

3. 珍视人才,重视战略

韩信背水一战取得胜利后,还做了一件一般人、一般能人做不出的事。

信募生得广武君者予千金。

韩信说,谁能把李左车生擒,就给他一千两黄金。
等李左车被抓回来,韩信却快步走上前,帮他解开绑绳,让他上座,像老师一样对待他。韩信说,我想向北打燕国,向东打齐国,要怎么做才能取得胜利?我的战略该如何制定?

广武君说，我是败军之将、亡国之徒，你怎么能和我商量大事呢？

信曰："仆闻之：百里奚居虞而虞亡，在秦而秦霸；非愚于虞而智于秦也，用与不用，听与不听也。诚令成安君听足下计，若信者亦已为禽矣；以不用足下，故信得侍耳。今仆委心归计，愿足下勿辞！"

韩信说，我听说百里奚在虞国时，虞国亡了，但是百里奚到了秦国，秦国就称霸了。难道百里奚在虞国时是个傻子，到了秦国就变成了一个智者吗？不是这样的。他能不能被用，他的计策能不能被听，才是关键。如果陈馀能够听信您的计谋，那我韩信现在就是阶下囚。我现在虚心向您请教，您就别客气了。

"士为知己者死"，李左车感受到韩信懂自己，心里非常感动，很愿意为韩信出谋划策。李左车也没有直接告诉韩信该做什么，而是先问你是谁，你擅长什么，不擅长什么，手里有什么好牌，有什么差牌，然后又说了这牌该怎么打，这都是做战略分析、做管理咨询常用的方法。

李左车说，韩将军，您先后用很快的速度、很少的兵力就打败了魏王和赵王。井陉口一战，没用一天就破了二十万赵军，威震天下。您已经打出"战神"的名声了，这是您强大的地方。

但是您的大劣势是士兵太疲劳了，非常难持续。带着疲惫的士兵去攻燕国，您不见得能打得下来，粮食也可能不够。到时候，燕国攻不下来，齐国也会更加自强。燕、齐都打不下来，楚汉相争还不知道谁胜谁负呢。

"善用兵者，不以短击长而以长击短"，真正会用兵的，都是拿长处去打别人的短处，把你手上的好牌物尽其用，差牌藏一藏，不把自己的弱点、软肋露给别人，让别人打你。

您不如按甲休兵，安抚老百姓，休养生息。同时让一个能言善辩的谋士带着您的信去燕国，告诉燕国您手上有什么样的好牌，您有多能打。燕国人不是傻子，他们知道您有多能打，他们已经看到魏国和赵国是怎样被您快速打败的，燕国一定会投降，之后齐国也一定会被您收编。这样，楚汉之争的局面就挺清楚了。"不战而屈人之兵"，就是我刚才给您的战略规划。

韩信跟着他的计策走，情况果真如李左车所言，燕国投降了。

刘邦很高兴。韩信请示刘邦，张耳当赵王可不可以？"汉王许之"，足以说明刘邦是个大 Boss（老板）。胜利之后，能够跟大家分享战略成果，能够完成他的承诺。

4. 利用人性成事，避开权谋陷阱

韩信井陉口之战大捷，从历史看管理，"冯三点"谈三点。

第一，重视战略，坚决执行。好多人看不起战略，好多人没有耐心去把战略想清楚，这两类人最后都成不了大事。

韩信利用了陈馀好名、好自我标榜这一人性的弱点，制定了背水一战的策略，同时想出了奇兵包抄赵军大营这样一个完整、系统的战略方案，并且严格地执行下去。在这个过程中，他利用了两大类人性：一类人性，是成安君陈馀好名、好标榜自己、假仁假义；另一类人性，是自己的军队跟自己并不亲，如果不先置对方于死地，他们就会四散而逃。根据这两类人性，他制定出了战略方针。

一、设奇兵准备抄赵军的大营；二、背水扎寨；三、假装暂时受挫、失败，退回水边的阵营，背水而战，引诱赵军倾巢而出，奇兵得以抄赵军的后路。步骤并不多，但是非常系统、完整，执行得非常坚决。

这些战略的真知灼见，是极少数人才有的。而且他能力排众议执行到底，更是难上加难。

第二，战略人才、顶尖的职业经理人，难得。

因为难得，所以可贵，这也是韩信要花千金生擒广武君并向其请教的原因。韩信在井陉口大捷用的兵，严格意义上来讲就是弱兵，但是强将手下无弱兵，强将的本事就是把弱兵用得和强兵一样。同时，强将爱强将，战略人才难得。韩信知道自己非常强，国士无双，而且刚刚取得两场大胜利，他还能意识到强再加上强，很有可能是更强，一加一大于二，这正体现了战略人才的可贵之处。

韩信和李左车两个战略专家最后聊出来的结果，决定了楚汉相争的最后走向。最终韩信兵不血刃拿下了燕国。这个时候，楚汉相争基本没有悬念了。

第三，我要强调"不要脸"。成事是硬道理，把事搁在最前面，把事搁在脸面之前。了解人性，利用人性，乘势而起，用成事之道、成事之德完成战略部署，做好战略执行。并且辨识权谋，别为权谋所害。这就是纵贯整个《资治通鉴》最重要的道理。

如果说刘邦是成事的道德楷模，那陈馀就是成事的道德楷模的对立面，无道无德。一将无能，累死千军。一人要脸，一国瞬间被灭。

黥布归汉：
战略沟通的精髓是同理心

公元前204年，刘邦麾下名臣随何说服了项羽麾下名将黥布归顺刘邦，没花一兵一卒，只凭一个人一张嘴，说了一段话，创造了一个新局面。随着队伍不断扩大，刘邦也开始面临和陈胜一样的问题：我面对一个强大的对手，全国各地有各种潜在的盟友，怎么利用他们？如何安置六国后裔？要不要把他们再立为王？

谋士郦食其支持扶立六国后裔，但是大汉第一谋臣、首席战略官张良则坚决反对郦食其的意见。这场隔空辩论冥冥中决定了楚汉相争后半程的走势，也决定了中国历史的走势。刘邦不是一个糊涂人，他最终采纳了谁的意见？以及他为什么采纳了这些意见？通过这个故事，我想说的是，我们是人，我们有个脑袋，希望大家都能好好地使用它，好好地花时间去思考战略，同时战略规划需要随着时间、环境、人物、团队的变化而变化。

如果我们要给反秦起义做一个战略规划，那么这个战略应该随着时势的变化、团队的变化而做出怎样的调整？对我们今天的管理实践又有什么样的启示?

1. 战略沟通的精髓是同理心

有一次,刘邦慨叹团队里没人,说,要是谁能帮我把九江王黥布拖住几个月,甚至能够让他去打楚国,天下就是我刘邦的了。一个叫随何的人,去帮刘邦干成了这件大事。

随何至九江,九江太宰主之,三日不得见。随何说太宰曰:"王之不见何,必以楚为强,汉为弱也。此臣之所以为使。使何得见,言之而是,大王所欲闻也;言之而非,使何等二十人伏斧质九江市,足以明王倍汉而与楚也。"太宰乃言之王。

随何到了九江,九江王黥布没有来见他。九江王让太宰一直请随何吃饭、喝酒、聊天。随何也明白,如果九江王黥布见到他,有可能不知道说啥好,得罪他不好,得罪项羽也不好。九江王就想两边晃悠,坐山观虎斗。如果真是这样,说啥都没用,随何知道自己一定要见到九江王黥布本人。

随何说,九江王黥布不想见我,一定是因为他觉得楚国太强,汉国太弱,这也正是我这次来使的目的。如果九江王觉得我说得对,那说明我所说的事也正是您想听的。如果我说得不对,您就把我和随从二十几个人的脑袋当着全天下人的面砍下来。这样您会收获一个特别大的好处,就是项羽知道了您是铁了心跟着他,铁定了不理汉王刘邦。所以,见我只有好处,没有坏处。

随何的话术里有一个重要的点,就是同理心。其中有个诀窍,就是你要反过来想,他那么做一定有他的理由。把你的脚搁在他的鞋里,把你的屁股坐在他的位子上，把你的脑袋安在他的脖子上，从他的角度去看问题、去想事情，你或许就能了解为什么他不按照你的想法去做。而且你可以从他的角度去说服他，为什么要跟着你的想法去做，给他足够的理由，让他无法拒绝。

之后，九江王见了随何。

王见之。随何曰："汉王使臣敬进书大王御者，窃怪大王与楚何亲也？"九江王曰："寡人北乡而臣事之。"随何曰："大王与项王俱列为诸侯，北乡而臣事之者，必以楚为强，可以托国也。项王伐齐，身负版筑，为士卒先。大王宜悉九江之众，身自将之，为楚前锋；今乃发四千人以助楚。夫北面而臣事人者，固若是乎？汉王入彭城，项王未出齐也。大王宜悉九江之兵渡淮，日夜会战彭城下；大王乃抚万人之众，无一人渡淮者，垂拱而观其孰胜。夫托国于人者，固若是乎？大王提空名以乡楚而欲厚自托，臣窃为大王不取也！"

随何说，汉王叫我来见您，想知道您跟楚国是什么关系。九江王非常客气地说，我是楚国的臣子。随何也很坦诚，说您跟项王都是诸侯，是平级，您之所以对他俯首称臣，一定是因为他很强。

项羽讨伐齐国，身先士卒。那个时候您本应带着九江最能打的士兵去楚国做先锋，结果您只派了四千人，您嘴上说自己俯首称臣，实际上却没按臣子之道去做事。

随何又举了一个例子。

上次汉王刘邦进彭城时，项羽还在齐国，当时您应该去救项羽，跟刘邦在彭城下痛打一番。结果您这边没有一个人渡淮河，就躺着看谁胜谁负。您表面上说尊重项羽，其实您只是想坐山观虎斗。我认为您这样做有挺大的问题。

2. 战略要随时、随势、随人而变

随何从名声、形势和人心上比较了楚汉。

"然而大王不背楚者,以汉为弱也。夫楚兵虽强,天下负之以不义之名,以其背盟约而杀义帝也。汉王收诸侯,还守成皋、荥阳,下蜀、汉之粟,深沟壁垒,分卒守徼乘塞。楚人深入敌国八九百里,老弱转粮千里之外。汉坚守而不动,楚进则不得攻,退则不能解,故曰楚兵不足恃也。使楚胜汉,则诸侯自危惧而相救;夫楚之强,适足以致天下之兵耳。故楚不如汉,其势易见也。"

我知道您之所以坐山观虎斗,而没有背叛项羽,并不是您不想,只是觉得刘邦太弱。楚国兵马虽然强,但是项羽有不义之名,杀义帝,失人心。刘邦虽然兵弱,但是有大后方。而项羽的部队虽然深入敌国八九百里,但是挑了一个彭城做国都,失去了地利。刘邦就这么坚守不动,项羽往前不见得能打下来,往后退也依然不能松懈,所以说,楚国不能长久。

如果楚国真的打败了汉国,项羽杀了刘邦,那你们的坏日子才真的要来了,诸侯们都应该心惊胆寒。楚国越强大,天下越会纷争不已,因为人心在刘邦这边,不在项羽那边。刘邦赢了,大家就可以不打。项羽赢了,大家还会继续打下去,而且很有可能被项羽打。

"今大王不与万全之汉而自托于危亡之楚,臣窃为大王惑之!臣非以九江之兵足以亡楚也;大王发兵而倍楚,项王必留;留数月,汉之取天下可以万全。臣请与大王提剑而归汉,汉王必裂地而封大王;又况九江必大王有也。"九江王曰:"请奉命。"阴许畔楚与汉,未敢泄也。

随何又接着说，现在您不跟随刘邦，而跟随项羽，我觉得是您糊涂。如果您背叛楚国，跟他打几个月，项羽一定不敢离开楚国，只要项羽能滞留在楚国几个月，刘邦取天下就几乎是定数。那时您就是大功臣，刘邦也一定会分地给您，一定不止九江之地。

随何给九江王指出一条路：只要您能拖住项羽几个月，您将来得到的地会比现在多得多。否则，如果刘邦败了，项羽之后再过来收拾您是分分钟的事。您坐山观虎斗，看得挺爽，您以为西楚霸王项羽不知道吗？

随何分析得很清楚，九江王听明白了。他暗暗决定背叛楚国，跟着刘邦走，但是还没有说出去。只要不泄露，他就还有继续坐山观虎斗的资格。

楚使者在九江，舍传舍，方急责布发兵。随何直入，坐楚使者上，曰："九江王已归汉，楚何以得发兵？"布愕然。楚使者起。何因说布曰："事已构，可遂杀楚使者，无使归，而疾走汉并力。"布曰："如使者教。"于是杀楚使者，因起兵而攻楚。

楚国的使者一直在催黥布：你赶快发兵帮我打刘邦啊！九江王黥布一直在犹豫。随何逮着一个机会步入会场，告诉楚国使者，九江王已经背叛楚国，归顺汉国，怎么可能再发兵帮楚国打仗？

黥布愣了，楚国使者站起身要走。随何跟黥布说，事已至此，您只能把楚国的使者杀了，否则事情就泄露了。于是黥布杀掉了楚国使者，并起兵去打楚国。

很多有战略眼光的人，很可能没有随何这种挺身而出、把事情促成的能力和魄力。如果没有随何跟楚国使者说，九江王已经背叛楚国，那九江王很有可能还会再坐山观虎斗一阵子，这会影响到楚汉相争的整个战局。

战略的精髓是随时、随势、随人而变，变中有不变，不变应万变，万变不离其宗。

3. 说话算数才能留住人心

随何一脚把黥布踹上了这条路，黥布已经没有回头路可走了。

楚使项声、龙且攻九江，数月，龙且破九江军。布欲引兵走汉，恐楚兵杀之，乃间行与何俱归汉。十二月，九江王至汉。汉王方踞床洗足，召布入见。布大怒，悔来，欲自杀；及出就舍，帐御、饮食、从官皆如汉王居，布又大喜过望。于是乃使人入九江；楚已使项伯收九江兵，尽杀布妻子。布使者颇得故人、幸臣，将众数千人归汉。汉益九江王兵，与俱屯成皋。

果然就像刘邦设想的，楚国派了两个大将来打九江王黥布。黥布很能打，坚持了数月，但还是被打败了。黥布想引兵加入汉军，但又怕被楚军追杀，所以就抄了小路，轻装减行，只带了几个人一块儿逃到了刘邦的地界。

黥布见到了刘邦，但是刘邦是洗着脚见的黥布，黥布非常不开心，想自杀。大家有可能会觉得这反应过激了，但是你设身处地地用同理心去想黥布，他放着一个九江王不做，放着坐山观虎斗不观，造反了。他一个人到了刘邦的面前，结果看到刘邦不仅不好好招待自己，反而怠慢自己。黥布当然有可能说，我选错了，我要自杀。但他出去一看，刘邦已经给他准备好了房子、吃的、用的、车、随从，待遇跟刘邦自己一样。黥布大喜过望。

刘邦虽然待人傲慢、不讲礼数，但是刘邦简单、坦诚、阳光，说话算数，答应的事一定做到，还有可能比答应的更好。

之后，黥布就派人回到九江。这时，楚国已经把九江兵收编，杀掉了黥布所有的妻子和孩子。国仇添家恨，黥布铁了心要反抗。于是，他把自己的旧部收拢，带着几千人归了大汉，和刘邦一起屯兵成皋，对抗项羽。

通过这个故事，我想说的是，当你做战略分析、战略沟通时，要简单、坦诚、阳光，带着同理心说出最尖锐的话，有可能效果最好。这就是随何能说服黥布，刘邦又能留下黥布的关键原因。

应物变化：
做决策要考虑"形""势""情"

做战略规划、战略沟通，很多人认为要花里胡哨、匪夷所思、用阴谋诡计，其实这都是误区。

我很坦率地说，我做了这么多年的战略规划，在大多数时候，还是应该沿着"金线原理"去抓真知灼见。带着团队花时间去找事实、做分析，用逻辑得到真知灼见。简单、坦诚、阳光才是正路，看上去是那么简单，但实际上是那么难。

在楚汉相争的胶着状态下，刘邦面临的一个重大抉择是，要不要鼓动六国故人造反，赋予他们权，让他们一起对抗楚国。如果说随何说服黥布叛楚归汉，是楚汉相争胶着阶段的一个决定性转折点，扭转了战局，那立六国是不是在很大程度上奠定了刘邦楚汉相争的胜局？

借着这个故事，我们来看看，为什么说汉王要不要复立六国之后是一个重要的战略问题，为什么说郦食其提出的应该复立六国之后是错误的决策。

1. 做战略，唯一不变的是变化本身

很多时候，一个重要的战略决策很有可能并不决定最终的成败，但是重要战略的对错，会影响成功来临的早晚。

做战略规划的几大原则，其中一个就是应物变化。要因时而变、因事而变、因人而变，唯一不变的是变化本身，但是其中又有一定规律可循。听上去似乎是自相矛盾，但是你细想，其实不然。

楚数侵夺汉甬道，汉军乏食。汉王与郦食其谋桡楚权。食其曰："昔汤伐桀，封其后于杞；武王伐纣，封其后于宋。今秦失德弃义，侵伐诸侯，灭其社稷，使无立锥之地。陛下诚能复立六国之后，此其君臣、百姓必皆戴陛下之德，莫不乡风慕义，愿为臣妾。德义已行，陛下南乡称霸，楚必敛衽而朝。"汉王曰："善！趣刻印，先生因行佩之矣。"

楚军多次切断了汉军的粮道，而军队打仗在很大程度上要靠装备给养，再能打的军队没有给养，十有八九都会输。刘邦很苦恼，就跟谋士郦食其说，怎么能够让楚军快点被消耗。

郦食其想了一个主意：以前商汤伐桀、武王伐纣都赢了，但没有斩草除根，而是找了一块地方，把上一个朝代的后人分封安置下来。但秦国建立秦朝之后，失德弃义，不再那么做了，把所有诸侯连根拔起，让他们的后人无立锥之地。

现在咱们把秦朝打败了，如果您立六国之后，让他们都有个去处，那他们就会感恩戴德，跟着您走，帮您打楚军。这样您得道多助，项羽失道寡助，项羽肯定就不行了。刘邦说，这主意好，于是就派郦食其去封官、画大饼。

郦食其出的主意是让刘邦找一些帮手，这些帮手都是各地过去的诸侯、权臣后代，是所谓失去了土地和王权的二代、三代们。恢复他们的名声和权力，让他们夺回自己该有的土地和人民。

刘邦不是笨人，他同意不是没有道理的。

第一，不费一兵一卒。

第二，的确有人有这种需要。六国的遗老遗少，哪个后代不想再做王、再做诸侯？哪个大臣不想再当朝为官？

这些人接受我的印，接受我的官，顺理成章就会跟我一块儿干项羽，何乐而不为？

管理的核心词是"战略规划"。没有战略，再好的团队也走不远，再好的江山也会被丢掉。我反复跟大家强调战略，从不同的侧面跟大家说战略重要在什么地方，怎么看战略的重要性，怎么制定战略。

因为太重要，实际上就是想让各位形成好的战略素养，就像培养学生的好习惯一样。如果职业经理人有好的战略素养，他很难效率特别低，很难长期不成事。

2. "一把手"和核心团队要多沟通

郦食其建议刘邦分封六国之后，团结一切可以团结的力量。这个事，本来刘邦已经拍板定了。

食其未行，张良从外来谒。汉王方食，曰："子房前！客有为我计桡楚权者。"具以郦生语告良，曰："何如？"良曰："谁为陛下画此计者？陛下事去矣！"汉王曰："何哉？"

郦食其马上就要带着印走了，这时候，张良出差回来，要跟刘邦请安。刘邦就跟张良说，子房，你来了，我跟你说说这么一个计策。

这个举动看上去简单，其实不简单。"一把手"跟自己的核心团队一定要经常见面，经常沟通，经常商量事。作为一个霸道总裁，你身边要有十个以内特别密切、有思想、愿意跟你的利益绑在一起，同时你又充分信任的人。这些人太关键了，霸道总裁和核心团队成员的亲密关系是特别重要的一件事，对团队成功与否举足轻重，对这个霸道总裁出现战略错误与否举足轻重。

如果张良没有这个习惯，先跟刘邦请个安，一块儿喝杯酒，一块儿聊聊天，那郦食其很可能就已经拿着印四处跑了。而且刘邦是个重信用的人，一旦刻了印，很有可能再苦的苦果他都会吃下去，答应的事他会办到。

如果你是一个霸道总裁，你要主动跟核心团队成员多唠叨，特别是关键的战略方针、战略举措。理越辩越明，好的战略方案越讨论越清晰。

所以我的建议就是，如果你是个霸道总裁，或者你是霸道总裁的核心团队成员之一，那你们至少一个礼拜要见一次；如果线下见不了，就线上见，至少一个礼拜吃一次饭、喝一次酒。我甚至建议在最开始创业的时候，一个礼拜吃三次饭、喝三次酒。在团队稳定之后，一个礼拜也要吃一次饭、喝一次酒，线下不行，那就线上云喝酒，大家有足够的机会谈一些大事。

3. 霸道总裁最重要的能力之一就是听劝

张良是有足够智慧、决断和反应速度的人，听了郦食其提出的建议，他马上说这件事不行。这判断看上去容易，但如果你用手盖上这一段，只读《资治通鉴》前面那段，你有足够的反应和判断知道郦食其跟刘邦商量的这件事不可行、不可做、危害极大吗？

刘邦说，为什么？张良提出了八点反对意见。归根结底就一句话：战略方向是好方向，但是对于汉王您来说不是好方向，因为您现在实力不够，做不了这件事，哪怕这件事看上去很美。

通观《资治通鉴》，多数的时候人物表述都比较简洁，就说一点，少数时候说三点，说八点的情况非常少见。甚至之后司马光还写了一大段话——他用荀悦（东汉史学家、政论家、思想家）的话来批注说明张良为什么对、郦食其为什么错，这个行为很值得深思。

对曰："臣请借前箸，为大王筹之：昔汤、武封桀、纣之后者，度能制其死生之命也；今陛下能制项籍之死命乎？其不可一也。"

张良说，过去商汤、武王能封他推翻了的王朝的后人，主要是因为他们手上权力已经太大了，天下已经是他们的了，生杀大权在握，能置任何后人于死地。汉王您今天有这么大的权力吗？这是您干不了这件事的第一个原因。

"武王入殷，表商容之闾，释箕子之囚，封比干之墓；今陛下能乎？其不可二也。"

周武王攻入殷商的都城后，他表彰了商容，释放了被囚禁的箕子，修缮了比干的坟墓。如今陛下您能做到这些吗？这是第二个原因。

"发巨桥之粟，散鹿台之钱，以赐贫穷；今陛下能乎？其不可三也。"

您手上有钱可散吗？打仗钱都不够用，您哪有钱给这些六国之后？您印是刻出去了，官是封出去了，之后呢？这仗怎么打？这是第三个原因。

"殷事已毕,偃革为轩,倒载干戈,示天下不复用兵;今陛下能乎?其不可四也。"

商殷、周武当时打完仗,就偃旗息鼓,把盔甲兵器都收起来了。您现在行吗?今天您放下手中之剑,明天刀剑就架在您脖子上。这是第四个原因。

"休马华山之阳,示以无为;今陛下能乎?其不可五也。"

您把战马都放到华山南坡去,说不打了,躺平了,享受生活了,行吗?不行吧。这是第五个原因。

"放牛桃林之阴,以示不复输积;今陛下能乎?其不可六也。"

让牛都歇着,我们不运粮了,您现在可以吗?这是第六个原因。

"天下游士,离其亲戚,弃坟墓,去故旧,从陛下游者,徒欲日夜望咫尺之地;今复立六国之后,天下游士各归事其主,从其亲戚,反其故旧、坟墓,陛下谁与取天下乎?其不可七也。"

第七个原因,跟您干的各级干部、官僚系统那些人,您现在不封他们官,又找了一批六国之后封官,这"大饼"是挺好吃,但您周围这些人怎么办?他们一直期盼胜利之后能拿个一官半职,有点封地,让后代过安生日子。您现在这么做,谁还跟您干?您的团队就散了。

其实第七点是很关键的一点——伤人心,伤团队心,不可。

279

"且夫楚唯无强，六国立者复桡而从之，陛下焉得而臣之？其不可八也。诚用客之谋，陛下事去矣！"

张良最后一点说得很清楚：人心难定。您现在本来就弱，给他们一个玉印，他们现在觉得挺好，收下了。但楚国如果依旧强大，以后一旦威胁到他们这些六国后人，他们一定跟着楚国走，刀快架到他们脖子上了，玉印不好使了。

也就是说您如果强，这些事都能做，但是您不强，楚国强，很有可能您立起来的这些六国之后，依然不会一直向您俯首称臣。因为您没权、没钱，现在的胳膊又没有楚国的粗。如果您这么做，天下就丢了。

汉王辍食，吐哺，骂曰："竖儒几败而公事！"令趣销印。

作为"一把手"能够听别人的建议，能够听劝，从谏如流，这个本事太重要了。听进去之后还能采取行动，这几乎是霸道总裁最重要的几个能力之一。

刘邦就是这样一个霸道总裁。已经定了的事，跟自己的核心团队一商量，发现自己犯了致命的战略错误，就马上去改。他立刻停下筷子，把嘴里的东西吐出来，骂郦食其，让他马上把印都销毁。这个行为看上去简单，但实际上太难了。

多数霸道总裁总觉得自己天下第一，除了自己给自己灌输之外，周围也有一群所谓的"国师"天天变着花样夸他。别人的强大都是"纸老虎"，只有我们知道您才是世界上最大的王。多数霸道总裁并不能够像刘邦这样拎得清，吞得下自己还不是老大这个似乎非常苦的事实真相。

4. 做决策时要考虑"形""势""情"

战略看上去简单，实际上复杂；看上去虚，实际上实；看上去有一定之规，的确也有一定之规，但是还有好多变化，变化是唯一的不变。

张良劝刘邦这件事一定不能做，因为它太重要，司马光还引用了荀悦的话来说为什么同样的事对于不同的国家、在不同的时候、对不同的人会产生完全不一样的效果。这就是战略不能照抄，而需要真正懂的人来敲定的原因。

荀悦论曰：夫立策决胜之术，其要有三：一曰形，二曰势，三曰情。形者，言其大体得失之数也；势者，言其临时之宜、进退之机也；情者，言其心志可否之实也。故策同、事等而功殊者，三术不同也。

荀悦也说了三点，这种表达非常符合"金字塔原则"。荀悦是这么说的：当你设定战略、做决策的时候，有三方面变数：一、形；二、势；三、情。

一是"形"，指力量对比——你钱多少、GDP多少、人口多少？政治、经济、文化、科技实力如何？如果你是1，人家是100，这仗没法打，你有各种妙计，人家有一定规模就能灭你。

二是"势"，说的就是在大体确定的竞争关系中的时机变化。现在这几年有什么样的时机，有什么样的短期机会？虽然大面可能一样，这个人比我壮实，体重大我一倍，但是这个人短期内生病，这个人腿折了、脚崴了，本来跑得比我快，现在不行了。短期内我很有可能胜过他，这就是所谓的"势"。

第三个变数是"情"，无论是近期、远期的事，归根结底都还是人做的。人情如何，人性如何，人到底处于一种什么状态，他想不想做，有没有动力做,都是要考虑人性才能辨别得更清楚的。这些细节往往决定战略成败。

为什么有时候用同样的策略、战术做同样的事,效果差异特别大?原因就是"形",基本面不一样;"势",时机不一样;"情",人情、人性不一样。

故曰:权不可豫设,变不可先图;与时迁移,应物变化,设策之机也。

所以说,你不能拿一套战略举措去适用一切事情,以为不同的"形"、不同的"势"、不同的"情",用一套方法都可以解决。不可能的。那怎么办?

第一,掌握基本的战略制定的方法、工具、模板,掌握"金线原理"。

第二,不要犯懒,与时俱进,应物变化。

在面对任何一个要制定战略的项目时,你一定要根据现在的"形"、现在的"势"、现在的团队、现在的人情和人性,好好做出分析,然后制定一个能够决胜千里之外,能够适用好几年的好战略。

有变,有不变,不能以不变应万变,但是万变中还有一定之规。掌握正确的工具、方法、模板,掌握"金线原理",用这套东西根据现在的情况因地制宜、实事求是,去定出制胜的战略来。看上去有点绕,如果你没懂,反复多想几遍,我确定这是真知灼见。

反间计：
核心团队比战略更重要

在人类社会中，真正具有核能的是人，不是机器，不是资源。虽然有资源、天时、地利、机器能帮助我们成事，但是说到底，所有力量中最关键的成功要素还是人。对的人聚起来，事就容易成。对的人聚的时间长，很难不成大事。

为什么？因为事是人做的，资源是人在用，天时是人在承，地利是人在想。即使做出了很好的战略方案，如果人不对、执行的人不对，这个方案也没有用。

通过"反间计"的故事，我想和大家强调的正是人的重要性。我反复强调只能说明，这个道理对于你、对于人类、对于在历史长河中沉沉浮浮、起起落落的人类来讲，是那么、那么重要。

1. 核心团队至关重要

汉王谓陈平曰："天下纷纷，何时定乎？"陈平曰："项王骨鲠之臣，亚父、钟离眛、龙且、周殷之属，不过数人耳。大王诚能捐数万斤金，行反间，间其君臣，以疑其心；项王为人，意忌信谗，必内相诛，汉因举兵而攻之，破楚必矣。"

刘邦跟陈平发牢骚，感慨天下也打了好几年了，什么时候是个头？陈平是个深谙人性、擅长计谋的人，一针见血地说，项羽倚靠的就是这么几个人——亚父范增、钟离眛、龙且、周殷。如果您能让我带着数万斤黄金去挑拨离间，让能说得上话的人在合适的时机给项羽递几句话，项羽生性好猜忌，容易相信谣言，到时候他的心就乱了，就起疑了。当他的核心大将都不被信任，那我们举兵攻之，楚国被消灭就是必然的结局，到时候天下就是您的了。

汉王曰："善！"乃出黄金四万斤与平，恣所为，不问其出入。平多以金纵反间于楚军，宣言："诸将钟离眛等为项王将，功多矣，然而终不得裂地而王，欲与汉为一，以灭项氏而分王其地。"项羽果意不信钟离眛等。

刘邦一听，觉得这事靠谱，虽然黄金可爱，但是江山更重要。他给了陈平四万斤黄金，而且不问出入，你爱怎么花就怎么花。

这样，能出奇计、能利用人性弱点展开攻势的陈平开始使用反间计。他在楚国将士里散出谣言，说钟离眛这些大将帮项羽立下奇功，但是项羽抠门儿、小气，不封他们为王，不给他们土地，这些大将都很不满，想跟随汉王一起走。因为跟着汉王打了胜仗，一定可以分地称王。项羽听到后，果然不再相信钟离眛等人了。

这个故事到这儿已经说明了很多问题，我跟大家说几个要点。

第一，人才重要，关键人才重要，核心团队重要。

在确定战略之后，团队建设就成了最重要的事，甚至战略可能在实际管理中都没有核心团队重要。团队不行、核心团队不行，再好的战略也是一沓废纸。

反过来，战略一般，但人很强，也能把好些事做得很漂亮，甚至能在执行中把一些不太切实际的、不太适应变化的点重新修正，让整个战略执行得更漂亮，这就是核心团队的作用。

为什么核心人才这么重要？因为不管多少资源、多少兵、多少天时，都是核心团队在指挥、在管理。核心团队强，这些资源能用好；核心团队不强，就算有再好的资源，一把好牌也会打烂。

创业也好，管理公司也好，时时刻刻要想的是，谁是你的核心团队？你的核心团队在想什么？你的核心团队还有哪几块短板？这几块短板该怎么补上？你的核心团队有没有动力做正确的事、做战略执行？如果没有，怎么补上？围绕核心团队的动力、能力和授权，充分去思考、去管理，假以时日，你一定能成为一个出色的霸道总裁。

第二，核心团队往往不是牢不可破的。核心团队足够核心，有足够的能力，手上掌握着足够的资源，那这些人就有可能跟"一把手"不是一条心，有可能有自己的小算盘、自己的抱怨。这些裂痕就是对手有机可乘的"机"。

2. 使用反间计的三个要点

如何使用反间计？有三个要点，缺一不可。

第一，你需要一个像陈平这样非常了解人性、善于利用人性阴暗面出奇迹的人。

第二，你需要钱。驱动特别能干的人无非三件事——权、钱、色。权，"画大饼"好使，但是不见得所有人都相信。行色也好使，但不一定对所有人都好使。最好使的还是钱，你要给足钱，很多人至少会心动。

第三，你还要有刘邦的心胸。刘邦让陈平花这么大一笔钱却不问出入，疑人不用，用人不疑。

只有做到了这三点，一个伟大的反间计才有成功的可能，刘邦就是这样做的。

这个反间计战略制定和执行之后，刘邦的核心团队即使在战争最被动、最胶着的时候，依然和刘邦上下左右配合着去打击项羽。西楚霸王——一个绝世英雄上蹿下跳，就这样很快被消耗殆尽，再一步一步走向了乌江。

刘邦跟陈平定了反间计之后，陈平先向亚父范增下手了。

夏，四月，楚围汉王于荥阳，急；汉王请和，割荥阳以西者为汉。亚父劝羽急攻荥阳；汉王患之。

公元前204年夏天，楚军把刘邦围在了荥阳，情况很危急。刘邦说，荥阳以西归汉，荥阳以东归您，咱们讲和。项羽有点动心，亚父范增劝项羽千万要紧急攻下荥阳。你只有干死刘邦，天下才能坐得稳。刘邦非常揪心。

项羽使使至汉，陈平使为太牢具。举进，见楚使，即伴惊曰："吾以为亚父使，乃项王使！"复持去，更以恶草具进楚使。楚使归，具以报项王；项王果大疑亚父。亚父欲急攻下荥阳城，项王不信，不肯听。亚父闻项王疑之，乃怒曰："天下事大定矣，君王自为之，愿赐骸骨！"归，未至彭城，疽发背而死。

陈平干了一件非常简单的事，不费一兵一卒，甚至连那四万斤黄金都完全没用上。项羽派使者过来看看陈平什么路数，陈平准备了各种山珍海味端进去，一看是楚国的使者，立刻假装大惊说，我还以为是亚父范增的使者，抱歉抱歉。然后把端上来的山珍海味又都给收走了，换上来一些简简单单的食物。

楚国使者回去把这件事告诉了项羽，果然项羽开始怀疑范增。范增劝项羽赶快杀掉刘邦，打下荥阳城，这样才能坐稳江山。项羽不听。范增知道项羽怀疑他，真生气了，说天下事已经定了，您好自为之吧，留我一条老命，让我解甲归田。

范增往家乡赶，但还没有回到楚国的都城，背上的大疮就破了，人也发高烧死了。项羽也从气死范增开始，加速走向了下坡路。

3. 用人既要信任，也要防范

虽然范增死了，可是项羽的实力依旧在，让刘邦两次都非常接近死亡。这个故事也告诉我们，在你特别不行的时候，你笃定地相信你有成事之道、成事之德，你有核心团队在你周围，只要你有了这两点信心，哪怕一年两年暂时业绩不行，哪怕一两场战役中你被打得满地找牙，你也不要气馁，你要坚持、坚持、坚持。

五月，将军纪信言于汉王曰："事急矣！臣请诳楚，王可以间出。"于是陈平夜出女子东门二千馀人，楚因四面击之。纪信乃乘王车，黄屋，左纛，曰："食尽，汉王降。"楚皆呼万岁，之城东观。以故汉王得与数十骑出西门遁去，令韩王信与周苛、魏豹、枞公守荥阳。羽见纪信，问："汉王安在？"曰："已出去矣。"羽烧杀信。周苛、枞公相谓曰："反国之王，难与守城！"因杀魏豹。

汉军将军纪信跟刘邦说，城快要破了，我假扮成您欺骗楚军，您趁楚军都去抓我的时候赶快跑。这个将军很了不起，他也知道这么做大概率是死路一条，但他还是干了。

之后陈平安排了二千余人出东门，纪信驾着汉王的车，大喊没吃的了，汉王投降了。楚军高呼万岁，跑到东门去看汉王长啥样。这时候，刘邦趁乱带着几十人从西门逃跑，同时让韩王信、周苛、魏豹、枞公留下来守荥阳。

项羽见到纪信问，刘邦呢？纪信说，刘邦已经出城了。项羽把纪信杀了。周苛跟枞公商量，魏豹原来是敌国的王，现在情况这么危急，被收服的敌国的王没法跟咱们一块儿守城，于是就把魏豹杀了。

汉王出荥阳，至成皋，入关，收兵欲复东。辕生说汉王曰："汉与楚相距荥阳数岁，汉常困。愿君王出武关，项王必引兵南走。王深壁勿战，令荥阳、成皋间且得休息，使韩信等得安辑河北赵地，连燕、齐，君王乃复走荥阳。如此，则楚所备者多，力分；汉得休息，复与之战，破之必矣！"汉王从其计，出军宛、叶间。与黥布行收兵。羽闻汉王在宛，果引兵南；汉王坚壁不与战。

刘邦到了成皋，想再纠集一些部队，杀向荥阳。

这时候辕生跳出来反对说，楚汉在荥阳已经打了好几年了，汉军经常受困，这么打下去不行。我们应该换一个打法，分而治之，让项羽疲于奔命。

您往南去，出武关，项羽一定往南去找您。您别跟他打，荥阳、成皋就能稍稍得以休息。同时，韩信可以从后面、侧面捅楚军的软肋，这样楚军要防备的敌人就更多。一分力，他就势必会有很多消耗，就没那么强了。汉军也得到了休息，一定能打败楚军。

这是执行中一个很重要的战略调整。通常在制定战略的时候，虽然会尽可能细化战略举措，但是仍然有可能跟不上时间、形势的变化，所以你要学会战略调整。

刘邦听从他的建议，出兵宛、叶间，和黥布一起四处骚扰楚军。项羽果然带着兵向南去，但是刘邦不跟他打。项羽一个人非常能干，但是就要他一个人。而刘邦留下几个人在荥阳牵制楚军，自己到宛、叶间，又可以吸引项羽过来，项羽疲于奔命，刘邦慢慢得以喘息。

汉王之败彭城，解而西也，彭越皆亡其所下城，独将其兵北居河上，常往来为汉游兵击楚，绝其后粮。是月，彭越渡睢，与项声、薛公战下邳，破，杀薛公。羽乃使终公守成皋，而自东击彭越。汉王引兵北，击破终公，复军成皋。

张良和刘邦讲过，你能用的人、能跟项羽争天下的元帅级的人就这么几个——韩信、彭越、黥布。黥布一直陪着刘邦，在南边吸引项羽的兵力，坚壁不出，偶尔做一些骚扰；而彭越也在项羽另一侧打游击战，断绝项羽的供给粮草。

楚汉相争过程中，不算鸿门宴，汉王共有三次大逃亡，每次都是九死一生。咱们着重讲讲第三次逃亡。

六月，羽已破走彭越，闻汉复军成皋，乃引兵西拔荥阳城，生得周苛。羽谓苛："为我，将以公为上将军，封三万户。"周苛骂曰："若不趋降汉，今为虏矣；若非汉王敌也！"羽烹周苛，并杀枞公而虏韩王信，遂围成皋。汉王逃，独与滕公共车出成皋玉门，北渡河，宿小修武传舍。晨，自称汉使，驰入赵壁。张耳、韩信未起，即其卧内，夺其印符以麾召诸将，易置之。信、耳起，乃知汉王来，大惊。汉王既夺两人军，即令张耳循行，备守赵地。拜韩信为相国，收赵兵未发者击齐。诸将稍稍得出成皋从汉王。楚遂拔成皋，欲西；汉使兵距之巩，令其不得西。

六月，项羽打走了悍匪彭越，听说汉军又驻军成皋，就把楚军引回向西，打下了荥阳城，生擒了周苛。项羽跟周苛讲，你跟着我干，我封你为上将军，封你三万户。周苛不干，骂他说，你不是汉王的对手，赶快投降吧，不然你很快就会成为俘虏。项羽清蒸了周苛，杀了枞公，把韩王信掠走了，然后进兵围住了成皋。刘邦得到消息早跑了，和夏侯婴一起出成皋，北渡河，然后进入了韩信和张耳的大营。

那天天还很早，张耳、韩信还没起。刘邦到他们的卧房把印信夺走，号令诸将说，现在印信在我手，军队归我管了。韩信、张耳起来才知道刘邦到了，大惊失色。刘邦命令张耳在赵地留守，同时拜韩信为相国，集结赵国还能用的兵去打齐国。诸将又都回归了刘邦，于是楚军打下了成皋，要往西进军，汉军出兵在巩县，把楚军拦住，让他们不能往西进兵。

这第三次逃亡比较有意思的是，大局依旧没有变，楚军依旧很厉害，项羽依旧是"战神"，依旧是一个人带着兵四处奔波，疲于攻打各处。刘邦和他的团队核心成员依旧在各处牵制、骚扰楚军，让项羽的有生力量和他的精力受到极大的消耗。并且，无论刘邦怎么逃亡，也无论韩信有怎样的军事成就，刘邦都能轻而易举地夺韩信的权，想进他的军营就进他的军营，想夺他的兵权就夺他的兵权。

基于以上事实，我想说两点。

第一，韩信不是刘邦的对手，韩信没有帝王之才，否则自己的卧房怎么能让一个人随便进呢？自己的印信怎么能让一个人随便拿走呢？

第二，刘邦一定有安排。刘邦的发小曹参长期在韩信的军中做大将，张良很有可能也在韩信军中。另外，一定有一些对刘邦忠心耿耿的发小长期在韩信的军中。

韩信用兵如神并不能让刘邦完全放心。刘邦还是在看着他，而且安排了很多人员、制度、体系，保证想夺韩信军权时手到擒来。同时，刘邦并不是没有忌惮，所以他才会谎称汉使，找一个清晨进入赵军军营。但不管怎样，刘邦还是相对轻易地能夺下韩信、张耳的兵权，说明刘邦对韩信军队的控制能力非常之强。

霸道总裁往往要用特别能干的人。他的核心团队往往有好几个人，要不然就是特别能打，要不然就是特别能算计，但是霸道总裁同时又要防范这几个人。需要夺他们权的时候就夺他们权，需要摁住他们的时候就摁住他们。

最后，再强调一次，讲权谋的目的，不是为了让大家去学着怎么用权谋，也不是希望大家完全不用权谋。对于权谋，不是不用，而是少用、慎用，能不用就不用。

有时候，黑白之间总有一点点灰色地带，奇谋和战略规划、奇谋和阴谋、奇谋和权谋之间的差别，也就是一线之间。但是我想强调的是，要走正道，也就是设立好战略，选好"一把手"。"一把手"聚拢起强悍的核心团队，扎扎实实建立"防火墙"，一起成事，一起享受成事的快乐和成事的成果。

郦生说齐：
要说服人，就要先为对方的利益着想

陈平和刘邦密谈商定使用反间计，通过挑拨项羽和其手下为数不多的四五个核心成员的关系，实现了对项羽团队力量的极大削弱。项羽虽然依旧很强，但总是处于疲于奔命的状态，实力、体力、能力在逐渐下降，战局的天平也逐渐向刘邦一方倾斜。

为什么秦国小吏出身的中年油腻猥琐男、中年创业的刘邦可以完败西楚霸王、妥妥的官二代"战神"项羽？为什么刘邦一定能战胜项羽？作为现代职场里的"刘邦"或者"项羽"，你如何能立于不败之地？如何能夺取天下？借着这个话题，我来讲讲"郦生说齐"的故事。

1. 战争是手段，不是目的

汉王得韩信军，复大振……欲复与楚战。郎中郑忠说止汉王，使高垒深堑勿与战。汉王听其计，使将军刘贾、卢绾将卒二万人，骑数百，渡白马津，入楚地，佐彭越，烧楚积聚，以破其业，无以给项王军食而已。楚兵击刘贾，贾辄坚壁不肯与战，而与彭越相保。

刘邦用韩信，但是留了埋伏。韩信的军权，刘邦说夺回来就夺回来；韩信的军营，刘邦说进去就进去。刘邦拿到了韩信的军权，拿到了韩信的军队，军队士气重新鼓舞了起来，军威又壮大了，慢慢被项羽打散的那些汉军也陆续聚拢起来。

这时候，刘邦想再去跟项羽打个大仗，但是郎中郑忠跟刘邦说，不能正面交锋，而是采取游击战。项羽你不是厉害吗，我就不跟你正面交锋。我用游击战折腾你，哪怕你项羽是个铁人，我东一榔头西一棒子，我还是能在你身上东挖一块西挖一块，让你疲于奔命，累到不行。

刘邦听从了郑忠的意见，派了一支游击部队到了楚地，跟在楚地打游击的彭越相互呼应，目的就是捣乱。

彭越攻徇梁地，下睢阳、外黄等十七城。九月，项王谓大司马曹咎曰："谨守成皋！即汉王欲挑战，慎勿与战，勿令得东而已。我十五日必定梁地，复从将军。"羽引兵东行，击陈留、外黄、睢阳等城，皆下之。

彭越打下了睢阳、外黄等十七座城，项羽坐不住了，跟他的大将曹咎说，你就老老实实地守住成皋，哪怕是刘邦来战，也坚壁高垒，不要跟他打，等我回来。我十五日定能平定梁地。之后项羽引兵东行，果然重新打下了睢阳、外黄等城。

这说明什么？一是彭越等人的游击战已经让项羽很烦、很闹心。二是项羽没人可用。他跟大司马曹咎说，你就守着成皋，别跟刘邦打，暗含的意思是你打不过刘邦，暗含的另一层意思是他没人可用。项羽如果有人可用，就不会留下曹咎，而是留下一个能跟刘邦抗衡的人。

汉王欲捐成皋以东，屯巩、洛以距楚。郦生曰："臣闻'知天之天者，王事可成'；王者以民为天，而民以食为天。夫敖仓，天下转输久矣，臣闻其下乃有藏粟甚多。楚人拔荥阳，不坚守敖仓，乃引而东，令適卒分守成皋，此乃天所以资汉也。方今楚易取而汉反却，自夺其便，臣窃以为过矣！且两雄不俱立，楚、汉久相持不决，海内摇荡，农夫释耒，工女下机，天下之心未有所定也。愿足下急复进兵，收取荥阳，据敖仓之粟，塞成皋之险，杜太行之道，距蜚狐之口，守白马之津，以示诸侯形制之势，则天下知所归矣。"王从之，乃复谋取敖仓。

刘邦想，成皋以东打了那么多年仗，易守难攻。他说，算了，咱们就往后撤，撤到巩、洛的位置，然后建工事来抵挡楚军。

郦生说，不行，这样我们会失去地利，特别是失去粮食。敖仓是天下的粮仓，占了成皋，占了荥阳，我们就有了敖仓的粮食。粮食是老百姓的天，是军队的底气。老百姓是王者的天，有了老百姓就有了王权。王以民为天，民以食为天，占住粮食就是占住了战争的关键物资。

这番话，刘邦听进去了。他开始重新计划谋取敖仓，攻占成皋、荥阳。项羽中了离间计之后，手上已经没有大将可用。刘邦又让彭越等人采取游击战术，致使项羽不能亲自固守敖仓、荥阳、成皋等地。刘邦就这样又获得了敖仓、成皋和荥阳这些粮仓和战略要地。

打仗是手段，不是目的。战争的目的是希望通过战争获得王权。运用到现代管理环境中，所谓的商战、所谓的价格战同理，总体都是为了长期赚钱，不是为了多消灭对手，不是为了让对手的市场份额变得越来越小，这只是过程和手段而已，最后的目的还是做"百年老店",长久地创造价值,挣钱,持续挣钱,持续多挣钱。

2. 要说服别人,就要为对方的利益着想

食其又说王曰:"方今燕、赵已定,唯齐未下。诸田宗强,负海、岱,阻河、济,南近于楚,人多变诈;足下虽遣数万师,未可以岁月破也。臣请得奉明诏说齐王,使为汉而称东藩。"上曰:"善!"

郦食其跟刘邦说,现在燕、赵已经定了,只有齐国还没有被打下,但是齐国不好打。田姓又大又强,在当地是地头蛇,已经盘踞了很久。齐国多山、多海、多河,从地势上看不好打;齐国人又非常狡诈。您让几万雄狮过去打齐国,没有几个月、几年不见得能打得下。但我可以去做说客,帮您说服齐王,不费一兵一卒,让他对您俯首称臣,这样咱们双向夹击,楚国必然很快灭亡。刘邦说,好啊,那你就去吧。

乃使郦生说齐王曰:"王知天下之所归乎?"王曰:"不知也。天下何所归?"郦生曰:"归汉!"曰:"先生何以言之?"曰:"汉王先入咸阳;项王负约,王之汉中。项王迁杀义帝;汉王闻之,起蜀、汉之兵击三秦,出关而责义帝之处。收天下之兵,立诸侯之后;降城即以侯其将,得略即以分其士;与天下同其利,豪英贤才皆乐为之用。项王有倍约之名,杀义帝之负;于人之功无所记,于人之罪无所忘;战胜而不得其赏,拔城而不得其封,非项氏莫得用事;天下畔之,贤才怨之,而莫为之用。故天下之事归于汉王,可坐而策也!"

这篇故事的关注点是在战略上,如何通过强调战略要点让相关方信服,如何让对方明白,你并不只是为了说服他而说服他?要根据

"金线原理",符合"金字塔原则",把事情想清楚,把话说明白。

所谓想清楚、说明白,晓以利害,并不是从自己出发,而是一定要从对方的角度想,说您这么做是把您自己的利益最大化,对我也有好处,双赢才能真赢。

郦食其是怎么说服齐王的?他先问了一个问题:您知道这天下最后归谁吗?齐王也是狠角色,说,不知道。郦食其说,归刘邦。这时,齐王的好奇心就来了。

郦食其开始讲,刘邦先入咸阳,按当初的约定,他应该王关中。但是项羽背信弃义,把刘邦赶到了汉中,又杀了义帝。刘邦听到之后,起义兵,打三秦。刘邦不仅有义气,而且敢于分利,立诸侯的后人,打下城池之后就分给他的将士,让天下豪杰跟他一起分享胜利的果实。所以,天下豪杰都愿意为他所用。

相反,看看项羽是什么人。背信弃义,杀义帝,不看功劳,犯错就罚。打胜了没有赏,拔下城没有封,除非你姓项,否则就不被信任,这就导致了没有贤才会乐意跟着他干。所以,天下归刘邦。

"夫汉王发蜀、汉,定三秦;涉西河,破北魏;出井陉,诛成安君;此非人之力也,天之福也!今已据敖仓之粟,塞成皋之险,守白马之津,杜太行之阪,距蜚狐之口;天下后服者先亡矣。王疾先下汉王,齐国可得而保也;不然,危亡可立而待也!"先是,齐闻韩信且东兵,使华无伤、田解将重兵屯历下,军以距汉。及纳郦生之言,遣使与汉平,乃罢历下守战备,与郦生日纵酒为乐。

汉军定三秦,破北魏,出井陉口,杀成安君陈馀,以弱胜强,以少胜多,不是人力能做的,是上天的保佑。现在汉王手上有敖仓的粮食,有天险可守,谁先跟着汉王干,谁必定先得利。

您先投降归汉王,那齐国就是您的,您可以接着当齐王,还能有汉王的保护。如果您不这么做，汉王就会来收拾您，齐国灭国之日就在眼前。

齐王接受了郦食其的劝阻，归顺刘邦，然后跟郦食其从白天喝到夜晚，日日纵酒为乐，好不开心。

3. 郦食其为什么能说服齐王

第一，郦食其从天、地、人三点说服了齐王。从齐王的角度去跟他说，怎么做对他好。但其实多数人说话、想事，都只从自己的角度考虑，只觉得自己有多合适。

第二，讲的时候要简单、坦诚、直接、明确。你越坦诚，越节省时间，越能把事说成。《资治通鉴》从头到尾99%的对话都是非常简单、坦诚的。话不一定好听，不一定没有阴谋诡计，但是一定简单、坦诚、直接。虽然你有可能是个委婉、温和的人，但是这种简单、坦诚的沟通方式，你要学习、要掌握、要具备。

第三，讲的内容要具有战略重要性，要想清楚，要说明白。结构化思维和结构化表达要好，要有真知灼见。郦生说服齐王的是以下这么几点。

人和。刘邦比项羽强，刘邦有义有名，愿意跟大家分利。从"一把手"角度讲，从人的角度讲，刘邦就是一个更好的王。

地利。项羽拿彭城当首都，没地利。而刘邦占了敖仓之粟，有成皋之险，占着关中、汉中，有地利。

天时。你如果早一点归顺刘邦，刘邦挺你，你还是齐王。你晚一点归顺，那韩信的汉兵就要灭了你。这就是天时，就是现在发生的事。

人、地、天，郦食其从这三个方面都给齐王说得清清楚楚，你要是齐王能不被说服吗？这三点似乎是非常简单的三点，但这些能力、工具、方法、模板和思路，很有可能为你创造巨大的财富，也有可能帮你完成一些似乎不可能的事。

齐王能够被说服，除了刚刚讲的人、天、地，还有一个角度，就是想三方面。

第一，齐王有没有动力做这件事？有。因为刘邦能让他继续做齐王，这就是最大的动力，刘邦有这个信誉，且齐王是认的。

第二，齐王有没有能力做这件事？齐王有这个能力。齐国在他的控制之下，他想做易如反掌。

第三，齐王有没有被许可做这件事？齐王没有什么掣肘，如果他真的想做，没有人能够拦得住他，他就是最终的决策人。因此齐王想做、能做，别人也让他做。

所以，对于郦食其来说，只要用非常有力的说法能够说服齐王做这件事——对他有巨大的利益，齐王就有可能被说服，就有可能归汉。

狠人之极：
团队内部不要进行无意义的"争功"

随着楚汉之争进入白热化，刘邦、项羽之间的矛盾不断扩大，你死我活，波及了周围所有的人，甚至他们的家人。

公元前203年，项羽俘虏了刘邦的父亲，扬言要把他煮成肉泥。刘邦听到了这个消息说，你挺狠，但是我更狠。你把我爹煮成肉泥，分我一杯啊，拿什么盒装都行，盛一碗给我。

刘邦的狠心和他的事业之间有什么必然的联系？以及作为"成事人"，我们应该如何平衡事业和家庭？我想来讲讲狠人韩信、狠人项羽以及狠人中的狠人——刘邦。

1. 团队内部不要进行无意义的"争功"

郦生说齐的过程很精彩，但是"无常是常"，结局并不开心。

韩信引兵东，未度平原，闻郦食其已说下齐，欲止。辨士蒯彻说信曰："将军受诏击齐，而汉独发间使下齐，宁有诏止将军乎，何以得毋行也？且郦生，一士，伏轼掉三寸之舌，下齐七十馀城；将军以数万众，岁馀乃下赵五十馀城。为将数岁，反不如一竖儒之功乎！"于是信然之，遂渡河。

韩信带着几万大兵要往东边打，还未过平原，就听说郦食其已经说服了齐王，齐国已经称臣，想就此止兵。

蒯彻对韩信说，您受诏去攻打齐国，而汉王派个说客去跟齐国谈判，有诏让您不打吗？汉王有令让您去打齐国，没令让您停止，那您为什么不往前走呢？能不能、让不让、愿不愿意，是我们判断一件事能不能成的几个主要维度。蒯彻这番话实际上就是说让你打，没让你不打，"让"这件事其实是明确的。

下边这句够狠，激发了韩信的人性之恶，让他有动力继续进兵打齐国。蒯彻说，郦生就是一个书生，用他三寸不烂之舌就降伏了齐国七十余城。而您带着数万将士一年多才打下赵国五十余城。您号称"战神"，为将好几年还不如一个儒生，您太憋屈了，您的功都被人抢了。韩信觉得蒯彻说得对，于是渡过黄河，杀向齐国。

冬，十月，信袭破齐历下军，遂至临淄。齐王以郦生为卖己，乃烹之；引兵东走高密，使使之楚请救。田横走博阳，守相田光走城阳，将军田既军于胶东。

冬天，十月，韩信击破齐国大军，到了齐国的都城。齐王认为郦食其出卖了自己，就把他杀了。齐王去了高密，向楚国求救。田横逃到博阳，田光逃到城阳，田既驻军胶东，韩信的大军征服了齐国。

韩信不顾郦食其已经说服了齐王这件事，继续进兵，这是韩信这辈子犯的三大错误之一。这件事伤了很多人的心，郦食其也是刘邦的老臣，跟刘邦一路打天下过来，郦食其的死跟韩信有直接的关系，刘邦能开心吗？刘邦核心团队里和郦食其相似的其他成员会开心吗？所以说，从某种程度上讲，韩信这个狠人犯了这三大错误之后，他最后被刘邦干死也是咎由自取。

在一个团队里，核心成员彼此之间有竞争，彼此给对方压力，这都是很正常的事。但是万事有个度，有国法，有家规，有人心。韩信立功心切，忍住不去争功，我知道很难，但是你不能伤天害理，不能伤核心团队其他人的心。

2. 真正的狠人都是成事智慧的修炼者

楚大司马咎守成皋，汉数挑战，楚军不出。使人辱之，数日，咎怒，渡兵汜水。士卒半渡，汉击之，大破楚军，尽得楚国金玉、货赂，咎及司马欣皆自刭汜水上。汉王引兵渡河，复取成皋，军广武，就敖仓食。

楚大司马曹咎守成皋，汉军数次挑战，楚军都不出兵，汉军就让人骂他，骂了好几天，大司马曹咎怒了。楚军要渡汜水，刚刚渡到一半，汉军就开始打，大破楚军。楚国的金玉、珠宝都被汉军拿走了。大司马曹咎和司马欣都在汜水上抹了脖子。刘邦重新夺回了重镇成皋，在广武驻军，而且拿到了敖仓的粮食，这太重要了。

项羽告诉大司马曹咎，不要打，你守住就好，等我回来，但曹咎没听。项羽之所以败，当然根本原因还在他自己，但是在这个过程中，他交代的话，他的团队也没有百分之百地去执行。大司马曹咎成事不足，败事有余，谁让项羽此时已经无人可用，说到底还是他的错。跟现在的公司组织一样，最后的最后还是"一把手"的责任，"一把手"不好当。

项羽下梁地十馀城，闻成皋破，乃引兵还。汉军方围钟离昧于荥阳东，闻羽至，尽走险阻。羽亦军广武，与汉相守。数月，楚军食少。项王患之，乃为俎，置太公其上，告汉王曰："今不急下，吾烹太公！"汉王曰："吾与羽俱北面受命怀王，约为兄弟，吾翁即若翁；必欲烹而翁，幸分我一杯羹！"项王怒，欲杀之。项伯曰："天下事未可知；且为天下者不顾家，虽杀之无益，只益祸耳！"项王从之。

项羽打下了梁地十多座城，听到成皋已经失守，立刻引兵往回走。汉军正在包围荥阳，听到项羽来了，都跑到有险可守的地方守了起来。这样项羽也驻军广武，刘邦也驻军广武，大家在广武对峙。如此数月。

但汉军有敖仓的粮，心里有底，而楚军粮食少，项羽就开始担心。这是在楚汉相争之后，特别是争斗呈胶着状态之后，第一次提到楚军粮食少。一场战争的胜负，粮草、弹药、马匹等物质供给有可能比军队本身更重要，有可能比士兵更重要。在现代管理中，现金、资本，你能从银行、股东那里拿回来的钱，在很大程度上相当于古代军队的粮食。你有了钱，有了资本，才能跟竞争对手去争市场份额，才能去开发新产品、新服务，才能打进新市场。没钱一切都难，越没钱越难。没粮食，仗会很难打，越没粮食，仗越难打。

项羽很担心，于是他想了一个歪招。之前我们说过项羽非常擅长"人肉料理"，动不动就把人烹了，有时候是他的敌人，有时候是他的仇人，有时候甚至是他的同伴。

这回，刘邦的老爹在他手上，他支一口锅，告诉刘邦，你如果不赶快投降，我就把你爹给煮了。项羽是个狠角色，但是刘邦是更狠的角色，完全没顾及父子感情。刘邦说得很清楚，我们当初同朝为臣，都受命于怀王，那个时候我们互相约为兄弟，我是你哥，你是我弟，我爹就是你爹。如果你真想烹你爹，请分我一杯。

项羽非常生气，就想杀了刘邦的爹。但项伯劝他，天下的事情还没有定数，争天下的人都不顾自己的小家，你现在杀了他爹也没有什么好处，只会让别人瞧不起你。项羽这次竟然听进去了。

项伯说得没错，"为天下者不顾家"。真正的狠人、真正带队的"一把手"，都以自己为中心，把事情放在第一位，驱动自己去成事、持续成事、持续多成事。事第一，自己的面子、自己的感情、自己的亲情、自己的儿女私情都搁在后面。

3. 对自己狠的人，才是真狠人

项羽非常不喜欢他现在的状态，没吃的，军粮少，想烹了刘邦的爹，后来想想还是算了。他在逆境中忍不住表现出了他"中二少年"的一面。

项王谓汉王曰："天下匈匈数岁者，徒以吾两人耳。愿与汉王挑战，决雌雄，毋徒苦天下之民父子为也！"汉王笑谢曰："吾宁斗智，不能斗力！"项王三令壮士出挑战，汉有善骑射者楼烦辄射杀之。项王大怒，乃自被甲持戟挑战。楼烦欲射之，项王嗔目叱之，楼烦目不敢视，手不敢发，遂走还入壁，不敢复出。汉王使人间问之，乃项王也，汉王大惊。

项羽跟刘邦说，天下这个样子已经好几年了，全是因为咱俩一直在打。这样吧，咱俩单挑，省了其他人的事了。听上去很有道理，但真不像一个霸道总裁、一世英雄说的话。

刘邦笑笑，跟项羽说，我用脑子，我不斗力气。"吾宁斗志，不能斗力"，这八个字说得很好。真正的霸道总裁不是靠跑得快、跳得高、扔得远，而是靠脑子，拼的是智慧，不是真的所谓的能"打"。

因为粮食少，所以项羽想速战速决，多次让壮士出去挑战。汉军里有个擅射的人叫楼烦，只要有楚军前来挑战，楼烦就一箭射死他。项羽非常生气，自己穿上盔甲，拿着家伙亲自去挑战。楼烦想射死他，但项羽的气场太强大。这个射杀了好几个壮士的"神射手"，看都不敢看项羽，害怕到转身回到军营里不敢出来了。

刘邦知道了，问怎么回事，谁这么大的气场？一问是项羽，大惊。

于是项王乃即汉王，相与临广武间而语。羽欲与汉王独身挑战。汉王数羽曰："羽负约，王我于蜀、汉，罪一；矫杀卿子冠军，罪二；救赵不还报，而擅劫诸侯兵入关，罪三；烧秦宫室，掘始皇帝冢，收私其财，罪四；杀秦降王子婴，罪五；诈坑秦子弟新安二十万，罪六；王诸将善地而徙逐故王，罪七；出逐义帝彭城，自都之，夺韩王地，并王梁、楚，多自与，罪八；使人阴杀义帝江南，罪九；为政不平，主约不信，天下所不容，大逆无道，罪十也。吾以义兵从诸侯诛残贼，使刑徐罪人击公，何苦乃与公挑战！"

刘邦是个内心很笃定的人，虽然不斗力，但是内心笃定也是一种强力的表现，他选择跟项羽直接对话。

刘邦数落项羽：

你背信弃义，让我在汉中而不是关中当王，这是你的第一宗罪；

杀了卿子冠军，是你的第二宗罪；

你救完赵之后，不是回去报告，反而擅自带兵入关，是第三宗罪；

你烧了秦国皇宫，挖了秦始皇的坟，贪了他的财，这是第四宗罪；

秦王已经投降了，但你还是把他给杀了，是第五宗罪；

你杀了秦国降兵二十万,这是第六宗罪;

你给手下分封好地方,而把人家原来的诸侯后人都赶走,这是第七宗罪;

你把义帝赶出了彭城,自己把彭城当成都城,夺了韩王的地,还夺了梁、楚的地。什么好都自己占了,这是第八宗罪;

你偷偷把义帝杀了,这是第九宗罪;

你管天下管得不公平、不诚信,天下不容你,认为你是大逆不道,这是你的第十宗罪。

我带着仁义之师,来诛伐你这个大逆不道之人,我为什么要接受你的挑战?

羽大怒,伏弩射中汉王。汉王伤胸,乃扪足曰:"虏中吾指。"汉王病创卧,张良强请汉王起行劳军,以安士卒,毋令楚乘胜。汉王出行军,疾甚,因驰入成皋。

项羽大怒,射箭发弩,射中了刘邦的胸口。但刘邦就是刘邦,智慧高人一筹,伤到胸,但是他去摸脚,说这个王八蛋射中了我的脚趾。

这一箭射得很重,刘邦卧床不起。这时候,张良强迫刘邦起来劳军、巡营,安抚士卒,不要让楚国士卒知道主帅受了重伤,怕一旦出现军心动摇,楚军就会乘胜追击。到时候,大局也会跟着摇动,兵败如山倒。刘邦多聪明的人,听进去了,但是病得的确太重,巡视军队的时候只能勉强演戏,做了一个好演员。

楚汉相争僵持阶段,什么是真正的狠人?项羽是狠人,是能人。但是跟刘邦相比,项羽就不是严格意义上的狠人、能人、成事大师。

各位仔细对比一下项羽和刘邦,两个人都是英雄中的英雄。什么是我多次强调的成事的道德?闪烁在刘邦身上的,而项羽所没有的,就是成事道德的精华。

项羽是人中龙凤，毋庸置疑。他敢冲锋陷阵，能把射死三四个壮汉的"神射手"吓退，那是多么强大的气场，多么霸道的一个人。但是在真正需要彪悍的时候，他却呈现"中二少年"状态。比如说两军交战，看到自己不太行了，就要求跟对方主帅单打独斗，而且非常坚持。两军对打，自己处了下风，非要把对方主帅的爹做成非人道的"人肉料理"，这又是典型的"中二少年"做法。"中二少年"对油腻大叔，"中二少年"完败，油腻大叔完胜。街头智慧完败，成事智慧完胜。光爽是不行的，成事才是重要的。

最后我想说，项羽身上闪烁的这些点，霸道也好，超强气场也好，武艺精湛也好，都是匹夫之勇。这种匹夫之勇有可能会伤害到一个霸道总裁的总体战斗力。如果你的目标是成为一个极其棒的成事者，那么，不要太关注匹夫之勇，差不多就得了。你没必要跑得比别人都快，没必要数学模型建得比谁都好，没必要PPT做得无比漂亮。在什么地方下力气？在油腻大叔刘邦闪烁的那些地方多下下力气，比如成事之道，比如成事之德。

对自己狠的人，才是真狠人。这些狠人在故事里看上去挺美，但真正的狠人在现实生活中不一定是个好伙伴。他有可能不照顾你的情绪，有可能不会三餐陪你，有可能会做出很多常人做不出来的事情，他会永远把事情、成事搁在第一位。狠人中的狠人，很有可能不是现实生活中普通意义上的好人，请记住这一点。

士为知己者死：
缺乏进退之道，会导致战略失败

刘邦和项羽逐渐打成平局后，手握重兵的韩信成了决定时局的关键人物——他帮谁，谁就能统一天下。后来韩信选择了刘邦。但是作为"汉初三杰"之一、西汉开国元勋、楚汉相争中最著名的"战神"，韩信并没有善终，被吕后与萧何设计诱杀于长乐宫。

韩信并不傻，为什么还是会死在"士为知己者死"这六个字上？韩信到底做错了什么？他的死是令人唏嘘的遗憾还是"罪有应得"？如果我们是职场中的"韩信"，怎么做才是对的？

当我讲韩信这类人的时候，我心中的感触比想起项羽这类人时似乎还多。项羽有他非常笃定、一成不变的东西，没什么犹豫，但在韩信这类人心里有颇多的权衡、计较、纠缠、拧巴。这些人能成事，但并没有善终。当然，你也可以说是他们自己没处理好，也因为他们就是这样的人，都是命。

1. 盲目低估别人，必然会失败

韩信已定临淄，遂东追齐王。项王使龙且将兵，号二十万，以救齐，与齐王合军高密。

客或说龙且曰："汉兵远斗穷战，其锋不可当。齐、楚自居其地，兵易败散。不如深壁，令齐王使其信臣招所亡城；亡城闻王在，楚来救，必反汉。汉兵二千里客居齐地，齐城皆反之，其势无所得食，可无战而降也。"

韩信已经打下了齐国的首都临淄，向东去追齐王。项羽这个时候派他手下几乎是唯一能用的大将龙且，领兵二十万去救齐国，和齐王在高密会合。

有人对龙且说，汉兵远道而来，打了好多胜仗，兵锋不可阻挡。而齐、楚的兵是在他们自己的地方打仗，容易逃、容易回家。不如我们深壁高垒，不去打，先守。同时让齐王的亲信去跟齐国百姓和官吏说，齐王还在，楚国来兵救我们了。这些已经投降了的人听说后，就很有可能会背叛汉军。汉军奔袭两千里来到齐国，如果齐国都反他们，他们又没吃的、没喝的，除了投降也没什么办法。

龙且曰："吾平生知韩信为人，易与耳！寄食于漂母，无资身之策；受辱于袴下，无兼人之勇，不足畏也。且夫救齐，不战而降之，吾何功！今战而胜之，齐之半可得也。"

龙且不愧是项羽核心成员之一，想法跟项羽是一样的，对自己的自信、对别人的轻蔑也和项羽类似。

龙且说，我知道韩信是什么样的人，他曾经跟洗衣服的大妈讨饭吃，能忍得了胯下之辱，没什么了不起的本事。而我是来救齐国的，如果不打，怎么体现我的功劳？现在如果战胜了韩信，那齐国的一半就是我的了。

短短一段话犯了几个致命错误，最明显的是盲目狂妄。"吾平生知韩信为人，易与耳！"韩信在龙且说这番话的时候，已经取得过好几个震惊全国的胜利，征服了赵国、燕国、韩国。不知道是谁给了龙且这样的自信，会认为韩信是很容易对付的人。

我在现代的管理环境中也遇到过一些人，不知道谁给他们的自信，会轻视某些人，而那些人无论从教育背景、见识、之前的成就以及名声都远超于这些看不起他们的人。这种不顾别人的背景、已有的历史成绩而盲目地低估别人的态度，是寻求惨败的必由之路。

再往下说，龙且认为不战而降，他自己就什么功劳都没有了，又一次把自己放到了事的前面。从这个角度来讲，他是过分地要脸了。"不着急，不害怕，不要脸"中"不要脸"的其中一层意思，就是不要顾及别人的夸奖或者批判，不要顾及自己的脸面，先想想事，先把事搁在自己之前。

十一月，齐、楚与汉夹潍水而陈。韩信储夜令人为万馀囊，满盛沙，壅水上流；引军半渡击龙且，佯不胜，还走。龙且果喜曰："固知信怯也！"遂追信。信使人决壅囊，水大至，龙且军太半不得渡。即急击杀龙且，水东军散走，齐王广亡去。信遂追北至城阳，虏齐王广。汉将灌婴追得齐守相田光，进至博阳。田横闻齐王死，自立为齐王，还击婴，婴败横军于嬴下。田横亡走梁，归彭越。婴进击齐将田吸于千乘，曹参击田既于胶东，皆杀之，尽定齐地。

齐、楚跟汉军夹着潍水设阵，韩信又一次展现出他善用奇计、善用奇谋的能力。他用沙袋把水堵起来，带兵渡水。渡到一半，假装打不过，撤了。龙且上当了，相信了他自己想相信的事。他说，你看我就知道韩信是个懦弱、胆小的人，于是纵兵追韩信。

韩信这个时候让人打开沙袋，水汹涌而来，龙且的军队一大半没有渡过潍水。汉军放手一搏，龙且被杀，剩下的残兵败将都散去了。齐王田广也跑了，韩信乘胜追击，捉到了田广。之后，灌婴、曹参继续攻打齐国的残部，整个齐国就这样被刘邦征服了。

龙且这样的人，在现代管理环境里也比比皆是。能力嘛，有。背景嘛，不错。成绩嘛，也有。但他们的大问题就是见不得比他们强的人，无法和比他们强的人一块儿工作。如果遇到比他们强的对手，他们往往只有一个结果：轻视对方从而导致自己失败，甚至是惨败。

2. 切记不要突破管理上的极限

韩信使人言汉王曰："齐伪诈多变，反复之国也；南边楚。请为假王以镇之。"汉王发书，大怒，骂曰："吾困于此，旦暮望若来佐我；乃欲自立为王！"张良、陈平蹑汉王足，因附耳语曰："汉方不利，宁能禁信之自王乎！不如因而立之，善遇，使自为守；不然，变生。"汉王亦悟，因复骂曰："大丈夫定诸侯，即为真王耳，何以假为！"春，二月，遣张良操印立韩信为齐王，征其兵击楚。

韩信这辈子犯的第二个大错是要官，且超过了他应该要的等级，不该他要的，他要了。

韩信原来是刘邦的手下，跟张良、陈平、萧何同级别，甚至他还是后来的外人。但是韩信让人跟刘邦说，齐国多变、善诈，它南边跟楚国接壤，有外援，我希望您把我委任为"假王"，我帮您守着齐国。

韩信原来是臣，现在臣要做一方之王，这个"王"在很大程度上跟刘邦是平级的。当然，当你特别优秀、业绩极其突出的时候，你会希望别人认可你。但凡事有一个极限，韩信在这个时候要跟刘邦平起平坐，就突破了管理上的极限。你可以想象刘邦及其周围旧臣、重臣对于这个要求会是什么态度。

刘邦打开书信一看，大怒，然后开始骂：我在这儿这么困顿，被项羽按在地上反复摩擦，希望你过来帮帮我。我当初怎么对待你的？你现在不仅不来帮我，还要自立为王。这个时候，张良、陈平暗中踩了踩刘邦的脚，跟他耳语：现在汉军不利，我们禁止不了韩信自立为王，还不如善待他，让他自己守住齐国。如果不这样做，就会把韩信推到对立面。

此话由张良、陈平来说就更显得难能可贵。同样是刘邦的臣子、刘邦核心团队的人员，韩信凭什么就能当王？但是张良、陈平依旧能从刘邦成事的角度想，不约而同地告诉了刘邦其中的利弊。这种能劝的举动了不起，刘邦能听劝，更是了不起，而且把事情做得很漂亮。刘邦说，能把诸侯灭了就是真王，还说什么"假王"，你就是真齐王。

二月，刘邦派张良带着印，立韩信为齐王，征韩信的兵打楚军。

3. 要小心那些听上去很有道理的"歪理"

> 项王闻龙且死，大惧，使盱台人武涉往说齐王信曰："天下共苦秦久矣，相与戮力击秦。秦已破，计功割地，分土而王之，以休士卒。今汉王复兴兵而东，侵人之分，夺人之地；已破三秦，引兵出关，收诸侯之兵以东击楚，其意非尽吞天下者不休，其不知厌足如是甚也！"

项羽听说韩信干死了龙且，非常害怕。他掂量自己不一定能干过韩信。项羽是西楚霸王，他忽然害怕了，这件事是前所未有的。于是，他让人试图去说服韩信。

项羽的说客就跟韩信说，整个天下受秦朝之苦已经很长时间了，大家一起去打秦朝吧。秦破了之后，按照功劳划分各个属地，让大家该称王的称王，该称臣的称臣，让士兵不再打仗，不是很好吗？现在刘邦又开始兴兵往东打，夺别人的地方，破了三秦，还出兵关中，继续往东打楚国。他就是要吞并整个天下，成为第二个秦始皇。

从某个角度说，这件事是对的。从另外一个角度说，这件事是不对的。所以我想告诉各位的是，在成年人的世界里没有绝对的"对"，没有绝对的"错"。那怎么办？

第一，你要跳出来看这些是非。哪怕自己是当事人，也要有跳出来的旁观者的角度和心态，去看这些问题，这样你能够更平衡。

第二，如果跟自己相关性很大，"审之于己"，你应该有一个强大的内核。用你强大的内核去判断这些事的对错，不要听别人怎么讲。

第三，不要纠结于到底谁是谁非，而是考虑成事。无论是非，成事，多成事，持续多成事。

第四，极端的情况下，还是要有基本的是非观。有些事模棱两可，是五五开、四六开、六四开？在这个范围内，你还可以说不同的人有不同的看法，从不同角度看有不同的解释。但是有些事对错分明，那就不要强词夺理。

在管理环境里，从古至今、从中到外，很多"歪理"听上去都很有道理，大家要小心。

4. 缺乏进退之道终致战略失败

"且汉王不可必：身居项王掌握中数矣，项王怜而活之；然得脱，辄倍约，复击项王，其不可亲信如此。今足下虽自以汉王为厚交，为之尽力用兵，必终为所禽矣。足下所以得须臾至今者，以项王尚存也。

当今二王之事，权在足下，足下右投则汉王胜，左投则项王胜。项王今日亡，则次取足下。足下与项王有故，何不反汉与楚连和，参分天下王之！今释此时而自必于汉以击楚，且为智者固若此乎？"

说客道，刘邦是一个不可以预测、不可以依靠的人。他曾经多次差点被项羽干死，但项羽没干他，可怜他，让他跑了。然后他就背信弃义，反过来打项羽，所以这个人不可信。现在您虽然为他尽心尽力，但最后您一定会被他抓起来。您之所以很快到了齐王的位置，就是因为项羽还在，如果没了项羽，您再看看。

现在楚汉相争，您帮谁，谁就赢。项羽如果今天败了，明天刘邦就会干您。您跟项羽是故交，为什么不和楚国联合反汉？这样三分天下，您就是三分天下之一。您现在不按这个方向走，而是帮着汉国打楚国，这是聪明人做的事吗？

项羽这个说客不错，说得非常清楚。现在楚汉相争，韩信帮谁谁就赢。如果刘邦赢了，转回来要干韩信的可能是非常大的。那为什么不自立为王，三分天下，自己得一呢？为什么不做三方平衡中的一方呢？

韩信谢曰："臣事项王，官不过郎中，位不过执戟；言不听，画不用，故倍楚而归汉。汉王授我上将军印，予我数万众，解衣衣我，推食食我，言听计用，故吾得以至于此。夫人深亲信我，我倍之不祥；虽死不易！幸为信谢项王。"

韩信充满感情地回忆了自己跟项羽和刘邦的交往：我跟项羽的时候，他不理解我，给我很小的官，言不听，计不用，所以我才离开他去跟刘邦。刘邦给我上将军印，给我人、给我钱，我怎么计划他就怎么执行，我才能到今天。要我背叛他，是不祥之事。我就算死，也要跟着刘邦,请您替我跟项羽辞谢。

在这里,韩信犯了他人生中第三个大错。你当时要当齐王,刘邦已经很生气,从臣到王,既然已经走出了那一步,就没有回头路了。之前的好时光是之前,之后如何在保证自己的人身安全和财产安全的同时继续成事,才是韩信应该深思的东西。

很可惜,业绩突出、攻城略地是很多人的理想,却很少有人能做到。做到了之后,面临功高盖主的隐患,又该如何处理?很可惜,韩信,进,要齐王这个名分,他没想清楚;退,没有三分天下而居其一,他也没有想清楚。

我非常理解韩信的心态,但是做事不是谈恋爱,他对你没有做错什么,并不意味着你就要为他而死。人身安全和财产安全,是未来做事的权利和基础,反而是你应该想到的事情。

在现代的管理环境中,如果已经功高盖主,一山难容二虎,那其中一个人甚至两个人就要好好想想,早点分开,早点各有一块自己的天地。

韩信的错,错在战略错误。你如果要,你就去"要";你如果不要,你就不要"要"。该尿的时候尿,该顶上去的时候就顶上去。欲戴王冠,必承其重,戴着这个王冠就要迎接你的命运。卡在中间,又想要,又不愿意顶上去;不愿意顶上去,又不愿意认尿,那很遗憾,你的命运只能是一个悲惨的命运。

与人分利：
核心团队怎么分利才算公平

公元前203年，刘邦与项羽约定，以运河"鸿沟"为界，平分天下。

项羽欣然接受，如约放回了刘邦作为人质的父亲和妻子吕后。但是，这一次刘邦又食言了。于是在这年冬天，刘邦和项羽之间迎来了最后的决战。

1. 当断不断会错失良机

武涉已去，蒯彻知天下权在信，乃以相人之术说信曰："仆相君之面，不过封侯，又危不安；相君之背，贵乃不可言。"韩信曰："何谓也？"蒯彻曰："天下初发难也，忧在亡秦而已。今楚、汉分争，使天下之人肝胆涂地，父子暴骸骨于中野，不可胜数。楚人走彭城，转斗逐北，乘利席卷，威震天下；然兵困于京、索之间，迫西山而不能进者，三年于此矣。汉王将十万之众，距巩、雒，阻山河之险，一日数战，无尺寸之功，折北不救。此所谓智勇俱困者也。百姓罢极怨望，无所归倚。以臣料之，其势非天下之贤圣固不能息天下之祸。当今两主之命，悬于足下，足下为汉则汉胜，与楚则楚胜。诚能听臣之计，莫若两利而俱存之，参分天下，鼎足而居，其势莫敢先动。夫以足下之贤圣，有甲兵之众，据强齐，从赵、燕，出空虚之地而制其后，因民之欲，西乡为百姓请命，则天下风走而响应矣，孰敢不听！割大、弱强以立诸侯，诸侯已立，天下服听，而归德于齐。案齐之故，有胶、泗之地，深拱揖让，则天下之君王相率而朝于齐矣。盖闻'天与弗取，反受其咎；时至不行，反受其殃'。愿足下熟虑之！"韩信曰："汉王遇我甚厚，吾岂可乡利而倍义乎！"

项羽的说客武涉走了，蒯彻知道现在天下如何走向全在韩信的心意。他知道硬劝韩信，对方有可能不听，于是就用相人之术劝说。他假装能相面，试图再次说服韩信。蒯彻说，我看您的面相，最多就是封侯，能做到齐王就了不得了，但我看您的后背，简直富贵得一塌糊涂，是真龙天子之相。

当初天下动荡，都发兵反秦朝，是因为大家都恨秦朝。但是现在楚汉相争，楚人有勇，汉人有志，打来打去，死了那么多人，仍旧处于胶着状态，没有明显的一方能胜过另外一方。现在楚汉之争的走向全看您，如果您哪个也不挺，想三分天下，鼎足而居，没有任何大的风险，而且一定能做到。

如果您的时机到了，您不往下走，就一定会被反噬，会很惨。

韩信还是始终如一，回答蒯彻的话跟回答武涉的是一样的：刘邦对我特别好，我怎么能因为一些利益而反他呢？

蒯彻又提出了几个非常重要的常识：如果你"想要、又要、再要"，那就很麻烦。而且人心是最靠不住的，特别是在危难已过的时候，人心就更难测，"飞鸟尽，良弓藏，狡兔死，走狗烹"。功盖天下，你又不要天下，那你的危险就在眼前了。

蒯彻说得很清楚，但是韩信还是没有听进去。

韩信谢曰："先生且休矣，吾将念之。"后数日，蒯彻复说曰："夫听者，事之候也……听过计失而能久安者鲜矣！故知者，决之断也；疑者，事之害也。审豪厘之小计，遗天下之大数，智诚知之，决弗敢行者，百事之祸也。夫功者，难成而易败，时者，难得而易失也；时乎时，不再来！"韩信犹豫，不忍倍汉；又自以为功多，汉终不夺我齐，遂谢蒯彻。因去，佯狂为巫。

韩信说，您不要再说了，我考虑考虑。

蒯彻又说，不能因小失大，不能明白之后还缺乏行动。您已经到了这个位置，没的可选，如果您不做，所有的祸害马上就会到来。成事不容易，成事的时机到了，您不抓住，它就过去了，您再想成也很难了。不成，面对的就是败，一败涂地，您功劳有多大，败得就有多惨。

韩信还是犹豫，不愿意愧对刘邦，又自认为功劳很大，刘邦终究不会夺他的齐国，还会把他当成齐王。于是，就跟蒯彻说，我是真做不到。

蒯彻这次直接离开，并且假装疯了。蒯彻的走，跟范增离开项羽是如此相像。

2. 与人分利的核心是战略激励

项羽自知少助；食尽，韩信又进兵击楚，羽患之。汉遣侯公说羽请太公。羽乃与汉约，中分天下，割洪沟以西为汉，以东为楚。九月，楚归太公、吕后，引兵解而东归。汉王欲西归，张良、陈平说曰："汉有天下太半，而诸侯皆附；楚兵疲食尽，此天亡之时也。今释弗击，此所谓'养虎自遗患'也。"汉王从之。

历史上总有一些决定性的时刻，楚汉相争的决定性时刻不止一个，但似乎每次项羽都做错了，刘邦都做对了。这是为什么呢？

项羽知道帮他的人少，帮刘邦的人多，韩信又非常明确地要打他。吃的又没了，敌人一个比一个狠，项羽非常担心。

这时候，刘邦派人去跟项羽说，你把我爸放了吧。项羽就跟刘邦约定二分天下，以"鸿沟"为界。这年九月，项羽把太公、吕后都归还给刘邦，然后收兵东去。

之后，刘邦也不想打了。这时候两个大谋士张良、陈平又跳出来说，现在您有大半天下，诸侯都拥护您，楚国兵将都很累了，吃的也没了。我们有地利、人和，现在天也告诉您是时候决战了。不用管什么仁义道德，不用管什么约定，您现在就该打项羽。

刘邦从善如流，我爸和我老婆都回来了，现在不打，什么时候打？刘邦开始寻求决战的机会。

冬，十月，汉王追项羽至固陵，与齐王信、魏相国越期会击楚；信、越不至，楚击汉军，大破之。汉王复坚壁自守，谓张良曰："诸侯不从，奈何？"对曰："楚兵且破，二人未有分地，其不至固宜；君王能与共天下，可立致也。齐王信之立，非君王意，信亦不自坚；彭越本定梁地，始，君王以魏豹故拜越为相国；今豹死，越亦望王，而君王不早定。今能取睢阳以北至谷城皆以王彭越，从陈以东傅海与韩王信。信家在楚，其意欲复得故邑。能出捐此地以许两人，使各自为战，则楚易破也。"汉王从之。于是韩信、彭越皆引兵来。

到了决战的时候，刘邦穷追项羽到固陵，跟韩信、彭越商量好一块儿打楚国，但是韩信、彭越的军队都没到。楚军打汉军，再次把汉军打得落花流水。不得不说，项羽是真英雄，带的楚军真能打，没吃的，大势已去，楚军还是能够大破汉军。

刘邦学乖了，他坚壁自守，跟张良抱怨说，诸侯，包括韩信、彭越，现在不跟着我干，怎么办呢？

张良说，楚军虽然能打，但是马上就要被打败了，他们粮食已经很少了。而韩信、彭越还没有名分和封地，他们不来是应该的，来了才是真傻，您如果能跟他俩共享天下，他们马上就会到。

立韩信为齐王，不是您的本意。韩信是聪明透顶之人，自己也觉得当时要名分有问题。彭越本来定了梁地，您出于魏豹的缘故，只把彭越封为相国，没有把他封王。现在魏豹死了，彭越也想当王，如果您给彭越一块大点的地方，封他为王；再找一块大点的地，连同韩信的家乡，都封给韩信。这两块地，您一旦给出，他们一定会往死里打楚军。楚国很容易就会被攻破，您也很容易就能战胜项羽。

刘邦听懂了，也照着去做了。结果就是，韩信、彭越皆带兵来帮助刘邦打项羽。事已至此，项羽已经没有活路了。

3. 团队怎么分利才算公平

与人分利的核心是战略激励。你不给大钱，豪杰不会跟着你干。为什么与人分利这么难？有以下几点原因：

第一，在快要成功的时候，CEO、霸道总裁如果愿意分钱，那意味着分给别人的就是我丧失的，我不给别人分的就是我得的。

第二，如果我将来不一定得到，我画个"饼"去分是相对容易的。如果我成功在即，此时去分"饼"，我会很难受。所以在公司初创的时候，最好说清楚，做到什么份儿上，大家该如何分？

进一步，团队"一把手"跟团队其他人怎么分才算是公平？

五五开，再五五开。意思就是，创始人跟核心团队，霸道总裁拿50%，核心团队拿50%。核心团队中的"一把手"和其他核心团队的成员再五五开——核心团队"一把手"拿50%，核心团队其他人拿另外50%。

这两个五五开基本就是公平的。当时草原部落的成吉思汗打天下，也是用这种分法；后世 PE、VC 这些按犹太人的原则建立的基金公司，也是这么分利的。

大家不要觉得老板似乎啥都没干，就拿了 50%，是不是太占便宜。其实，如果你做了老板，就会明白老板非常不容易当。就拿刘邦举例，他爹都差点被项羽清蒸了，他老婆就更别说了；在逃亡过程中，刘邦都狠下心把他的孩子三次踹下车。这种心理煎熬和抉择是一般人能够经受得了的吗？

而且老板还有很多其他花销，让陈平、张良去做暗中之事都是要花钱的。这些花销、这些心理压力不是一般人能明白的，所以老板拿一半，是没什么问题的。

与人分利，不要替别人算账，把自己的账算清楚就好了。当老板要有老板的样，要有老板的担当。当团队"一把手"要有团队"一把手"的样，要有团队"一把手"的担当。当团队成员要有团队成员的样，要有团队成员的担当。与人分利，大家合适就好。

冯唐

诗人、作家、战略管理专家

1971 年生于北京

1998 年，获协和医科大学临床医学博士学位

2000 年，获美国埃默里大学 MBA 学位

2000—2008 年，麦肯锡公司全球董事合伙人

2009—2014 年，华润集团战略管理部总经理、华润医疗集团创始 CEO

2015—2021 年，中信资本高级董事总经理

现为成事不二堂创始人、董事长

已出版作品

长篇小说
《欢喜》《十八岁给我一个姑娘》《万物生长》《北京,北京》《女神一号》

短篇小说集
《安阳》《搜神记》

散文集
《活着活着就老了》《三十六大》《在宇宙间不易被风吹散》《春风十里不如你》

成事系列随笔
《无所畏》《有本事》《了不起》

诗集
《冯唐诗百首》《见一面吧》

管理作品
《冯唐成事心法》《成事》《金线》